女の子の おりがみ

やまぐち まこと
山口 真

西東社

はなのこうえんでおさんぽ

ばら
▶P33
あさがお
▶P28
すてきー
くびふりワンワン
▶P42
リス
▶P46
あじさい
▶P26
ポチャン
はすのはな▶P32

きょうはなにやさん？

パンダ ▶P78
アイスクリーム ▶P62
チョコレートケーキ ▶P61
ショートケーキ ▶P58
ぶた ▶P80
にんじん ▶P52
トマト ▶P50
だいこん ▶P54
いちご ▶P5

ハンバーガー
フライドポテト ▶P71
シェイク ▶P66
ハンバーガー ▶P68
ねこ ▶P82
ポテトください
いぬ ▶P84
ごゆっくり
おとこのこ ▶P75
おんなのこ ▶P77
コップ ▶P74
おさら ▶P70
アイスクリームのスタンド ▶P73
トレイ ▶P72

た のしいイベント まちどおしいな

クリスマス
リース
▶P118
ベル
▶P112
サンタクロース
▶P116
ツリー
▶P120
かんたんな
サンタクロース
▶P117
くつした▶P114
てぶくろ
▶P110
おしょうがつ
ぽちぶくろ
▶P92
おりはづる
▶P94

だれにプレゼントしようかな

シャツの
てがみおり
▶P126

ふうとう
▶P130

ほしの
てがみおり
▶P128

バスケット
▶P135

かんたんこざら
▶P134

キャンディトレイ▶P131

ほそいハートのしおり▶P125
ユニットのはこ③
▶P158
ハートのしおり
▶P124
ユニットのはこ①
▶P151
ユニットのはこ②
▶P156
トイボックス
▶P136
ゆびわケース
▶P147
ハウスボックス
▶P138
ゆびわ①▶P142
ゆびわ②
▶P144

もくじ

14 きほんのきごうとおりかた

PART 1
はなとどうぶつ

20▶48ページ

20 さくら
22 チューリップ
24 パンジー
26 あじさい
28 あさがお
30 ゆり
32 はすのはな
33 ばら
36 はなみずき
40 インコ
42 くびふりワンワン
44 うさぎ
46 リス

カラー作品集
2 はなのこうえんでおさんぽ
4 きょうはなにやさん？
6 たのしいイベントまちどおしいな
8 だれにプレゼントしようかな

PART 2 まねっこあそび

50▶90ページ

50 トマト
52 にんじん
54 だいこん
56 いちご
58 ショートケーキ
62 アイスクリーム
66 シェイク
68 ハンバーガー
71 フライドポテト
72 トレイ
74 コップ

パペット

75 おとこのこ、おんなのこ
78 パンダ
80 ぶた
82 ねこ
84 いぬ
87 てとくみたてかた

PART 3 きせつ

92▶122ページ

おしょうがつ

92 ぽちぶくろ

94 おりはづる

バレンタインデー

96 ハートのてがみおり

ひなまつり

98 おひなさま

100 あしつきさんぼう

はは の ひ、ちちのひ

102 カーネーションのカード

104 ネクタイ

たなばた

106 ほしのたんざく

108 きもの

クリスマス

110 てぶくろ

112 ベル

114 くつした

116 サンタクロース

118 リース

120 ツリー

レベルマークについて

それぞれのさくひんにむずかしさの
マークをつけたよ（きいろのところ）。
おるときのめやすにしてね

➡ かんたんマーク
➡ ふつうマーク
➡ チャレンジマーク

PART 4 みのまわり

124 ▶ 159 ページ

124 ハートのしおり
126 シャツのてがみおり
128 ほしのてがみおり
130 ふうとう
131 キャンディトレイ
134 かんたんこざら
136 トイボックス
138 ハウスボックス
142 ゆびわ①
144 ゆびわ②
147 ゆびわケース
151 ユニットのはこ①
156 ユニットのはこ②
158 ユニットのはこ③

これだけはおぼえておこう！

きほんのきごうとおりかた

おうちのかたへ

折り方の記号はひとつのルール。むずかしそうに感じるかもしれませんが、ほんの数種類です。最も大事な記号は「山折り」と「谷折り」で、これを見分ければ、だいたいのものを折ることができます。しかし、折り方の記号はよく見ないと最後まで折れないことがあります。折っていてわからないところがあったら、このページを見直してみましょう。

この機会にぜひ記号と折り方を覚えて、お子さんにも教えてあげてください。そうすれば、お子さんも折り方の図を見ながら自分で折り紙を楽しめるようになるでしょう。

きほんのおりかた

おりかたのずには、たにおりせんとやまおりせんがあるよ。
この2しゅるいのせんのとおりにおりがみをおってね

たにおりせん - - - - - - - - - - - - - - - -

てまえにおる

たにおり

❶ たにおりせんのところで
やじるしのほうこうへおる

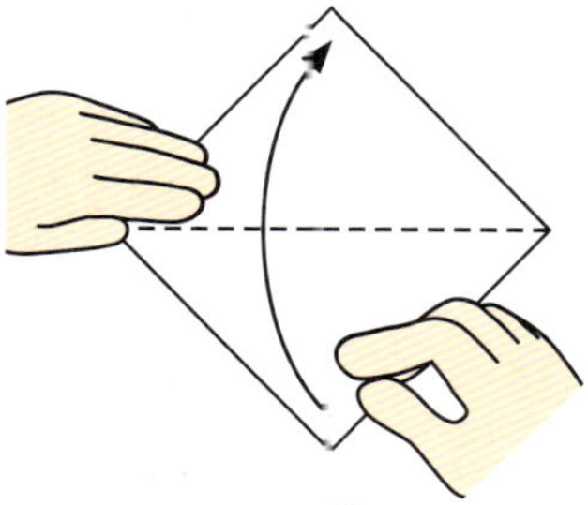

❷

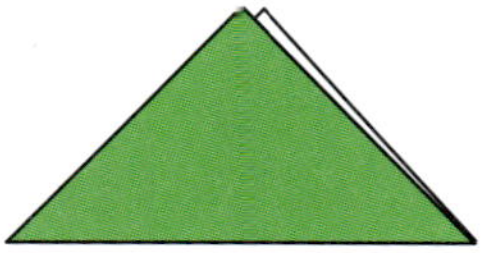

おりせんはうちがわになる

やまおりせん —・—・—・—・—・—・—

うしろへおる

やまおり

❶ やまおりせんのところで
やじるしのほうこうへおる

❷

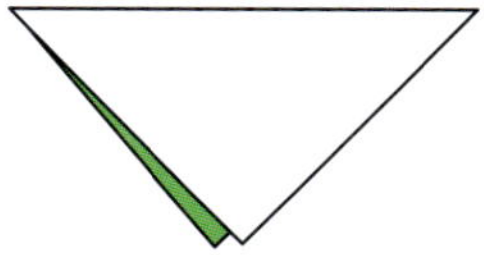

おりせんはそとがわになる

きほんのきごう

ずをわかりやすくするためのほじょきごうだよ

ずのみるむきをかえる

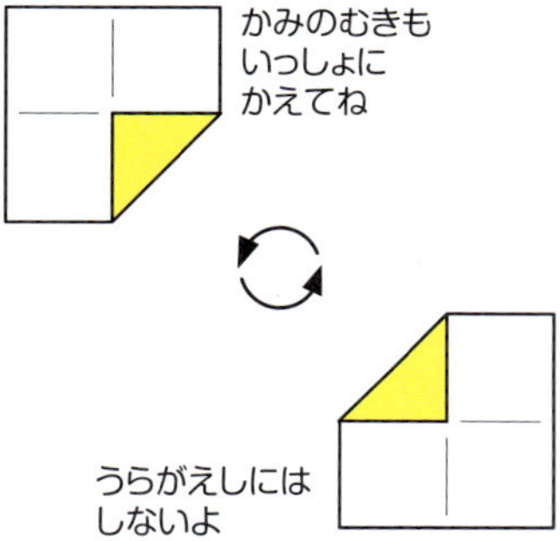

つぎのずがおおきくなる

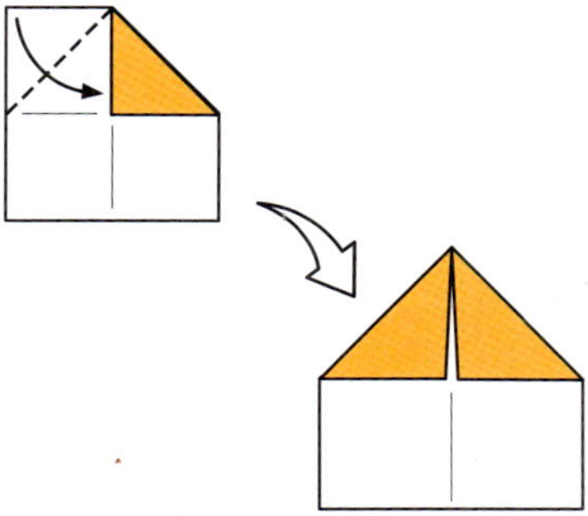

うらがえす

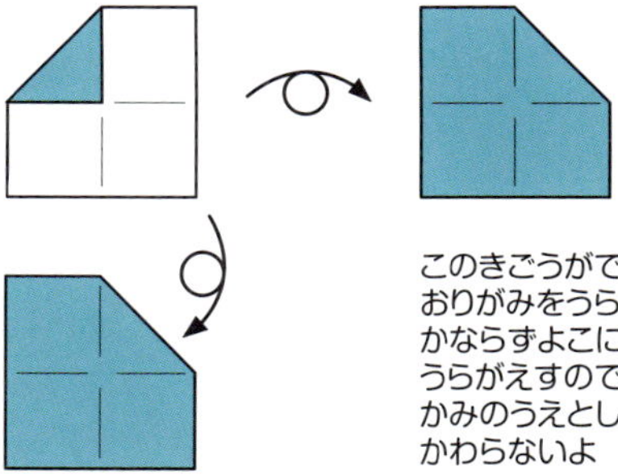

このきごうがでてきたら
おりがみをうらがえす。
かならずよこに
うらがえすので、
かみのうえとしたは
かわらないよ

ひろげる

おす・つぶす

ひきだす・さしこむ

きる

ちょっかく

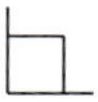

ふくらます

かくれたせん・かくれたかたち

ちゅういするところ

いろいろなおりかた

おりかたのなかによくでてくるほうほう。
おりかたのなまえをいっしょにおぼえるといいよ

おりすじをつける

いちど、おりせんのとおりにおって、おりすじをつけてからもどす

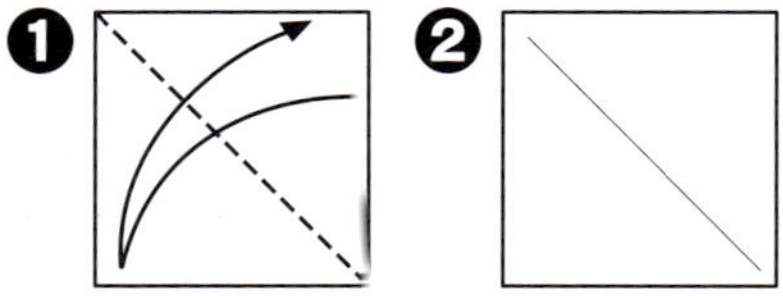

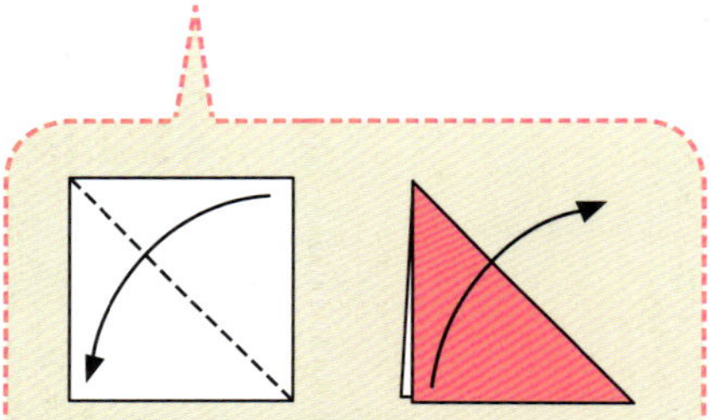

うえの ❶ のおりかたをあらわしているよ

だんおり

よこからみると、だんになっているようにみえるおりかた。やまおりせんとたにおりせんのちがいにちゅういしてね

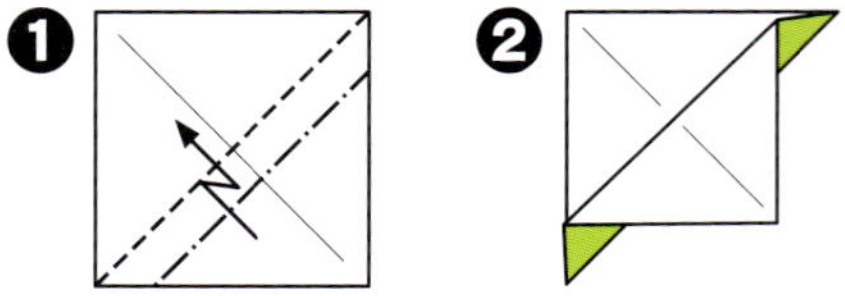

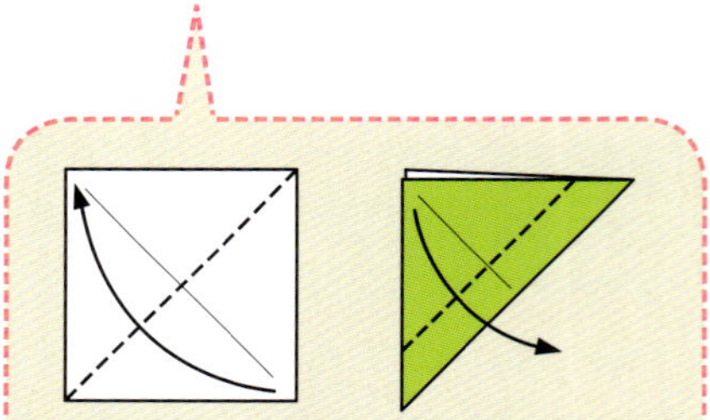

うえの ❶ のおりかたをあらわしているよ

うちがわにおる

よくでてくる
おりかただよ

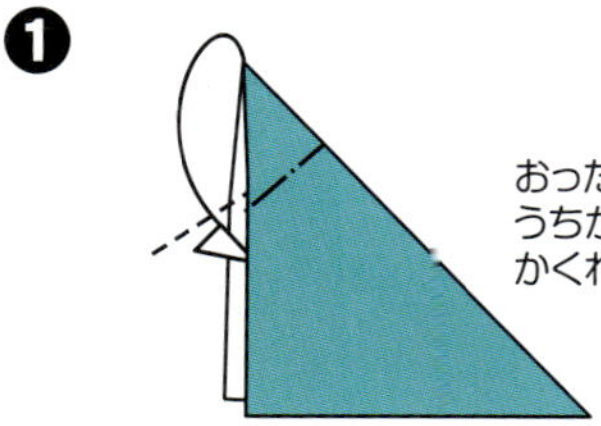

おったカドやふちが
うちがわに
かくれるようにおる

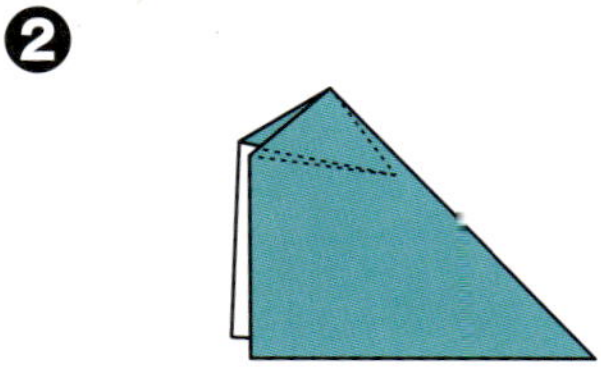

ひきよせおり

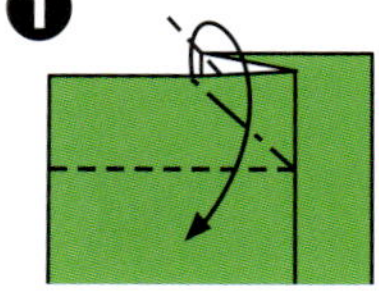

うちがわをひろげて
やじるしのほうこうに
ふちをひきよせて
つぶすようにおる

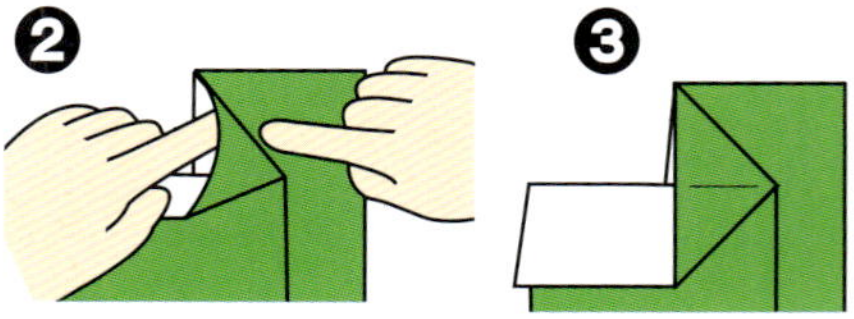

すきまにゆびをいれると
おりやすいよ

なかわりおり

このおりかたは
いろんなかくどででてくるけど、
おりかたはいつもおなじだよ

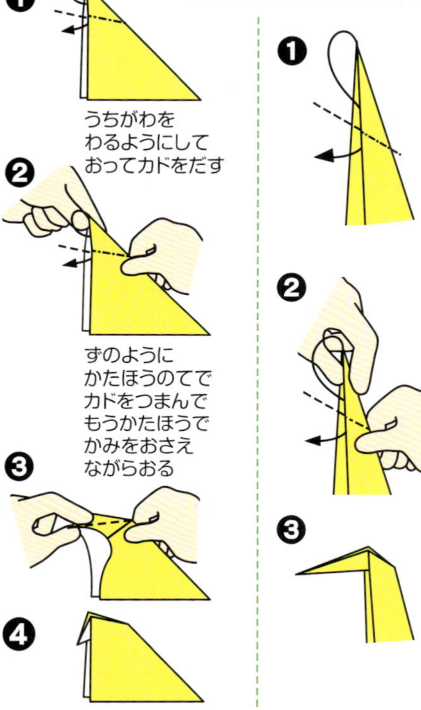

❶ うちがわを
わるようにして
おってカドをだす

❷ ずのように
かたほうのてで
カドをつまんで
もうかたほうで
かみをおさえ
ながらおる

かぶせおり

このおりかたは
いろんなかくどででてくるけど、
おりかたはいつもおなじだよ

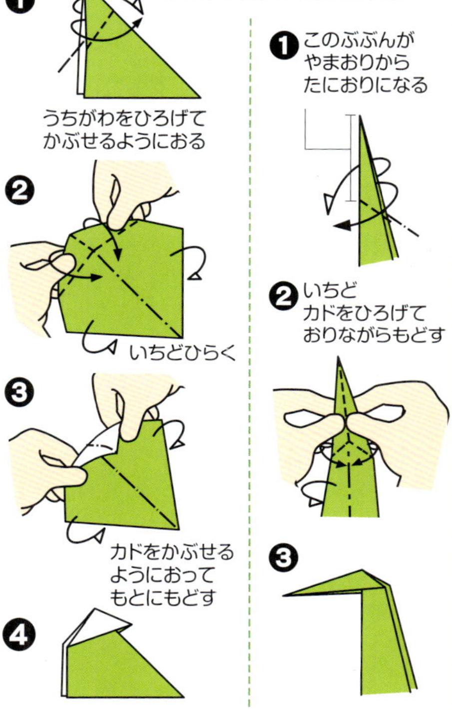

❶ うちがわをひろげて
かぶせるようにおる

❷ いちどひらく

❸ カドをかぶせる
ようにおって
もとにもどす

❶ このぶぶんが
やまおりから
たにおりになる

❷ いちど
カドをひろげて
おりながらもどす

つまみおり

いろんなかたちででてくる
おりかただよ

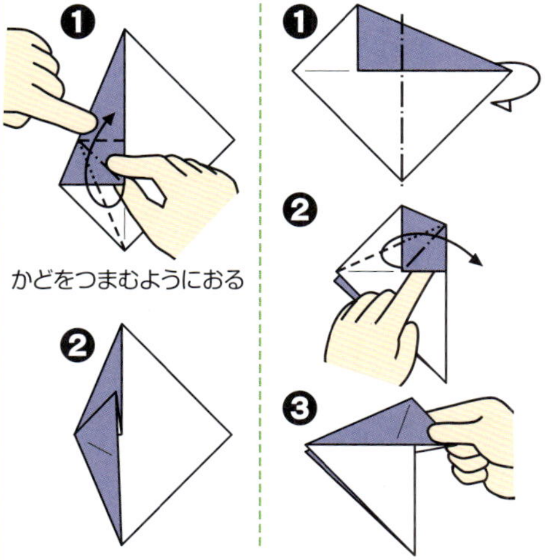

❶ かどをつまむようにおる

うちがわをひろげて つぶすようにおる

とてもよくでてくるおりかた。
かくどがちがったり、いちぶぶんであったり、
かたちはちがうけど、ようりょうはおなじだよ

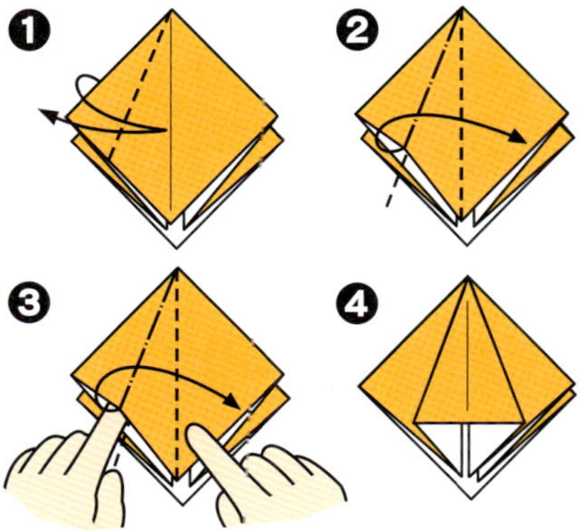

じゅんびしておこう

ひつようなどうぐ

ボンド、のり

のりづけやしあげにつかう。
おりがみにのりを
つかうときは、たくさん
つけすぎないのがコツだよ。
りょうめんテープで
かるくはってもOK

セロハンテープ

みえないところは、
セロハンテープで
はってもいいよ

カッター

1つのさくひんに、
ちがうサイズのかみが
ひつようなときにつかう。
カッターだときれいに
きりだせるよ

*てをきらないようにちゅういしてね

はさみ

きりこみをいれたり、
きりおとしたりするときに
べんり。かみのきりだしには
あまりむかないよ

くふうしてたのしもう！

えをかいてみよう

ペンでかおをかいたり、もようをかいたりしてみよう

おおきさやいろをかえてみよう

おなじさくひんでも、かみのおおきさやいろをかえるとぜんぜんちがってみえるよ

さくひんをくみあわせてみよう

いろんなさくひんをくみあわせて、けしきやくうそうのせかいをつくってみよう。
おなじさくひんをたくさんならべてもおもしろいよ

いろんなかみでおってみよう

ほうそうしも、しんぶんしも、こうこくも、みのまわりのかみは、
ぜんぶおりがみようしになるよ。
せいほうけいにきって、いろいろためしてみてね

すきなはなはあるかな?はなでカードやかざりをつくってもいいね★★★

PART

1

はなと どうぶつ

さくら
Cherry Blossom

おりがみ **5** まい

かんたん　**ふつう**　チャレンジ

はなのパーツ

1

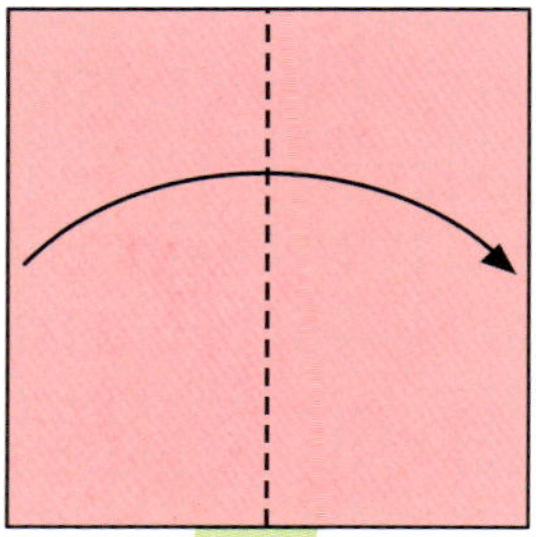

はんぶんにおる

2

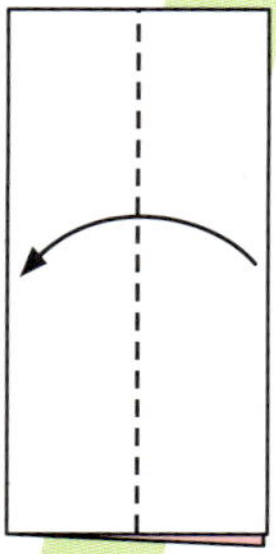

うえの
1まいだけ
ふちとふちを
あわせておる

3

4

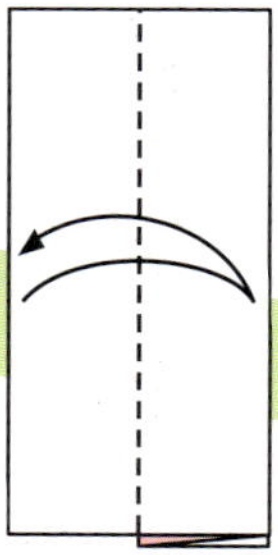

ふちと
ふちを
あわせておりすじをつける

5

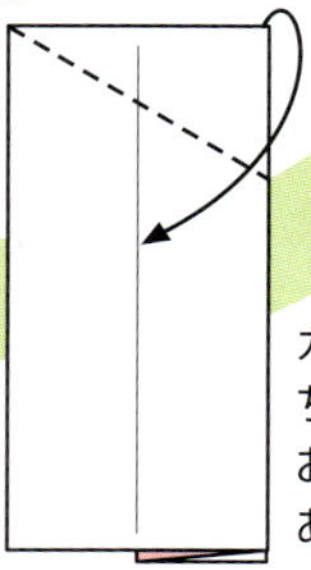

カドを
ちゅうしんの
おりすじに
あわせておる

6

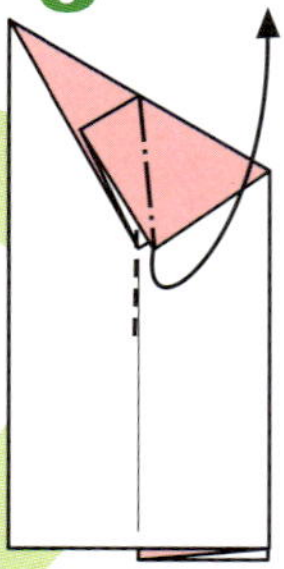

カドをつまむ
ようにおる

7

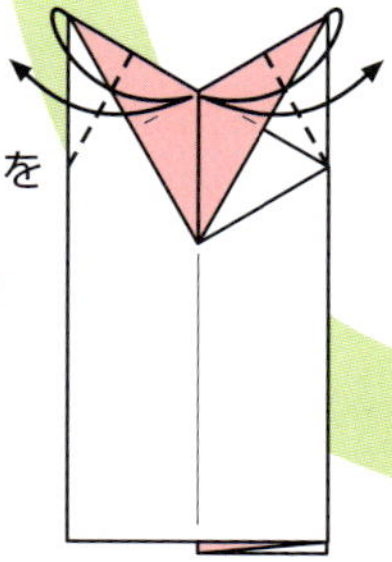

カドとカドを
あわせて
おりすじを
つける

8

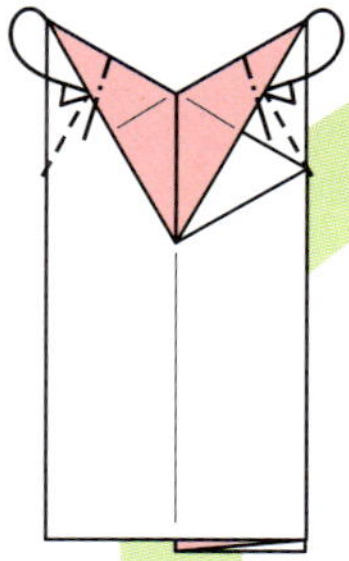

つけたおりすじで
カドをうちがわに
おる

9

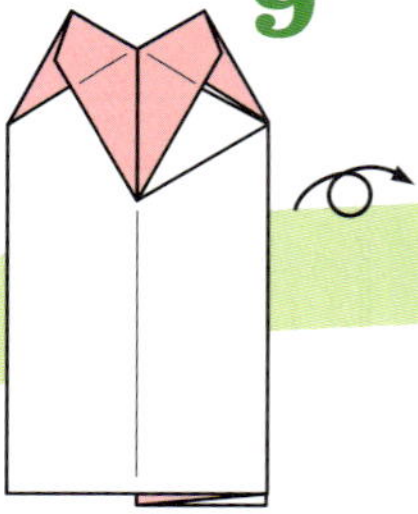

10

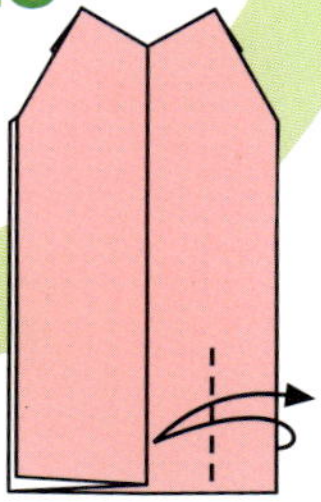

ふちをちゅうしんにあわせておりすじをつける

11

カドをおりすじにあわせて○のところからおる

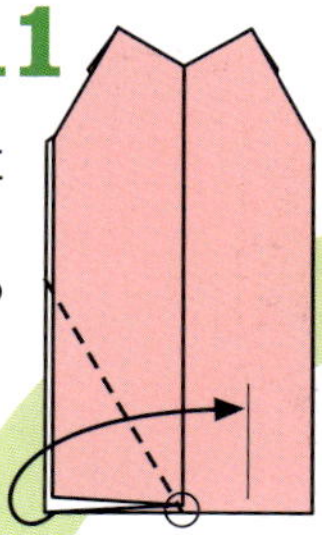

12

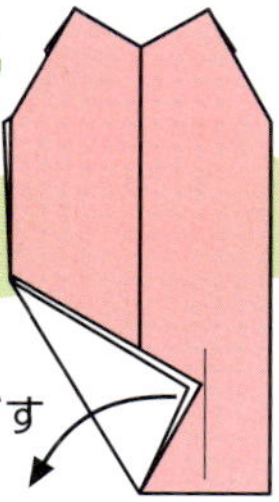

もどす

13

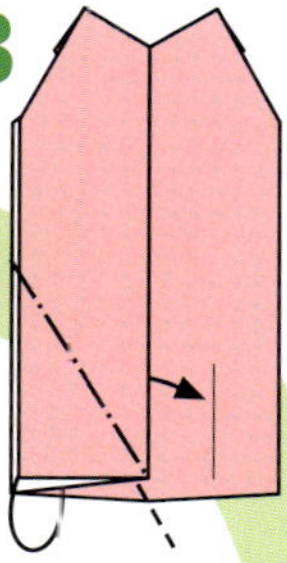

なかわりおり

14

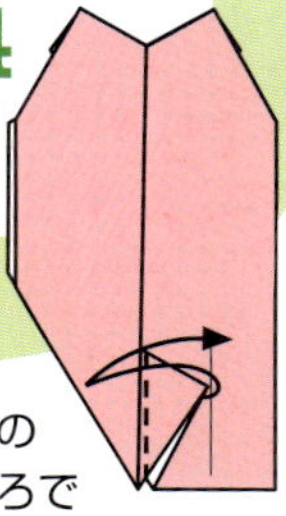

ふちのところでおりすじをつける

15

おなじものを5つつくる

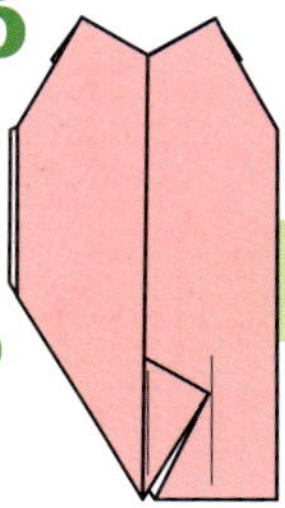

はなのパーツ

できあがり!

くみたてかた

1

カドをすきまにさしこんでのりづけ

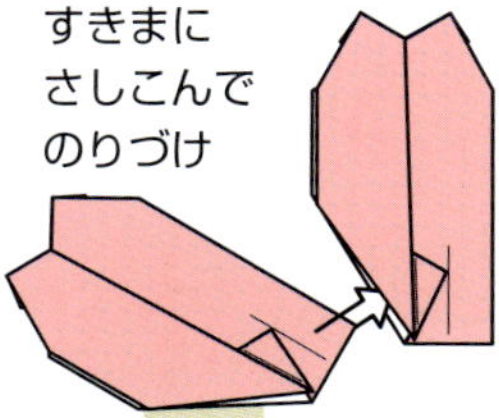

2

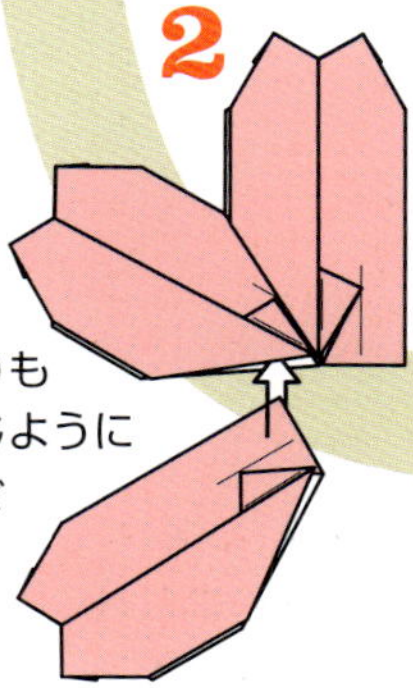

のこりもおなじようにつなぐ

3

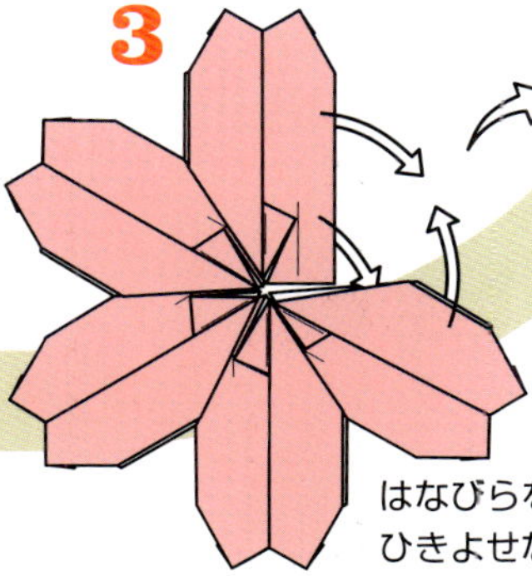

はなびらをおこしてひきよせながらさいごのカドものりづけ

4

それぞれちゅうしんのカドをたてる

5

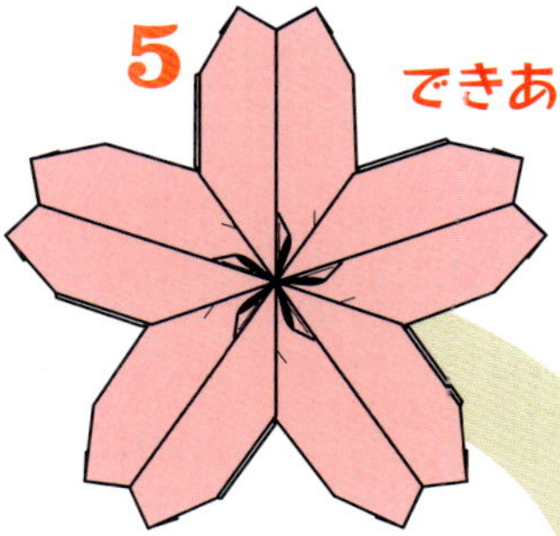

できあがり!

チューリップ

Tulip

おりがみ **4** まい

かんたん　ふつう　チャレンジ

はな

1

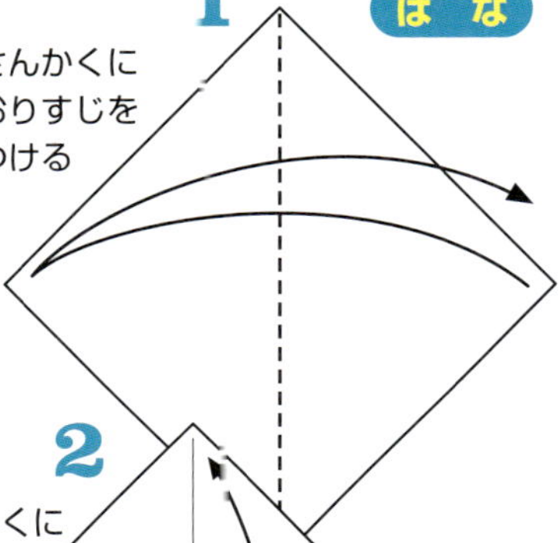

さんかくに
おりすじを
つける

2

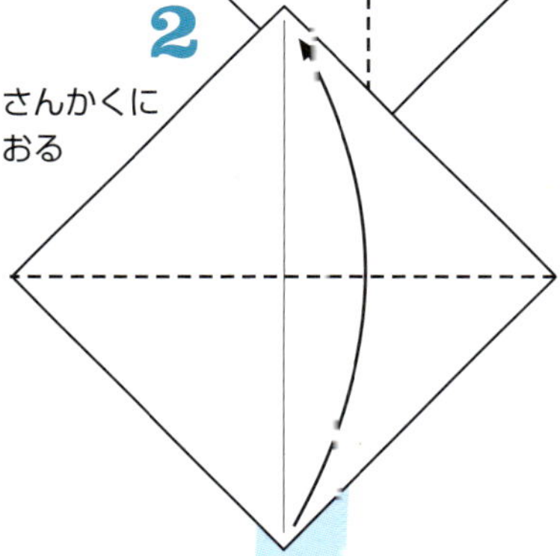

さんかくに
おる

3

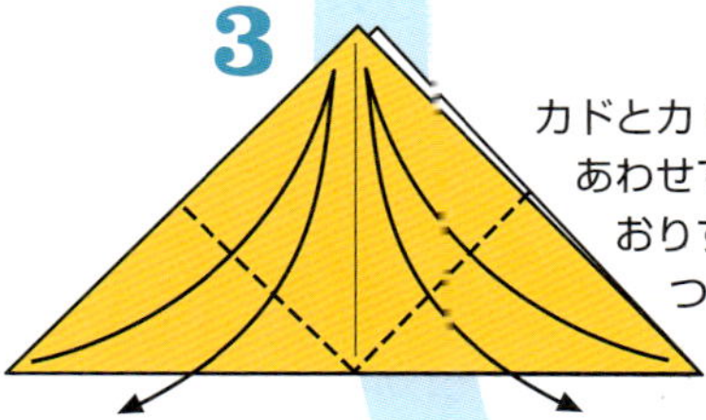

カドとカドを
あわせて
おりすじを
つける

4

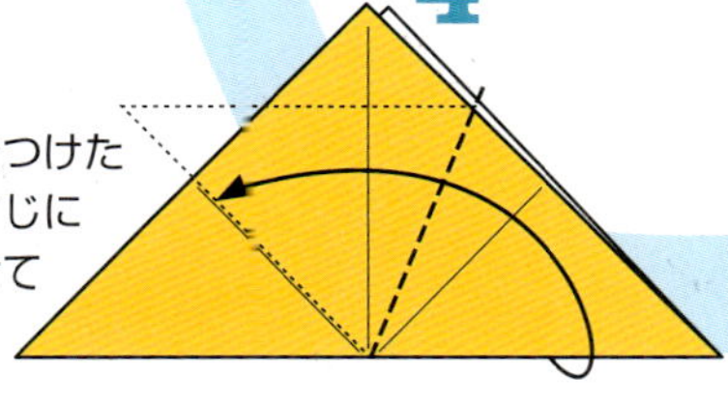

ふちをつけた
おりすじに
あわせて
おる

5

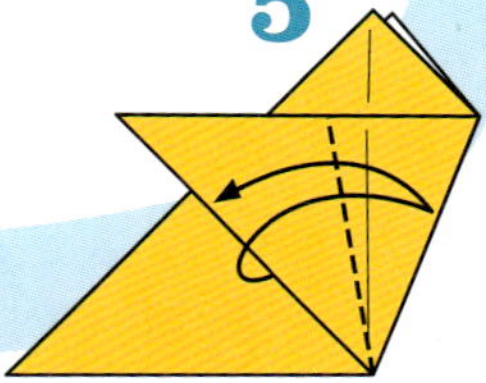

ふちとふちを
あわせて
おりすじを
つける

6

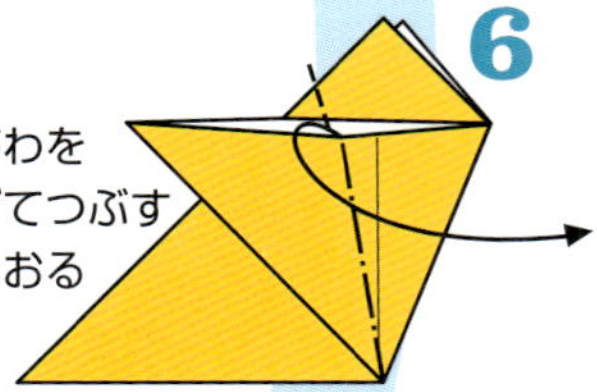

うちがわを
ひろげてつぶす
ようにおる

7

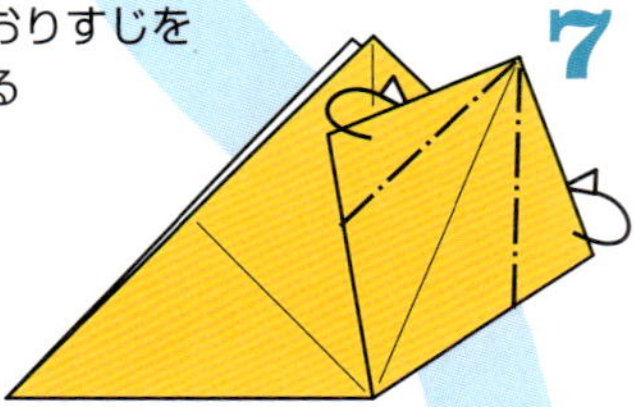

ふちをちゅうしんに
あわせてうしろへおる

8

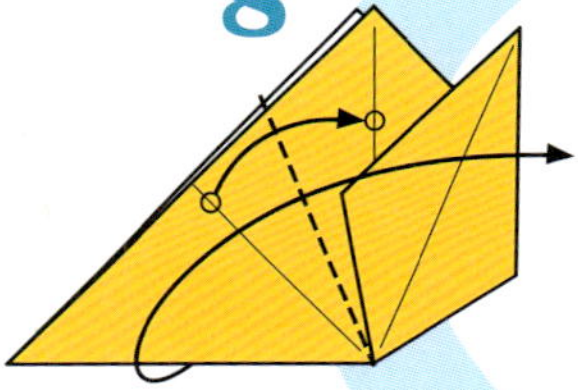

おりすじとおりすじを
あわせておる

9

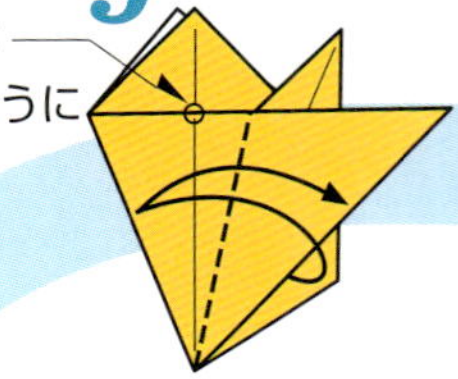

ここが
あうように
する

ふちとふちを
あわせて
おりすじをつける

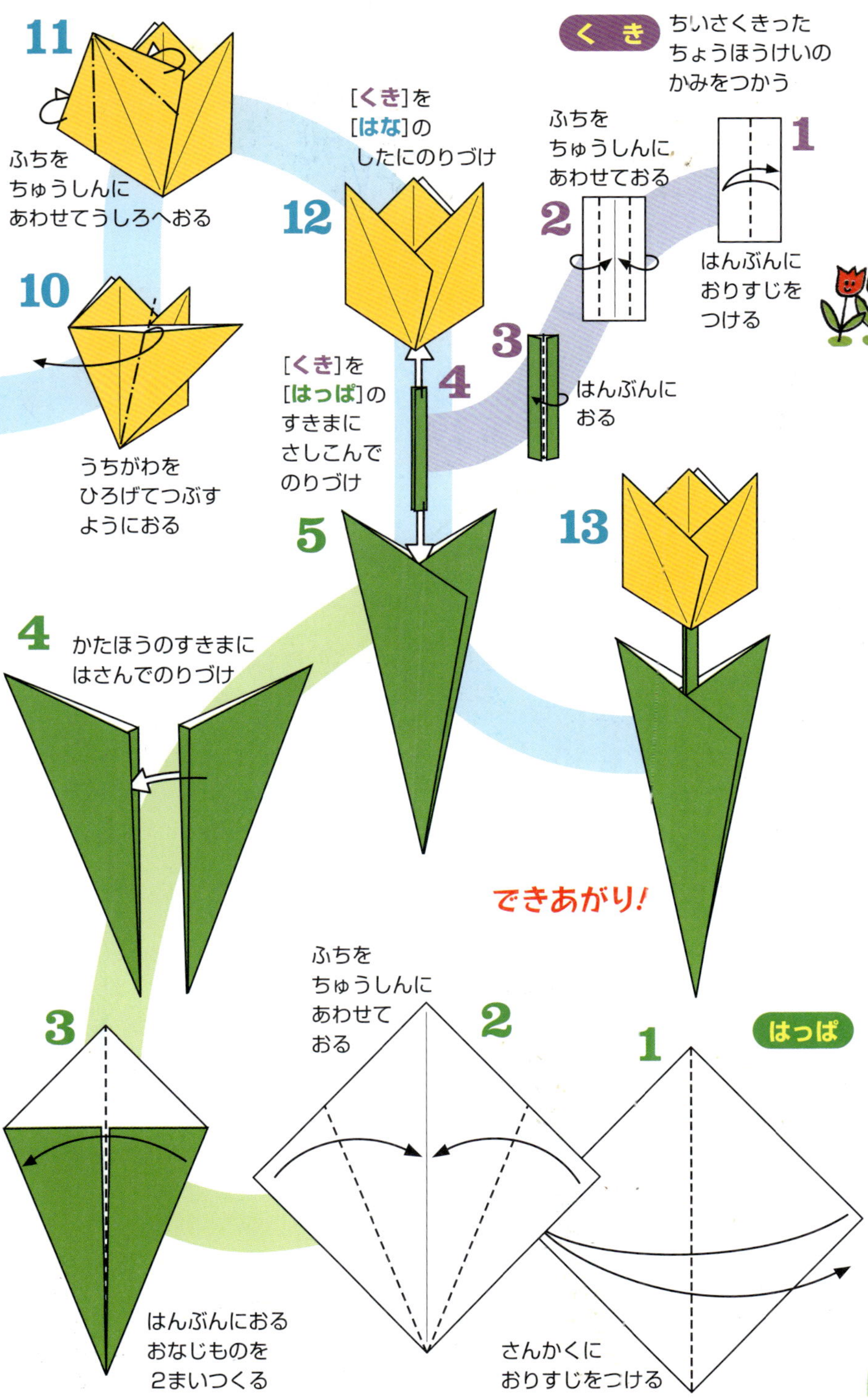

10
うちがわを
ひろげてつぶす
ようにおる
11
ふちを
ちゅうしんに
あわせてうしろへおる
12
[くき]を
[はな]の
したにのりづけ
くき
ちいさくきった
ちょうほうけいの
かみをつかう
1
はんぶんに
おりすじを
つける
2
ふちを
ちゅうしんに
あわせておる
3
はんぶんに
おる
4
はっぱ
1
さんかくに
おりすじをつける
2
ふちを
ちゅうしんに
あわせて
おる
3
はんぶんにおる
おなじものを
2まいつくる
4
かたほうのすきまに
はさんでのりづけ
5
[くき]を
[はっぱ]の
すきまに
さしこんで
のりづけ
13
できあがり!

パンジー

Pansy

おりがみ **2** まい

かんたん　**ふつう**　チャレンジ

はな

かみのひりつ

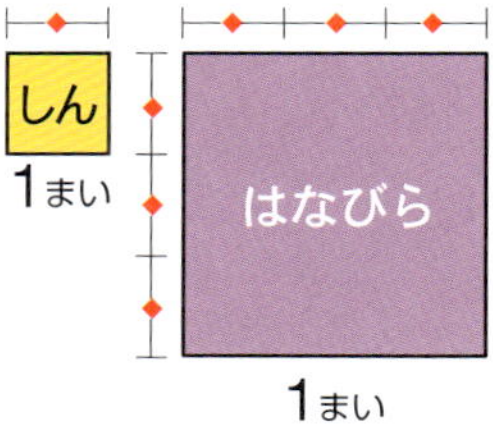

1

はんぶんに
おりすじを
つける

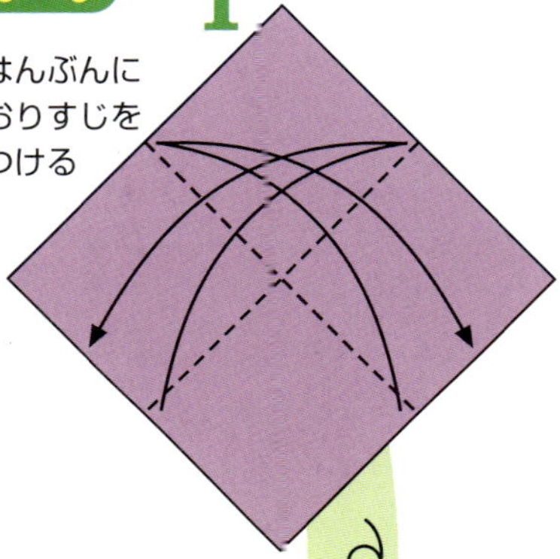

2

ふちを
ちゅうしんに
あわせて
おりすじを
つける

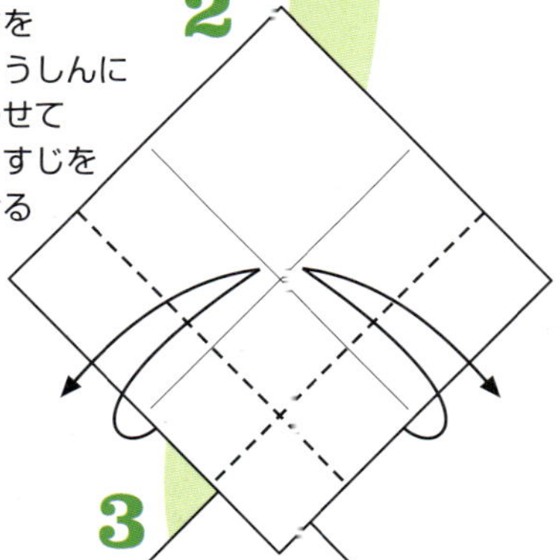

3

つけた
おりすじに
あわせて
だんおり

4

おりすじに
あわせて
だんおり

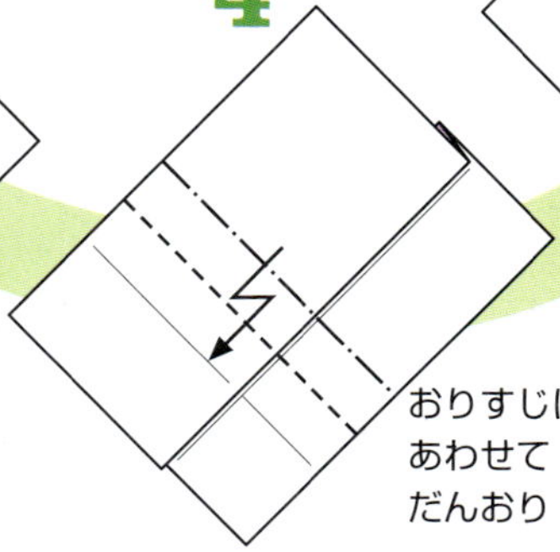

5

6

7

ふちを
おりすじに
あわせて
おりすじを
つける

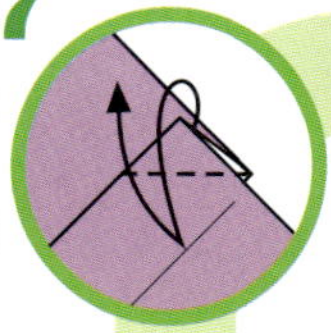

8

つけたおりすじで
カドをうちがわに
おる

9

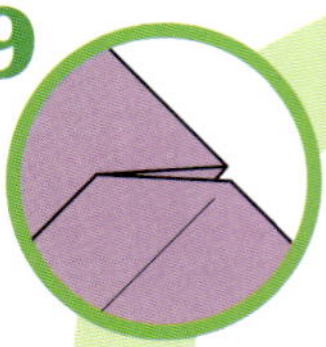

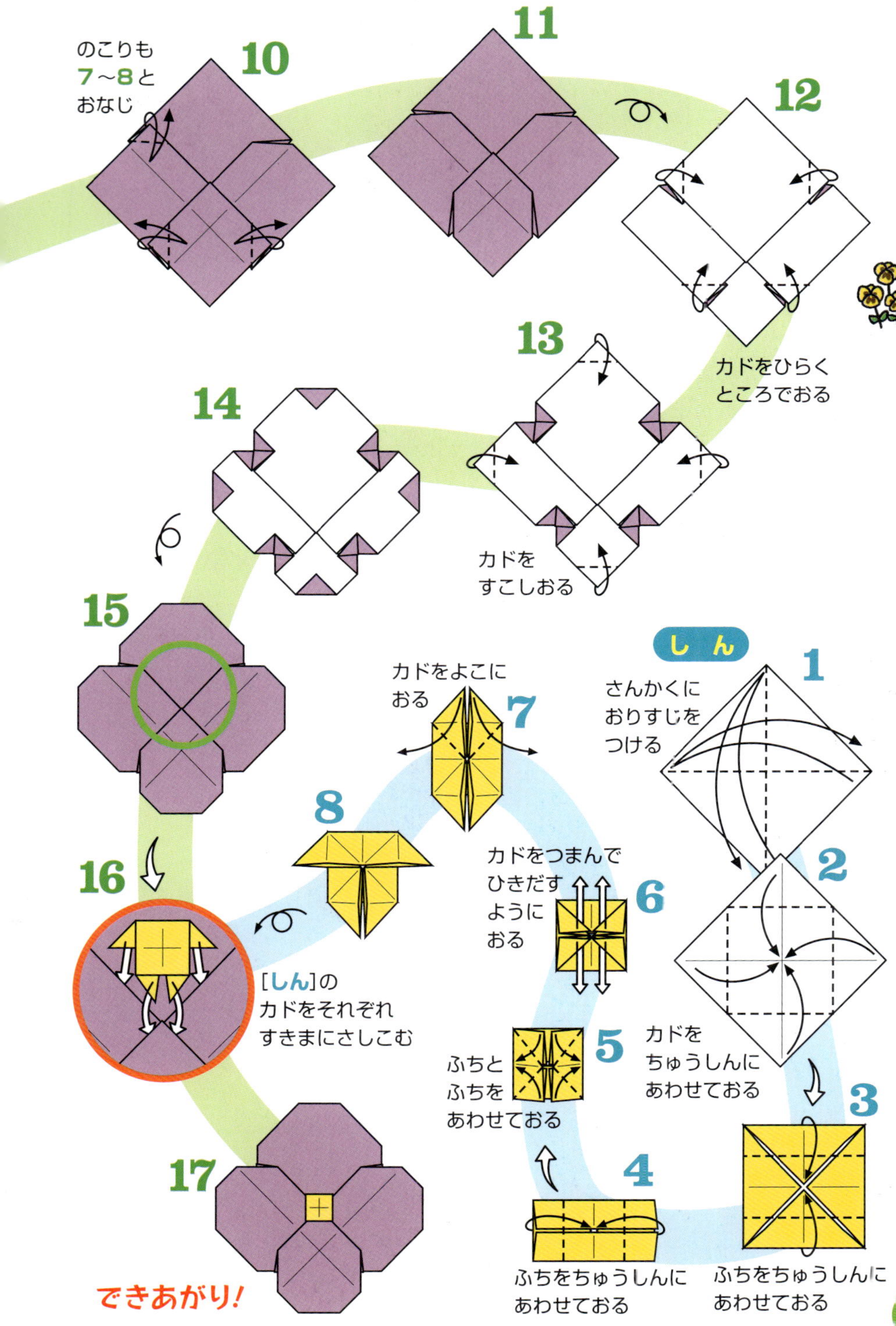

10
のこりも
7～8と
おなじ
11
12
カドをひらく
ところでおる
13
カドを
すこしおる
14
15
16
[しん]の
カドをそれぞれ
すきまにさしこむ
17
できあがり!
しん
1
さんかくに
おりすじを
つける
2
カドを
ちゅうしんに
あわせておる
3
ふちをちゅうしんに
あわせておる
4
ふちをちゅうしんに
あわせておる
5
ふちと
ふちを
あわせておる
6
カドをつまんで
ひきだす
ように
おる
7
カドをよこに
おる
8

あじさい

Hydrangea

かんたん　ふつう　チャレンジ

おりがみ **2** まい～

はな

1 はんぶんに おりすじを つける

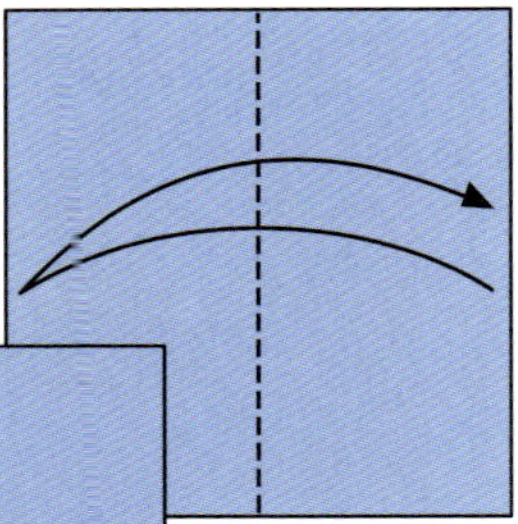

2 はんぶんに おる

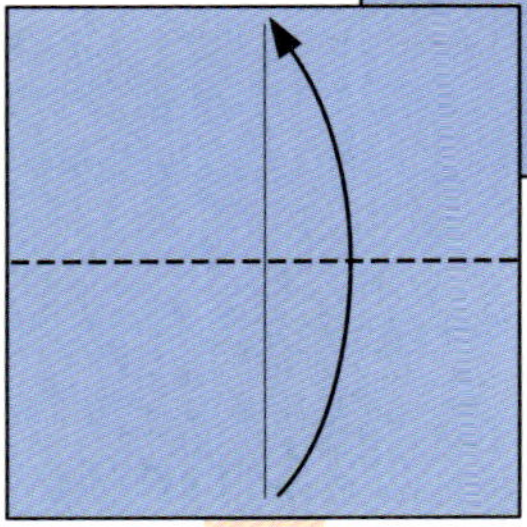

3 うえの１まいだけはんぶんに おりすじをつける

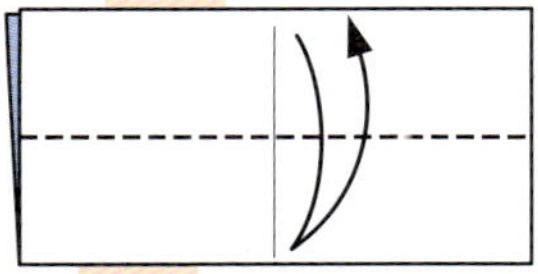

4 ○と○を あわせておる

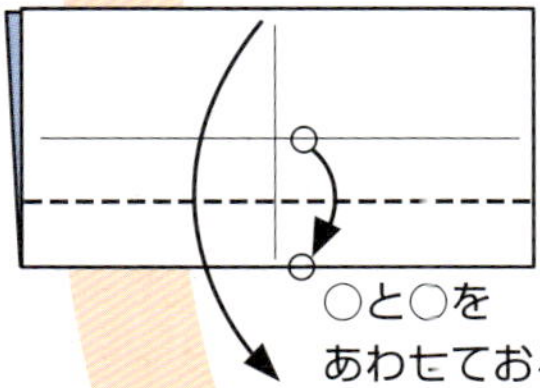

5 はんぶんにおる

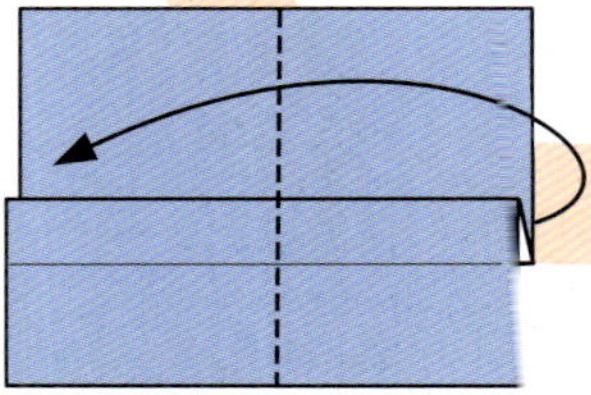

6 うえの １まいだけはんぶんに おりすじをつける

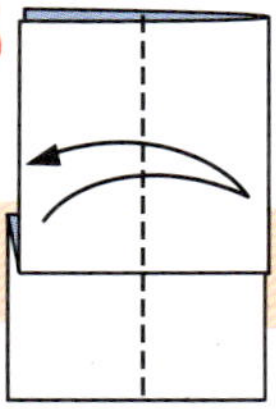

7 うえの１まい だけはんたい がわにおる

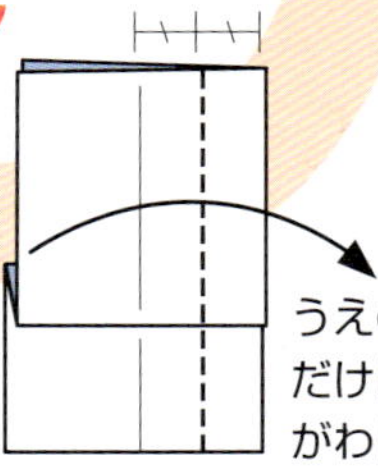

8

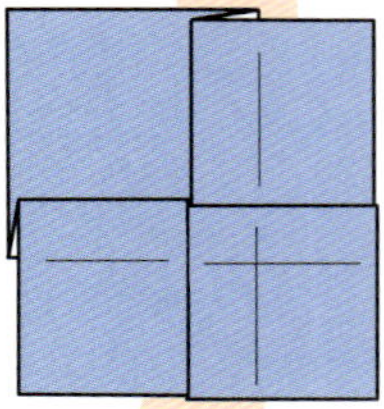

9

10 うちがわをひろげて ひきよせるように おる

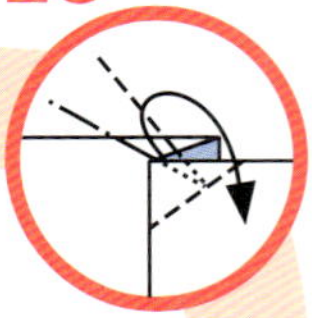

11 のこりも おなじように おる

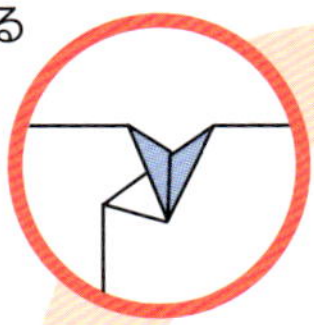

12

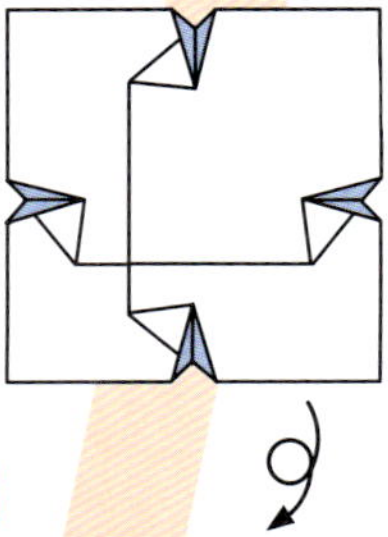

13

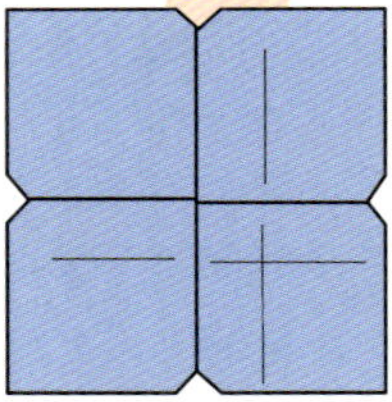

はな できあがり!

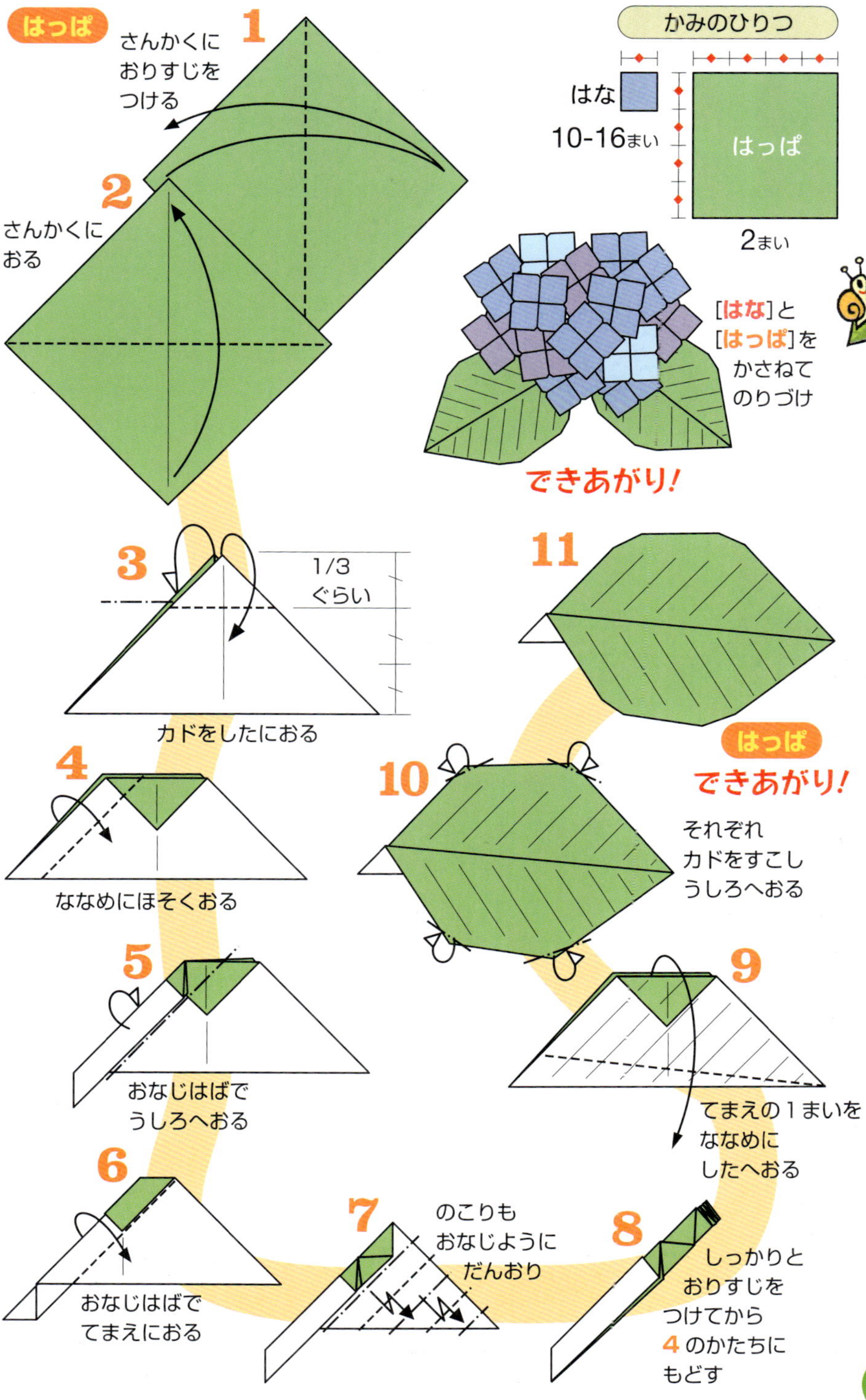
はっぱ
1
さんかくに
おりすじを
つける
2
さんかくに
おる
3
1/3
ぐらい
カドをしたにおる
4
ななめにほそくおる
5
おなじはばで
うしろへおる
6
おなじはばで
てまえにおる
7
のこりも
おなじように
だんおり
8
しっかりと
おりすじを
つけてから
4 のかたちに
もどす
9
てまえの1まいを
ななめに
したへおる
10
それぞれ
カドをすこし
うしろへおる
11
はっぱ
できあがり!
かみのひりつ
はな
10-16まい
はっぱ
2まい
[はな]と
[はっぱ]を
かさねて
のりづけ
できあがり!

あさがお

Morning Glory

おりがみ 1 まい

かんたん　**ふつう**　チャレンジ

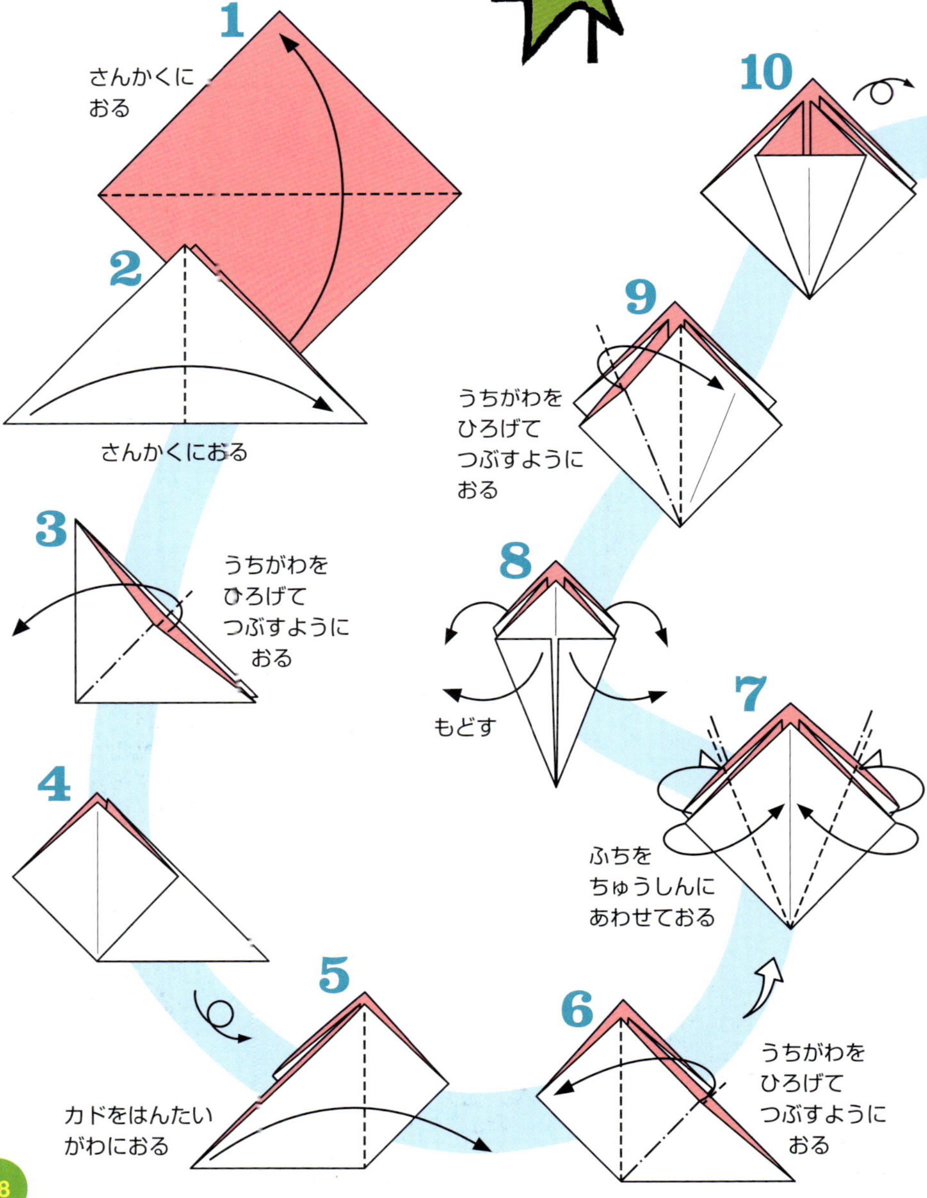

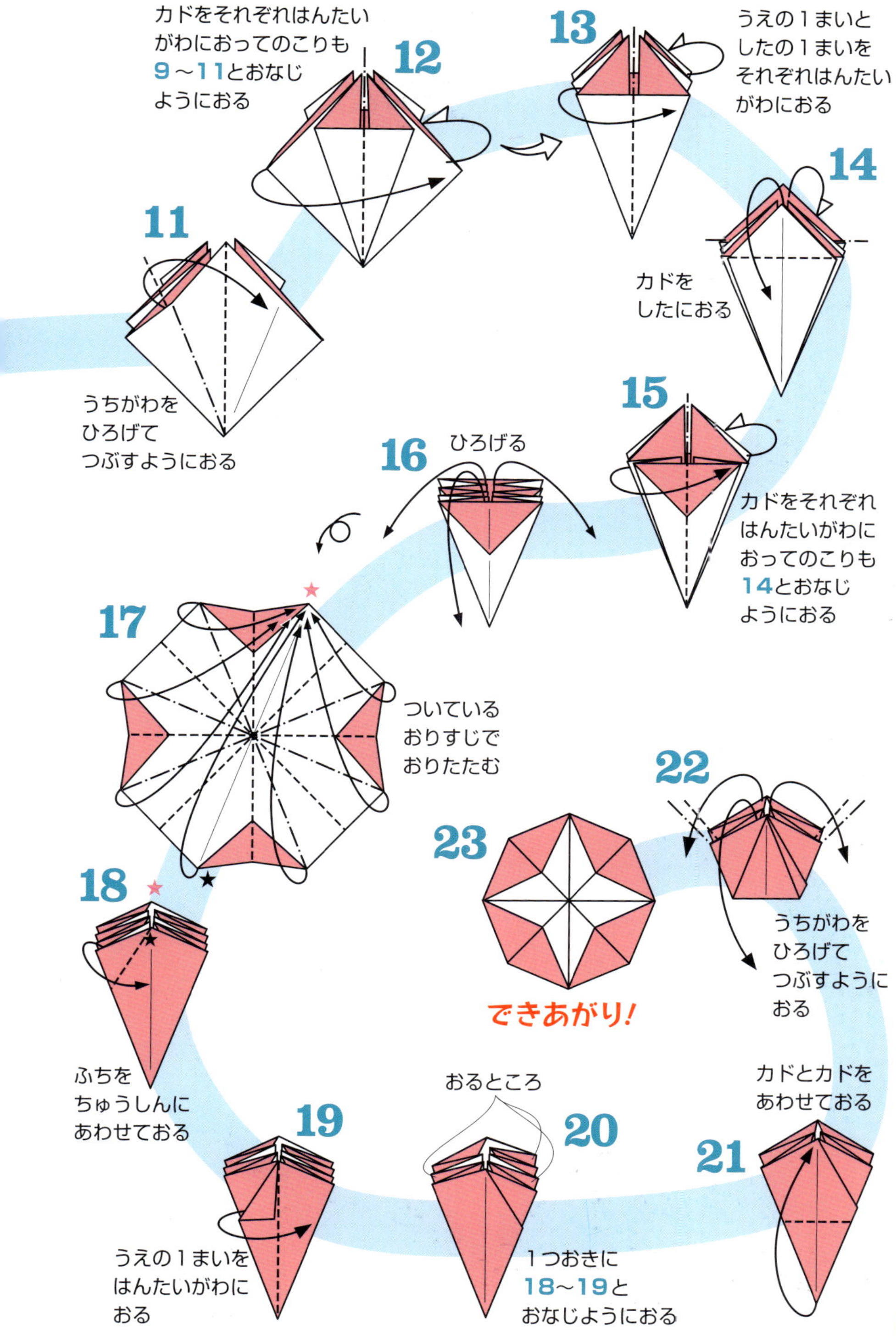
11
うちがわを
ひろげて
つぶすようにおる
12
カドをそれぞれはんたい
がわにおってのこりも
9～11とおなじ
ようにおる
13
うえの１まいと
したの１まいを
それぞれはんたい
がわにおる
14
カドを
したにおる
15
カドをそれぞれ
はんたいがわに
おってのこりも
14とおなじ
ようにおる
16
ひろげる
17
ついている
おりすじで
おりたたむ
18
ふちを
ちゅうしんに
あわせておる
19
うえの１まいを
はんたいがわに
おる
20
おるところ
１つおきに
18～19と
おなじようにおる
21
カドとカドを
あわせておる
22
うちがわを
ひろげて
つぶすように
おる
23
できあがり！

ゆり

Lily

かんたん　ふつう　**チャレンジ**

おりがみ **1** まい

〈伝承作品 *Traditional*〉

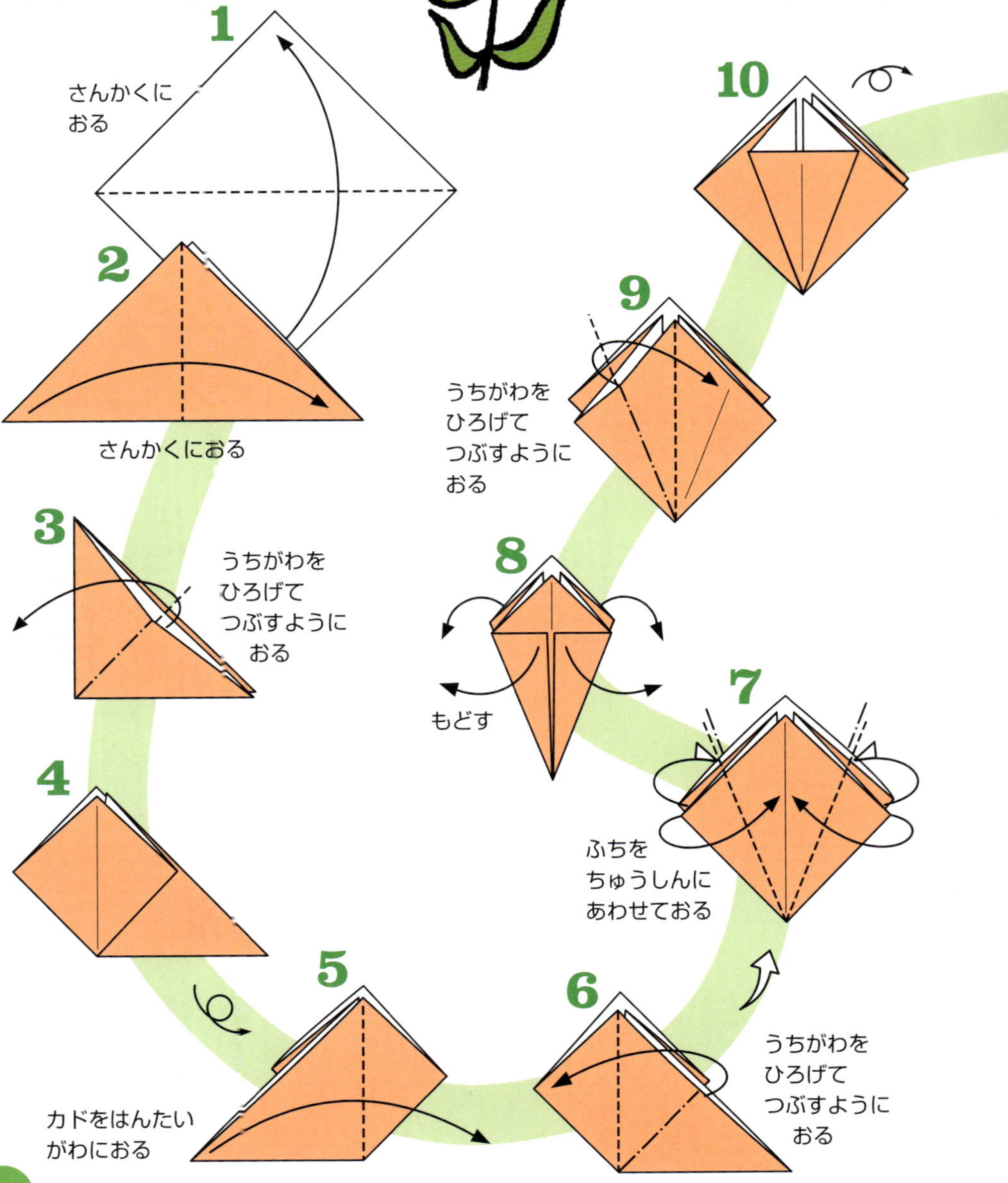

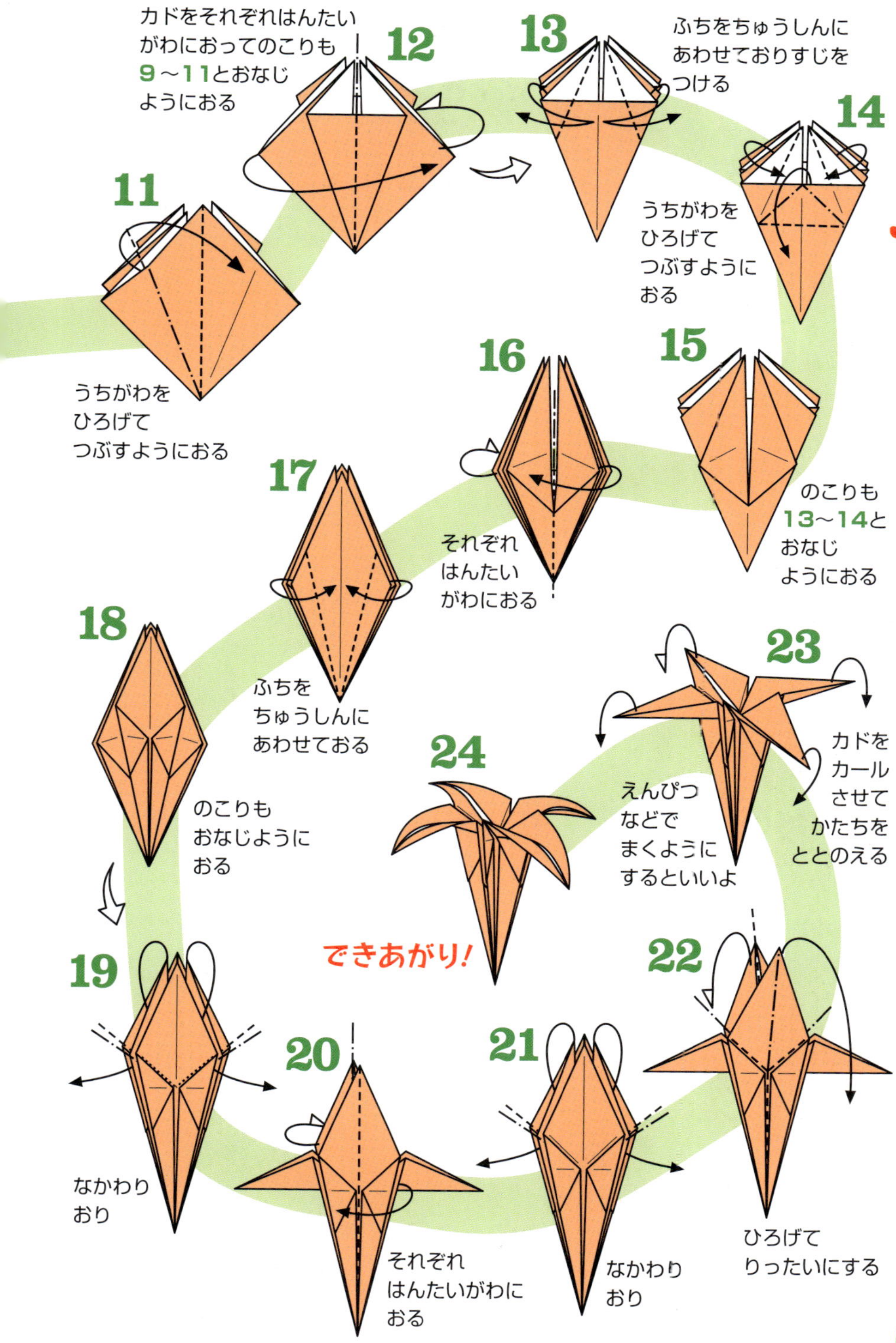
11
うちがわを
ひろげて
つぶすようにおる
12
カドをそれぞれはんたい
がわにおってのこりも
9～11とおなじ
ようにおる
13
ふちをちゅうしんに
あわせておりすじを
つける
14
うちがわを
ひろげて
つぶすように
おる
15
のこりも
13～14と
おなじ
ようにおる
16
それぞれ
はんたい
がわにおる
17
ふちを
ちゅうしんに
あわせておる
18
のこりも
おなじように
おる
19
なかわり
おり
20
それぞれ
はんたいがわに
おる
21
なかわり
おり
22
ひろげて
りったいにする
23
カドを
カール
させて
かたちを
ととのえる
えんぴつ
などで
まくように
するといいよ
24
できあがり!

はすのはな

Lotus Flower

おりがみ **1** まい

かんたん　**ふつう**　チャレンジ

〈伝承作品 *Traditional*〉

1

はんぶんに
おりすじを
つける

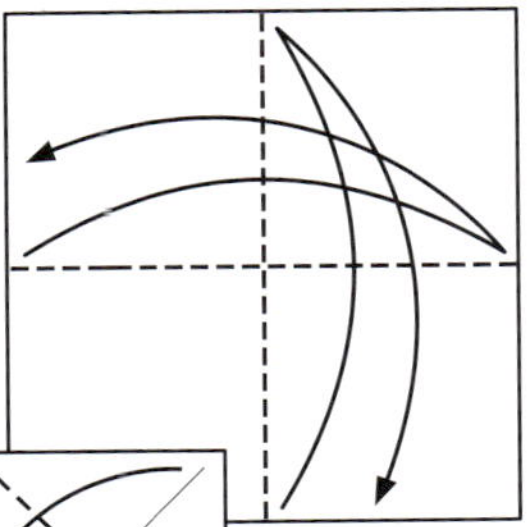

2

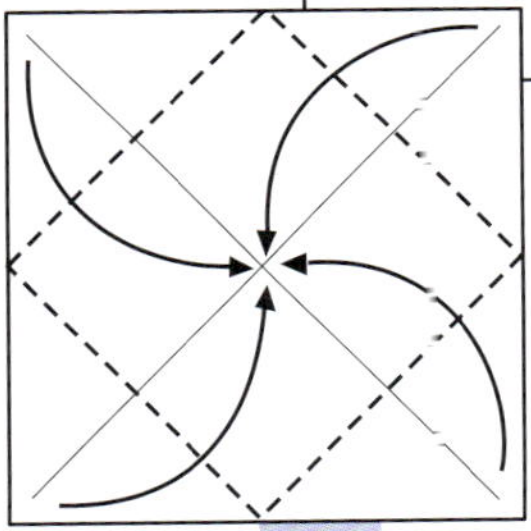

カドをちゅうしんに
あわせておる

3

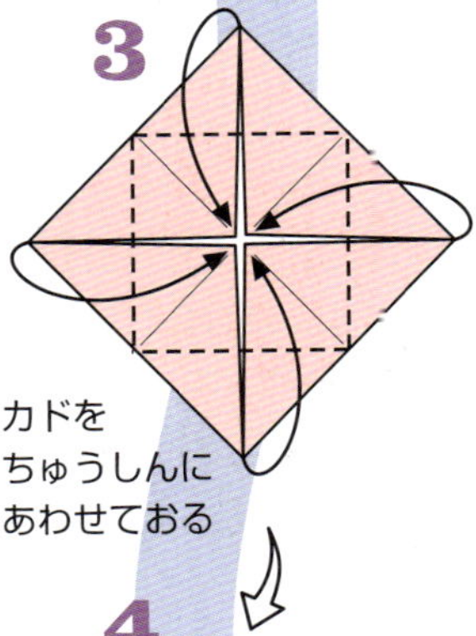

カドを
ちゅうしんに
あわせておる

4

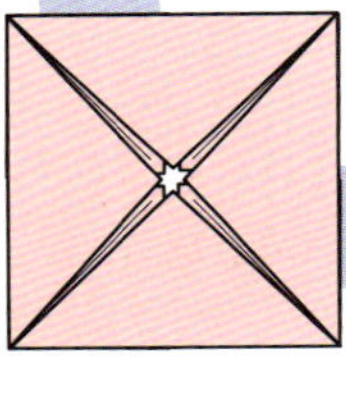

5

カドを
ちゅうしんに
あわせておる

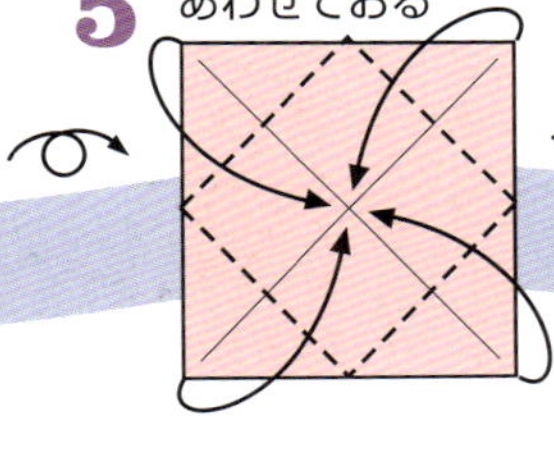

6

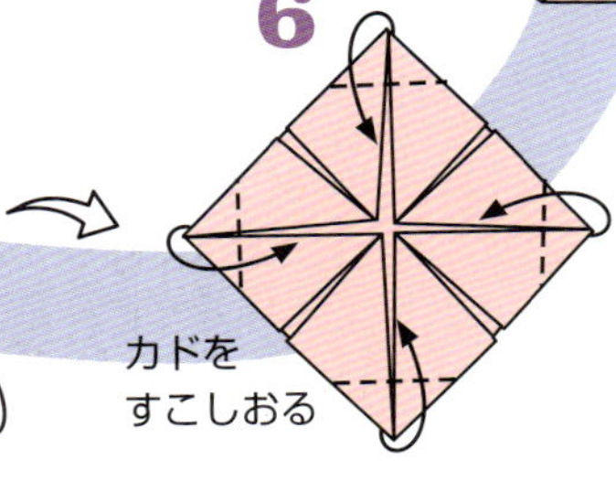

カドを
すこしおる

7

うしろのカドを
うらがえす
ように
おる

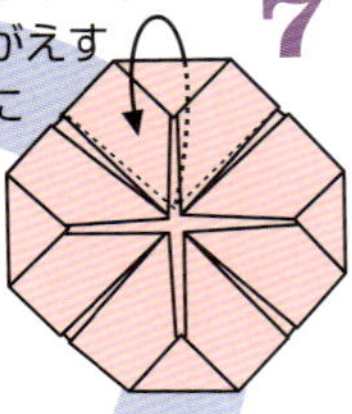

8

とちゅうのず

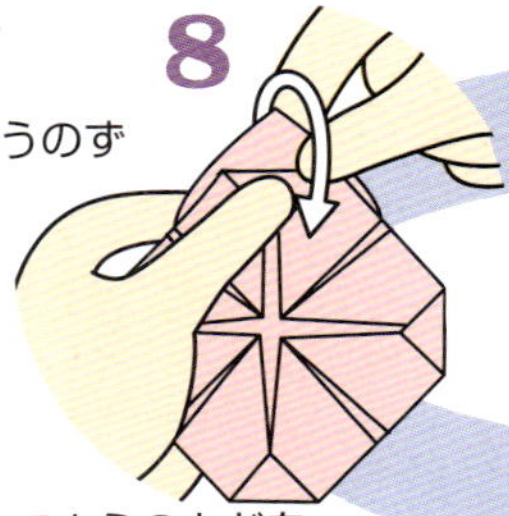

てまえのカドを
おさえながらうしろの
カドをひきあげる

9

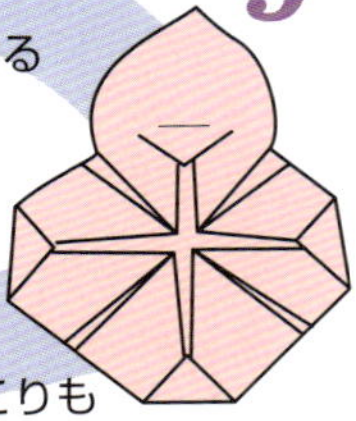

のこりも
おなじようにおる

10

のこりのカドも
おなじようにして
うらがえすようにおる

11

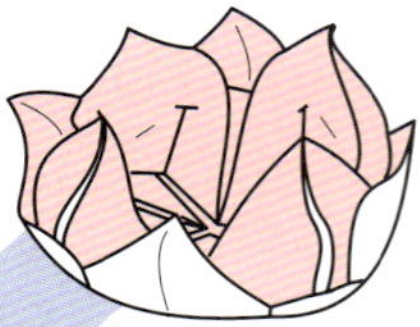

できあがり!

ばら
Rose

かんたん ふつう チャレンジ

おりがみ **3** まい〜

そとがわ

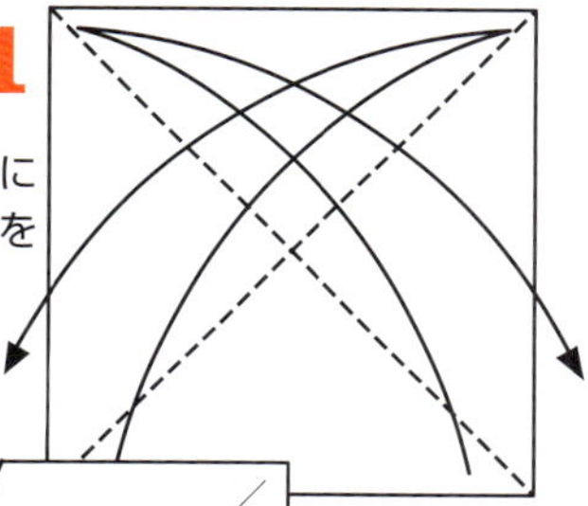

1 さんかくにおりすじをつける

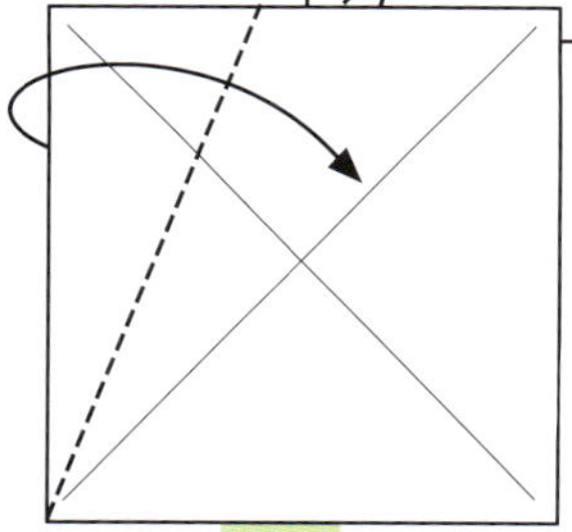

2 ふちをおりすじにあわせておる

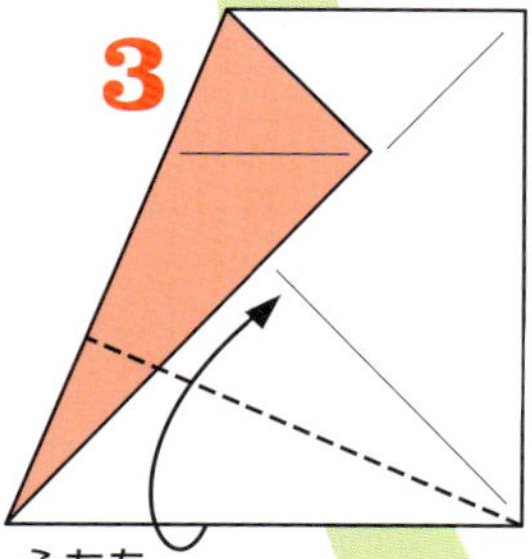

3 ふちをおりすじにあわせておる

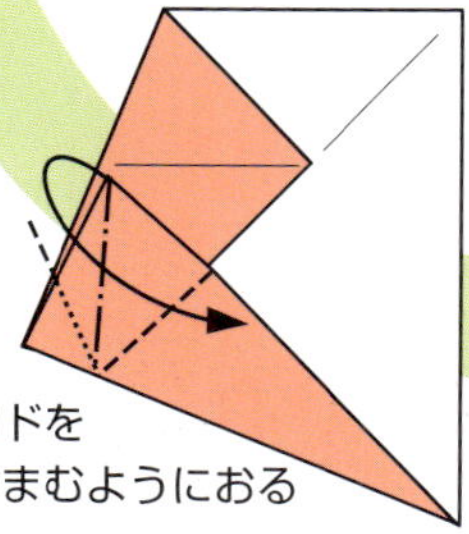

4 カドをつまむようにおる

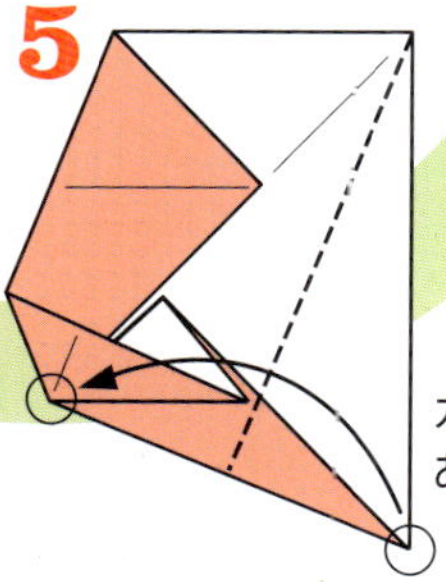

5 カドとカドをあわせておる

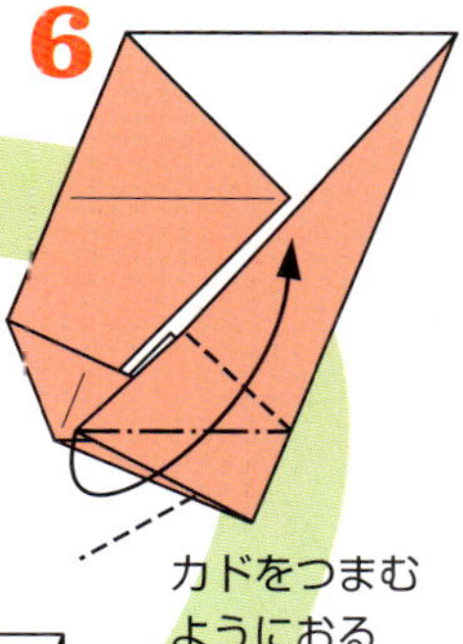

6 カドをつまむようにおる

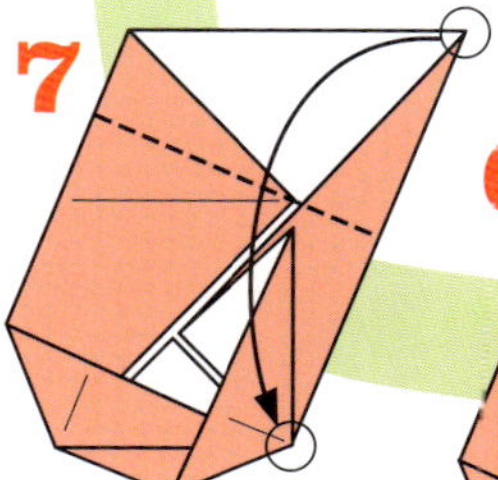

7 カドとカドをあわせておる

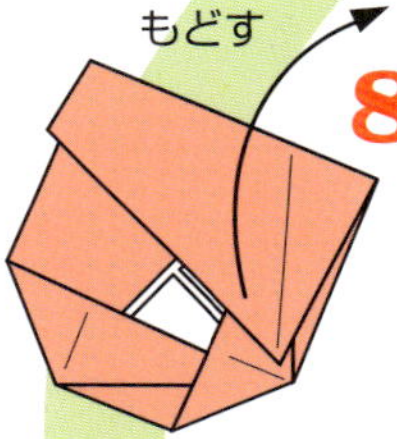

8 もどす

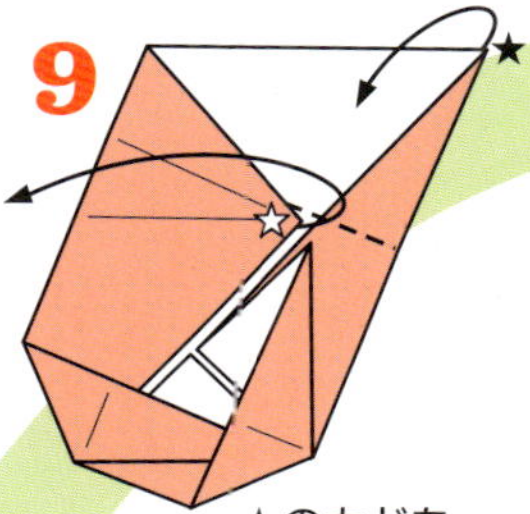

9 ★のカドをおこしながら☆のカドをかるくひらく

10

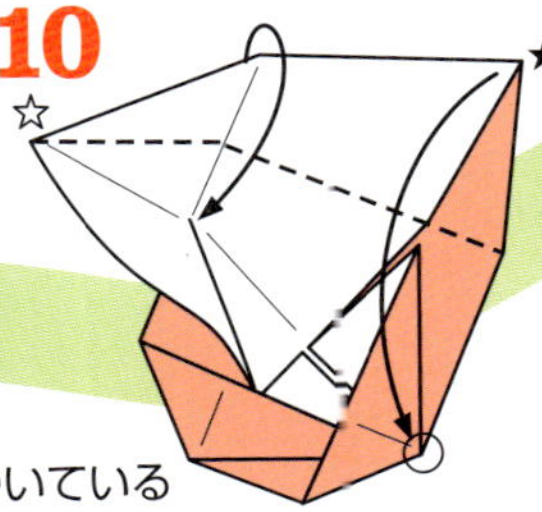

ついている
おりすじでふちをおりながら
★のカドを○にあわせておる

11

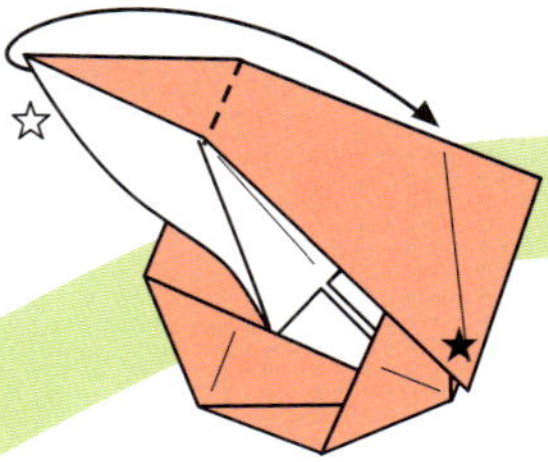

☆のカドをもとの
いちにもどす

12

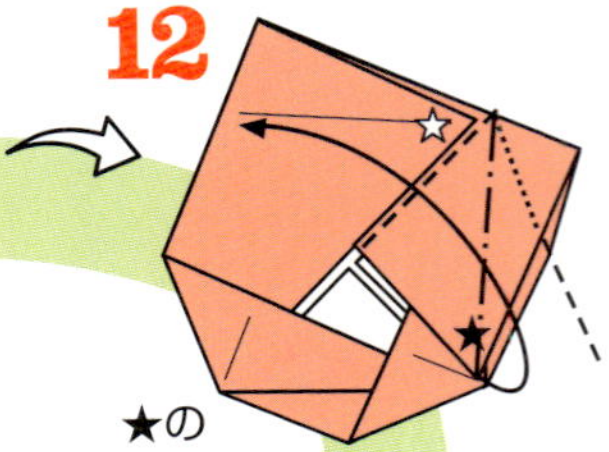

★の
カドをつまむようにおる

13

かくれた☆のカドを
うえにだす

14

とちゅうのず
★のカドを☆のカドの
うしろのすきまに
さしこむ

15

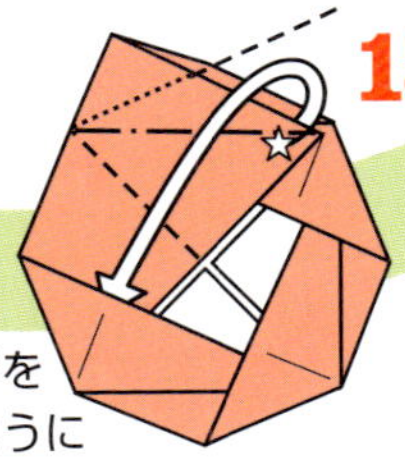

☆のカドを
つまむように
おってすきまにさしこむ

16

すこしずらす
ようにしておって
りったいてきに
する

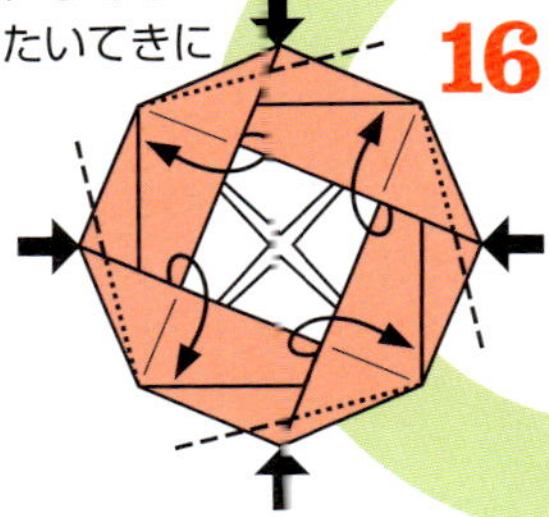

17

そとがわ
できあがり!

うちがわ

[**そとがわ**] とおなじ
おおきさのかみを
つかう

1

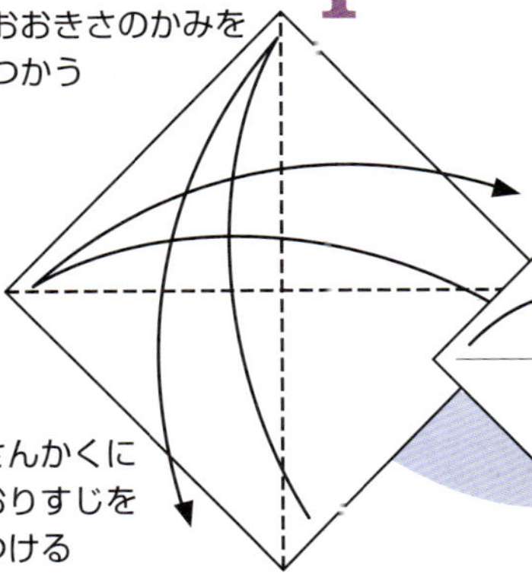

さんかくに
おりすじを
つける

2

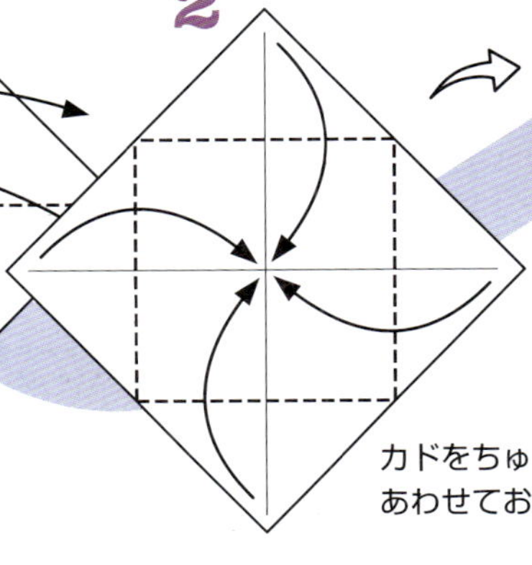

カドをちゅうしんに
あわせておる

3

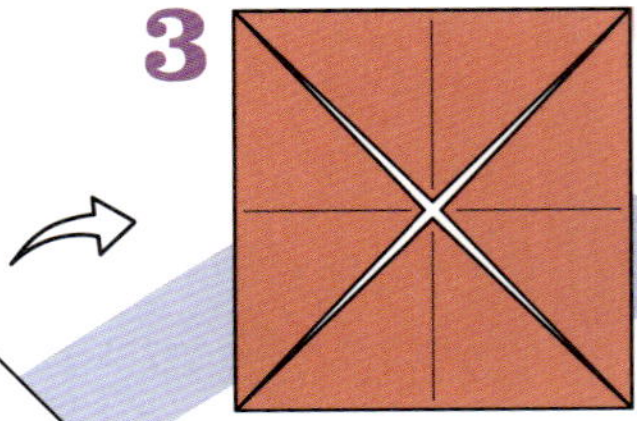

はっぱ

ちいさめに
きったかみを
つかう

1

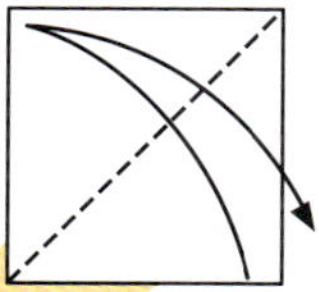

さんかくに
おりすじを
つける

2

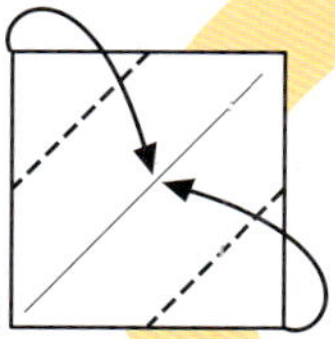

カドを
ちゅうしんに
あわせておる

3

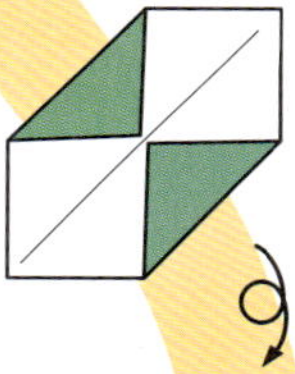

4

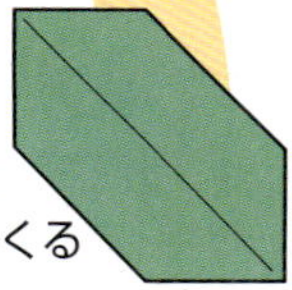

おなじ
ものを
2つつくる

はっぱ
できあがり!

4

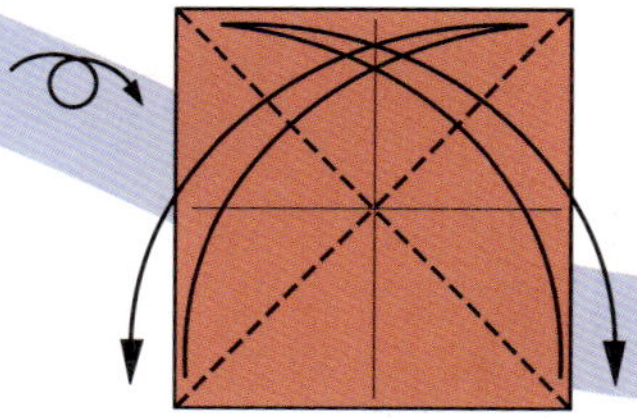

カドとカドをあわせて
おりすじをつける

5

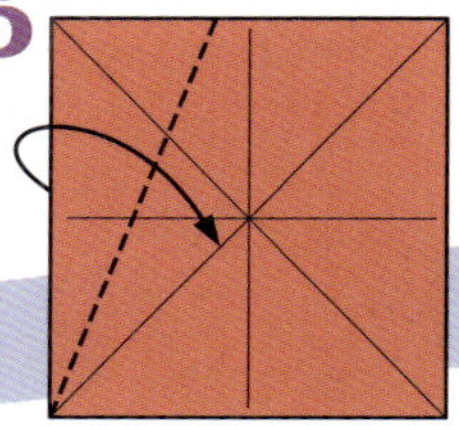

[そとがわ] の2～15と
おなじようにおる

6

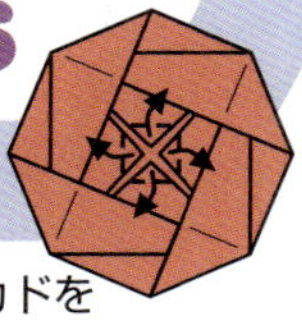

カドを
さんかくにおる

7

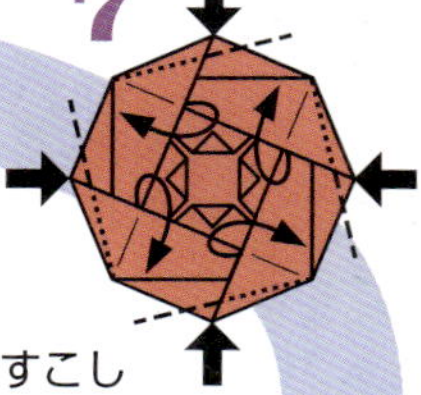

すこし
ずらすようにしておって
りったいてきにする

8

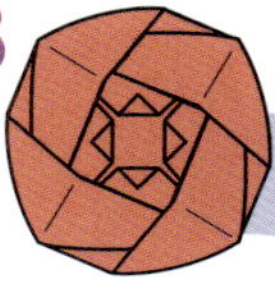

うちがわ
できあがり!

くみたてかた

1

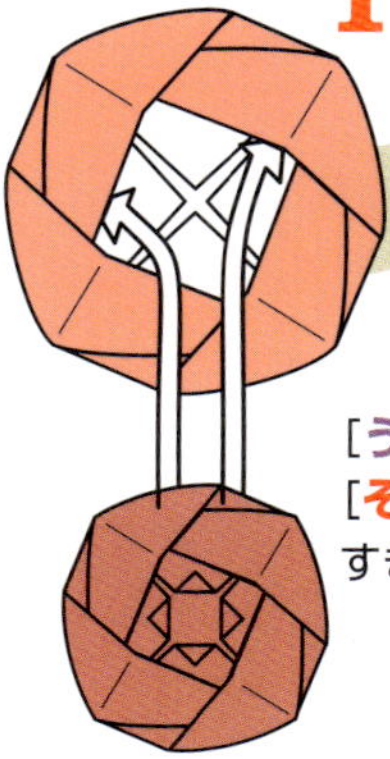

[うちがわ]を
[そとがわ]の
すきまにいれる

2

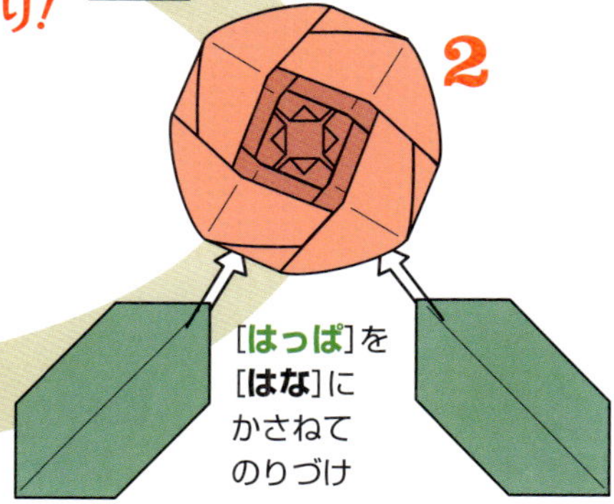

[はっぱ]を
[はな]に
かさねて
のりづけ

3

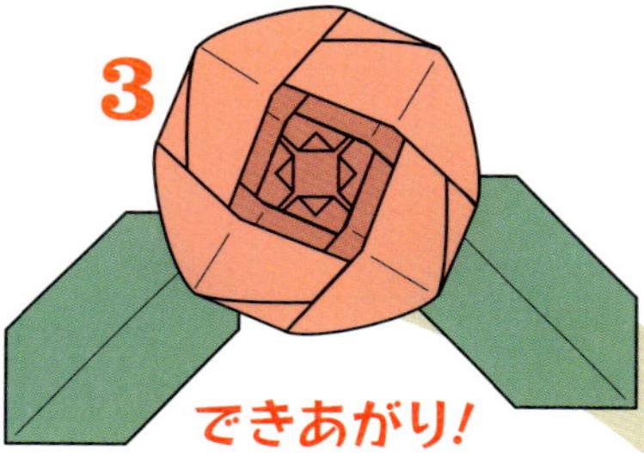

できあがり!

はなみずき

Dogwood

かんたん　ふつう　**チャレンジ**

おりがみ **1** まい

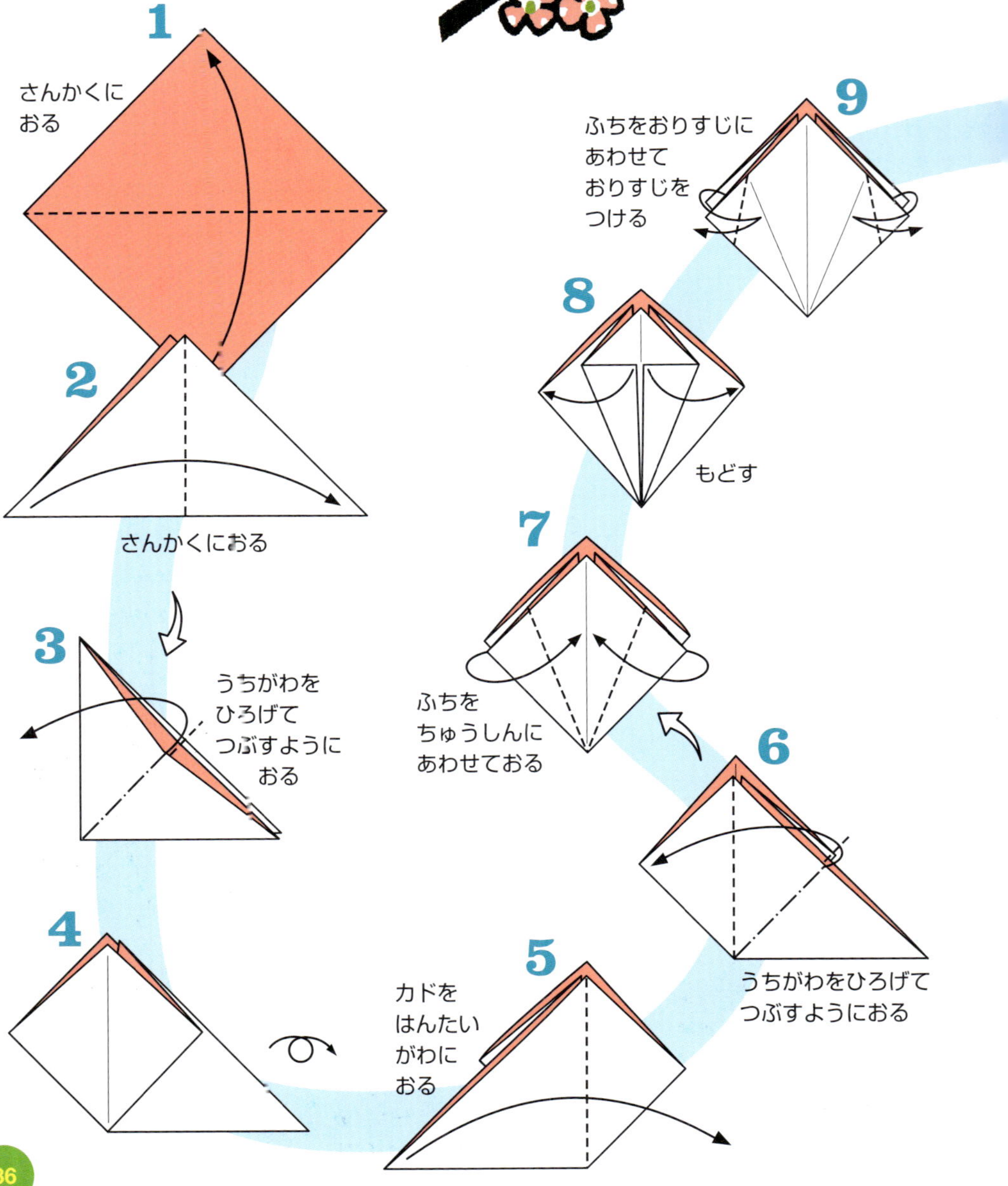

10

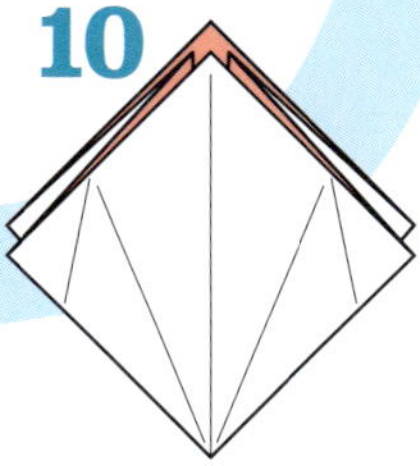

はんたいがわも
7〜9とおなじ

11

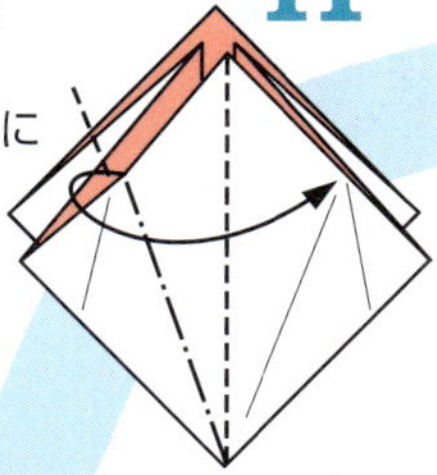

うちがわを
ひろげて
つぶすように
おる

12

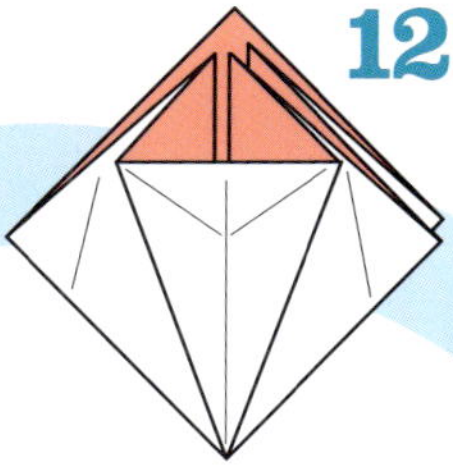

13

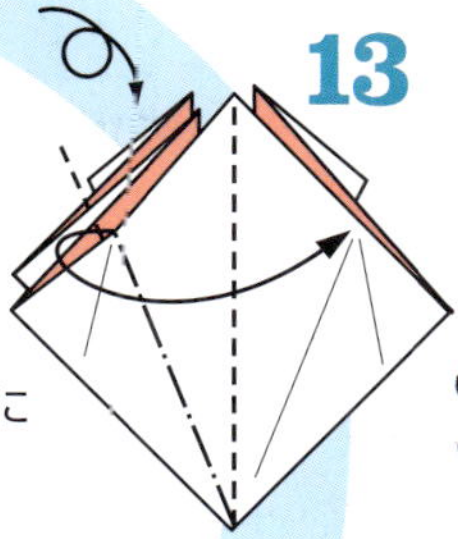

うちがわを
ひろげて
つぶすように
おる

14

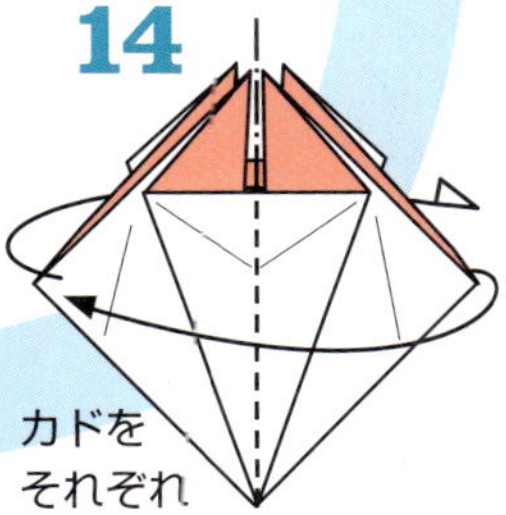

カドを
それぞれ
はんたいがわにおって
のこりも 11〜13 と
おなじようにおる

15

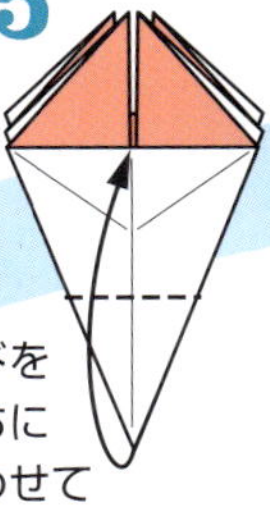

カドを
ふちに
あわせて
おる

16

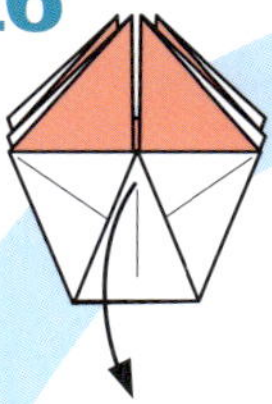

しっかりと
おりすじを
つけてから
もどす

17

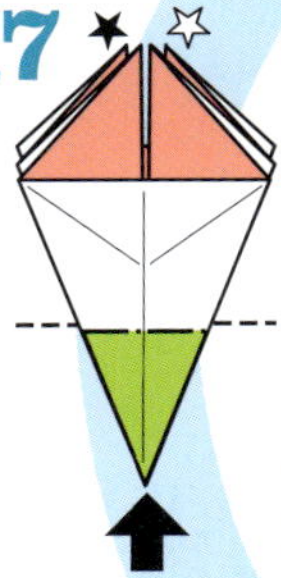

つぎのずをみて
■のぶぶんを
しずめるように
おる

18

とちゅうのず 1

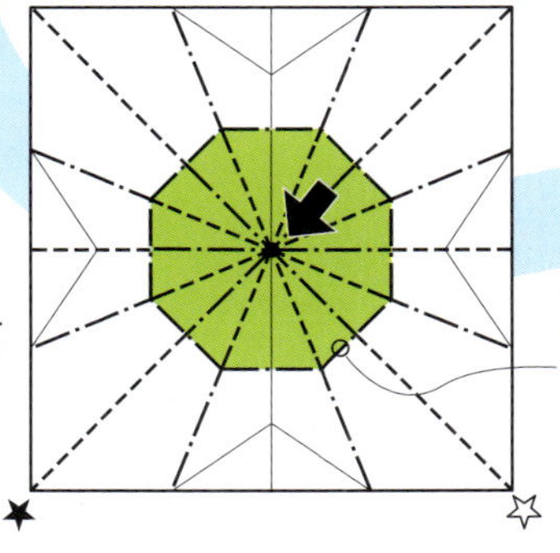

いちど
ぜんぶひろげて
おりすじを
ずのように
つけなおす

■の
8かくけいを
さきに
やまおりに
つけなおす

19

とちゅうのず 2

■のぶぶんを
しずめながら
おりたたむ

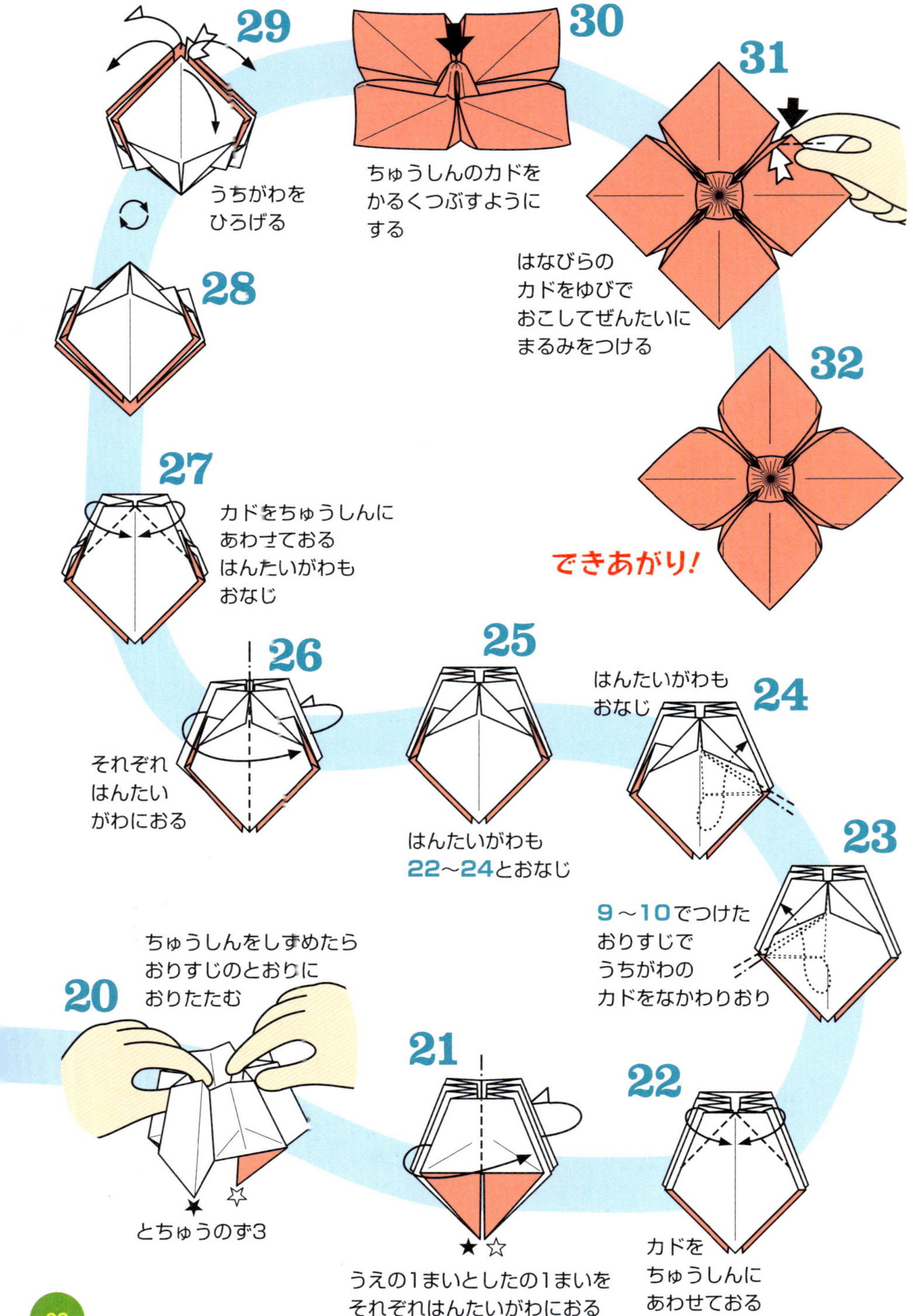
20
ちゅうしんをしずめたら
おりすじのとおりに
おりたたむ
とちゅうのず3
21
うえの1まいとしたの1まいを
それぞれはんたいがわにおる
22
カドを
ちゅうしんに
あわせておる
23
9～10でつけた
おりすじで
うちがわの
カドをなかわりおり
24
はんたいがわも
おなじ
25
はんたいがわも
22～24とおなじ
26
それぞれ
はんたい
がわにおる
27
カドをちゅうしんに
あわせておる
はんたいがわも
おなじ
28
29
うちがわを
ひろげる
30
ちゅうしんのカドを
かるくつぶすように
する
31
はなびらの
カドをゆびで
おこしてぜんたいに
まるみをつける
32
できあがり!

●はなのクリップ

はなをちいさいかみでおって、
きのせんたくばさみにはると、
おしゃれでかわいいクリップができるよ

あじさいのはな
2.5×2.5cm・1まい
はっぱ
1.5×1.5cm・1まい
きのせんたくばさみ
ちいさいもの・1こ

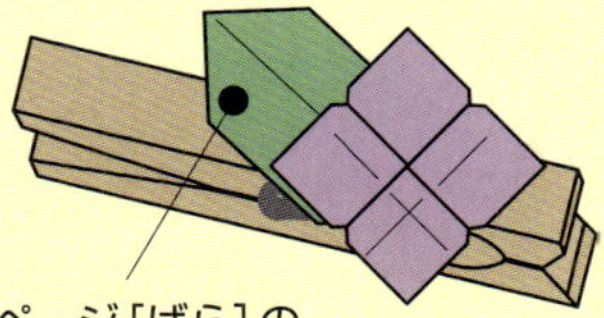

26ページの
［あじさい］

35ページ［ばら］の
［はっぱ］

ボンドで
のりづけしよう

はなみずき
3.5×3.5cm・1まい
はっぱ
1.5×1.5cm・1まい
きのせんたくばさみ
ちいさいもの・1こ

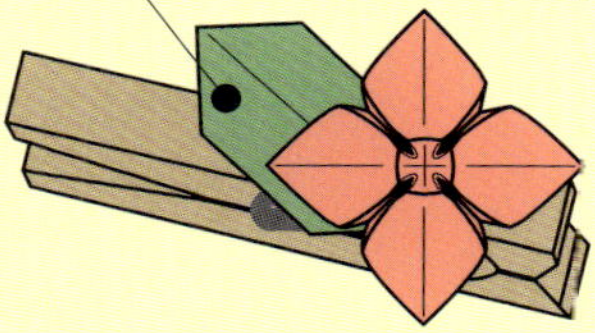

36ページの
［はなみずき］

●はなのリボンかざり

あじさい	2.5×2.5cm・2まい
シール	1まい
リボン	0.6cm×20cm

26ページの
［あじさい］

1 リボンをねじってわにして
うえからシールをはる

2 シールにすこしかさなるように
ボンドやりょうめんテープで
はなをはる

●カードにはってみよう

カードのおおきさは10×15cm

チューリップ（1ぽん）22ページ

はな	5×5cm・1まい
はっぱ	5×5cm・2まい
くき	2×3cm・1まい

のりづけのまえに
はなをカードの
うえにおいて
はるばしょを
きめるといいよ

24ページの
［パンジー］や
28ページの
［あさがお］なども
つかってみてね

バラ（1つ）33ページ

はな	5×5cm・2まい
はっぱ	1.5×1.5cm・2まい

インコ
Parakeet

かんたん　**ふつう**　チャレンジ

おりがみ **1** まい

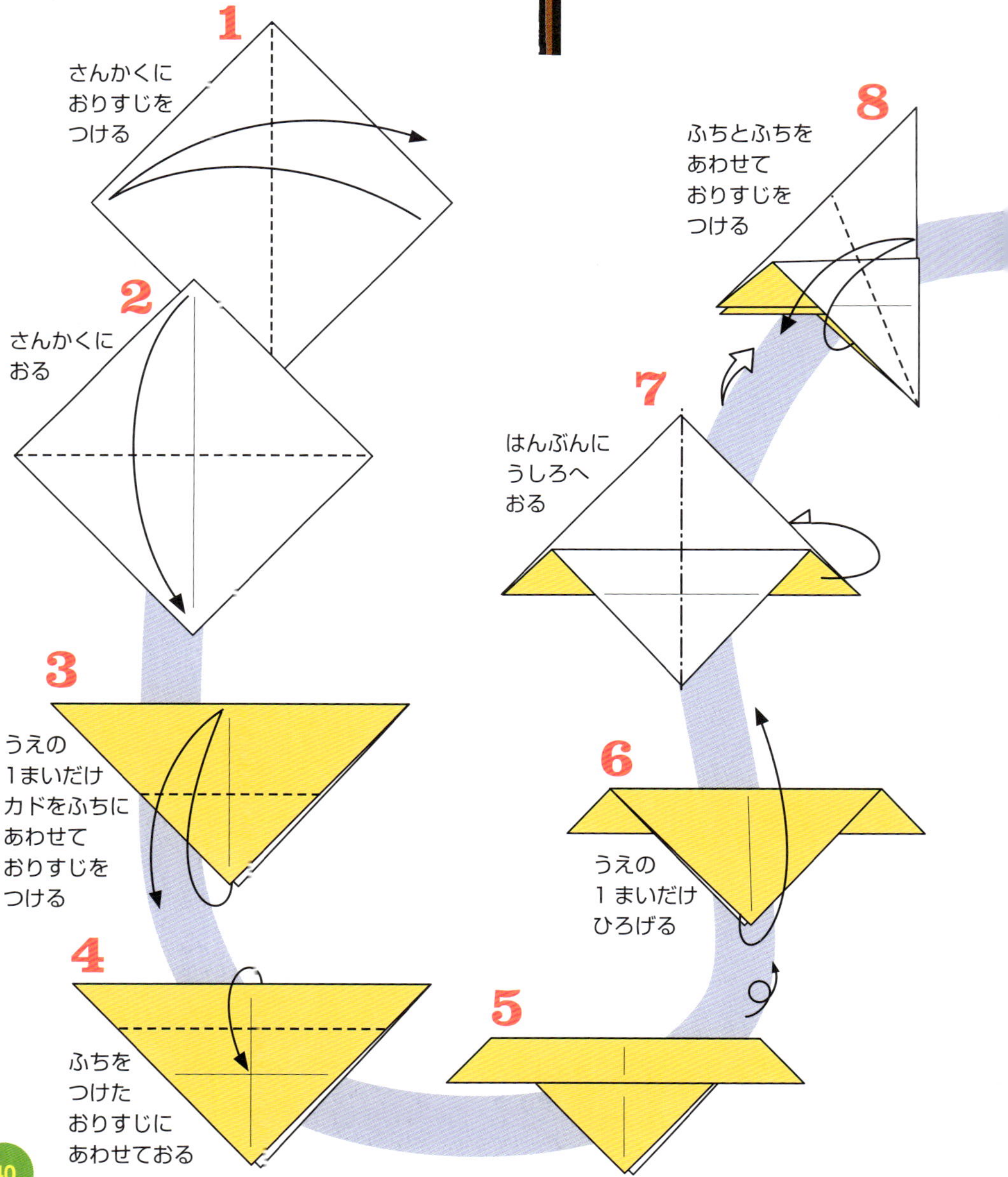

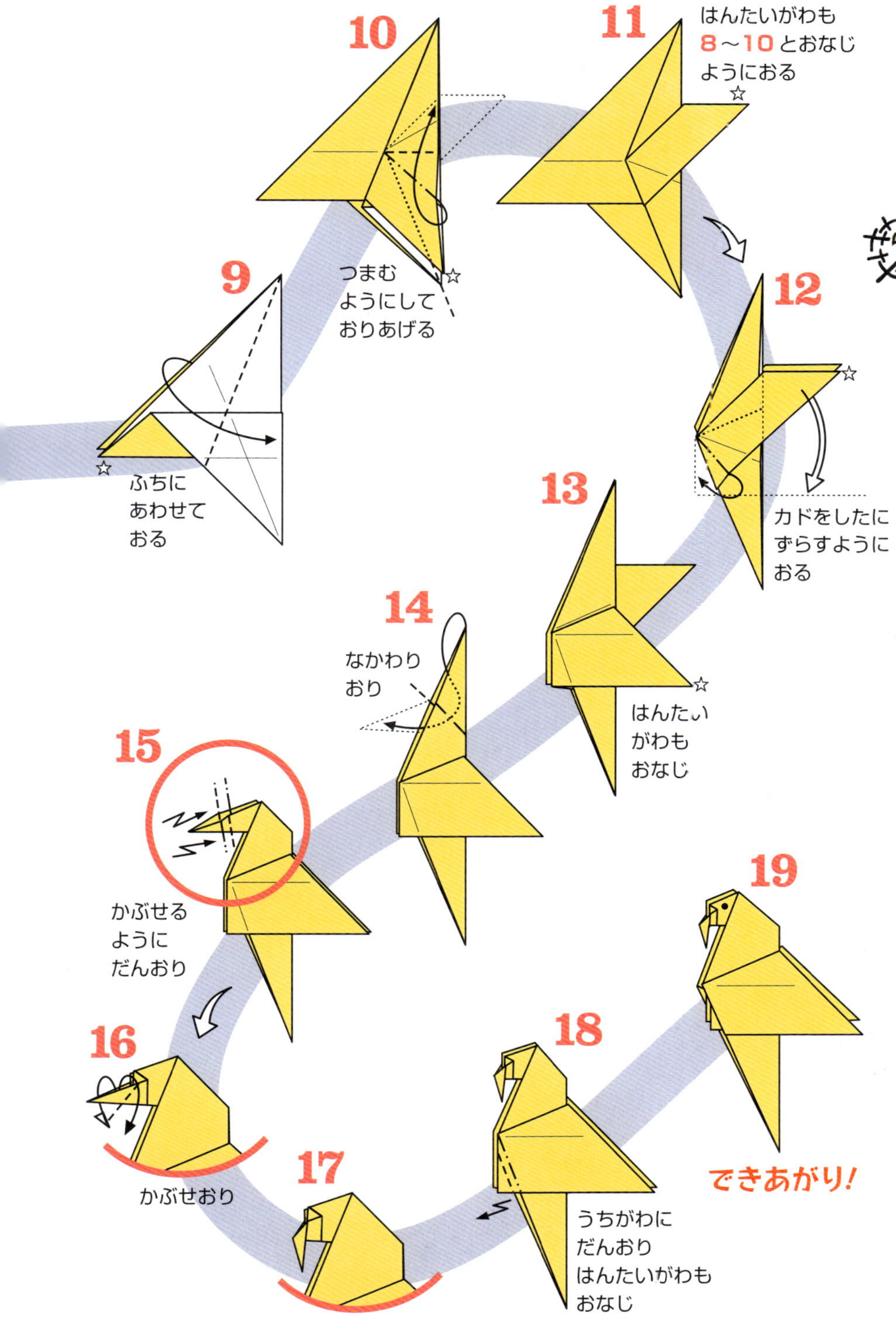
10
11
はんたいがわも
8～10とおなじ
ようにおる
9
つまむ
ようにして
おりあげる
ふちに
あわせて
おる
12
カドをしたに
ずらすように
おる
13
はんたい
がわも
おなじ
14
なかわり
おり
15
かぶせる
ように
だんおり
16
かぶせおり
17
18
うちがわに
だんおり
はんたいがわも
おなじ
19
できあがり!

くびふりワンワン

Neck Swing Dog

おりがみ **2** まい

かんたん　ふつう　チャレンジ

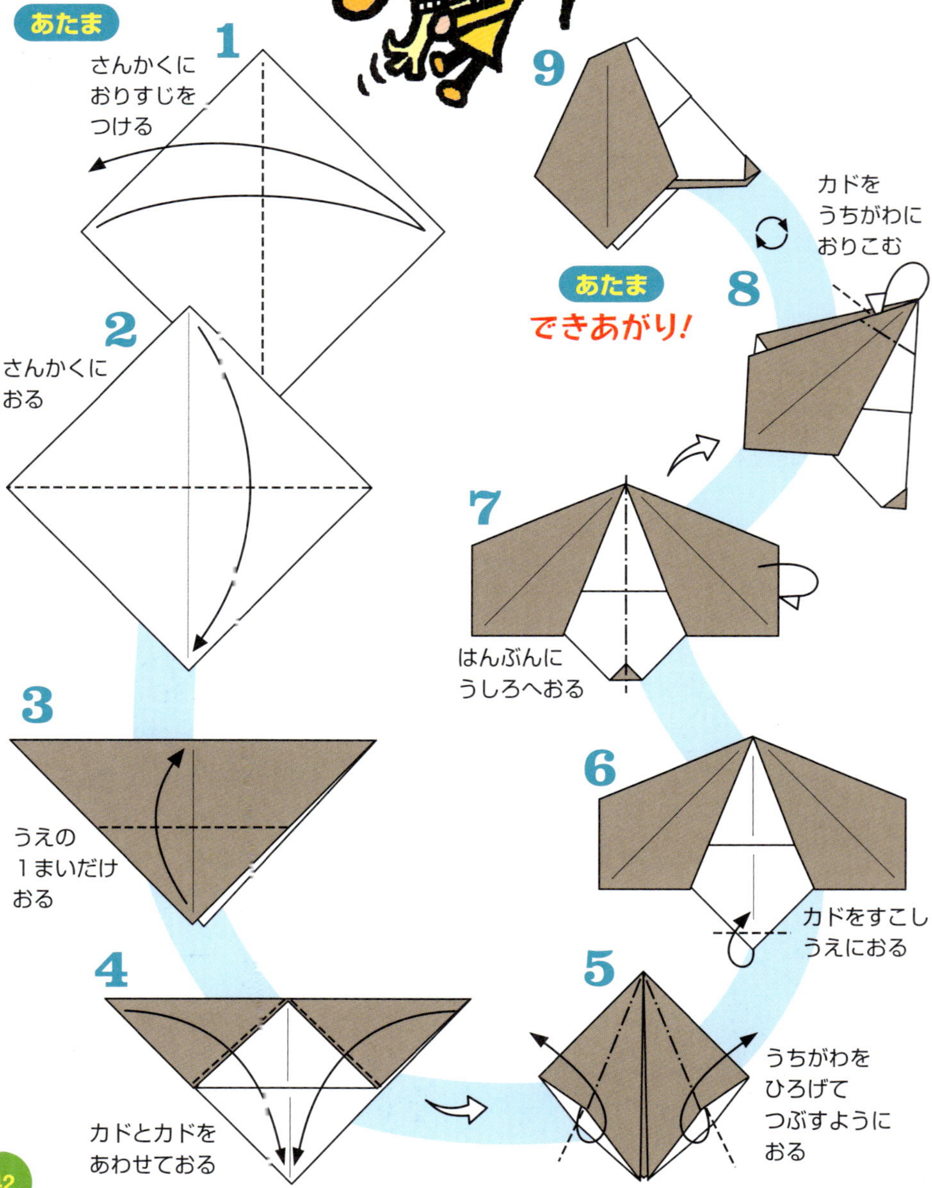

からだ

1

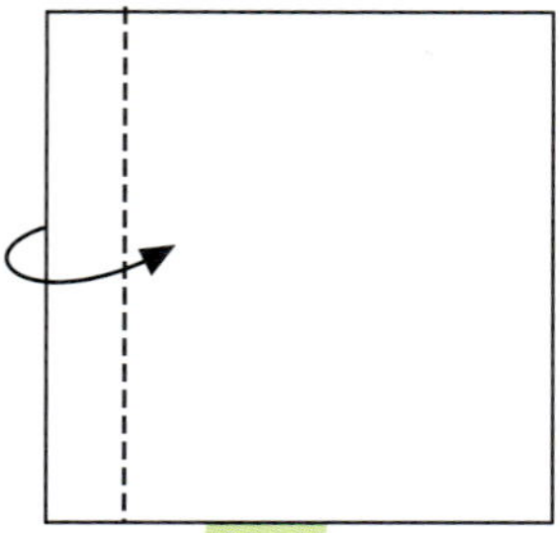

ふちをすこしおる

2

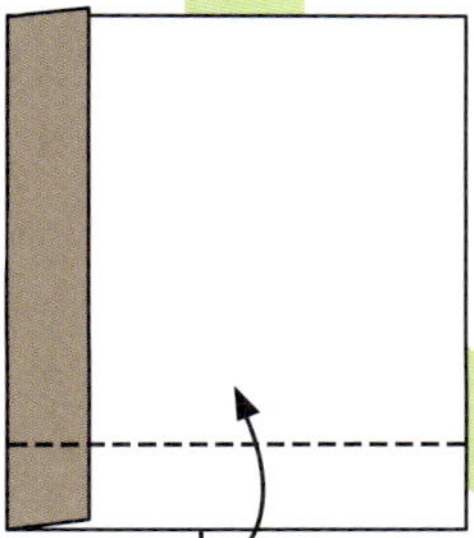

1とおなじはばでおる

3

ふちとふちをあわせて
さんかくにおる

4

カドをひきだして
つまむようにおる

5

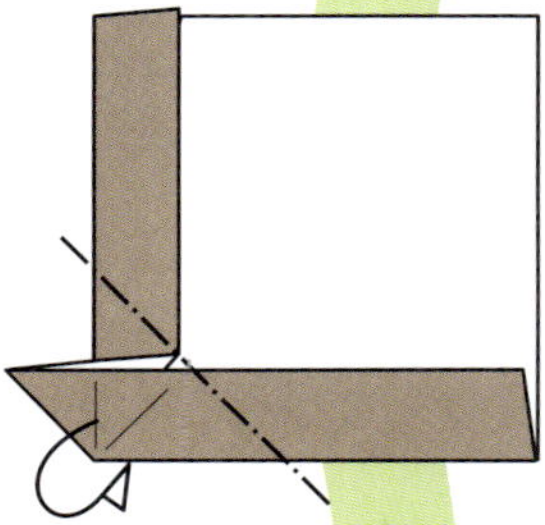

うしろへおる

6

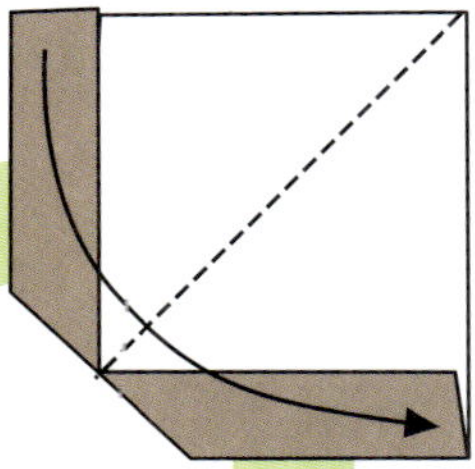

はんぶんにおる

7

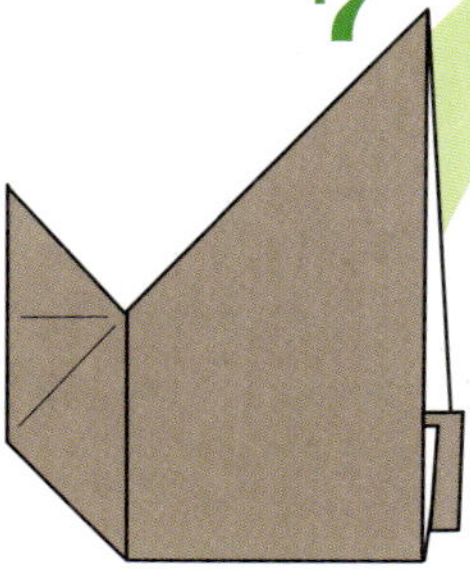

からだ
できあがり!

くみたてかた

1

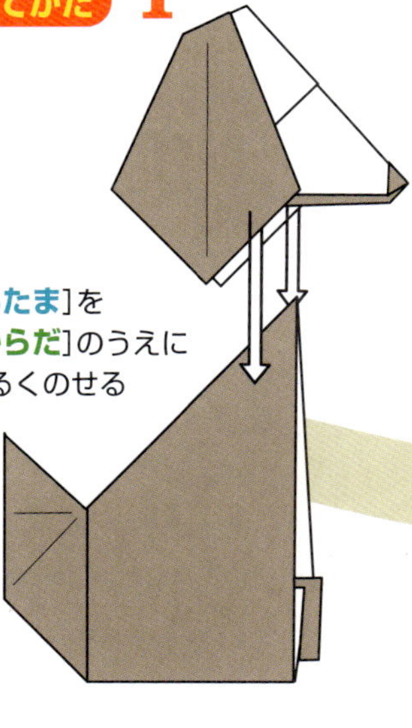

[あたま]を
[からだ]のうえに
かるくのせる

2

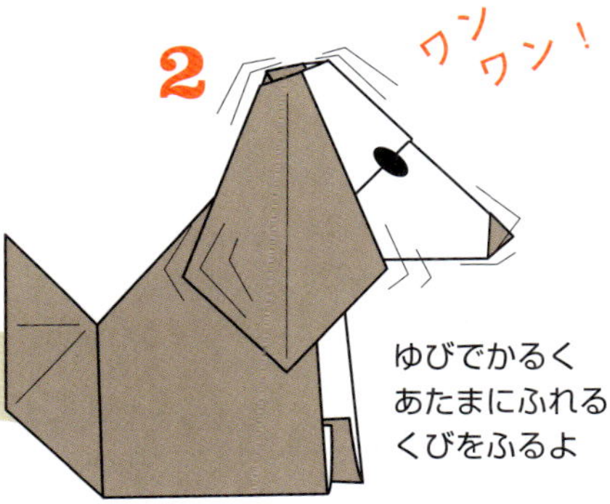

ゆびでかるく
あたまにふれると
くびをふるよ

できあがり!

うさぎ

Rabbit

かんたん　ふつう　**チャレンジ**

おりがみ **1** まい

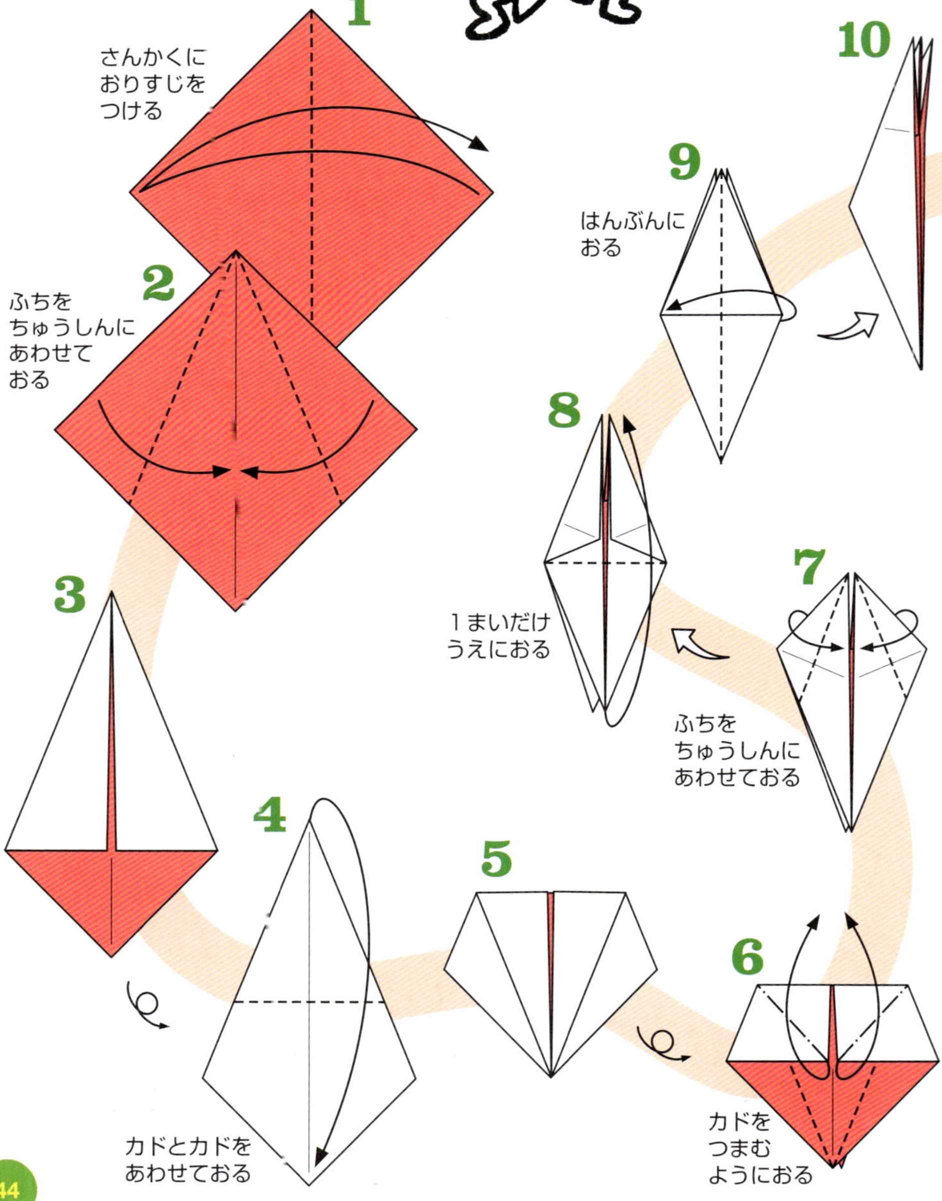

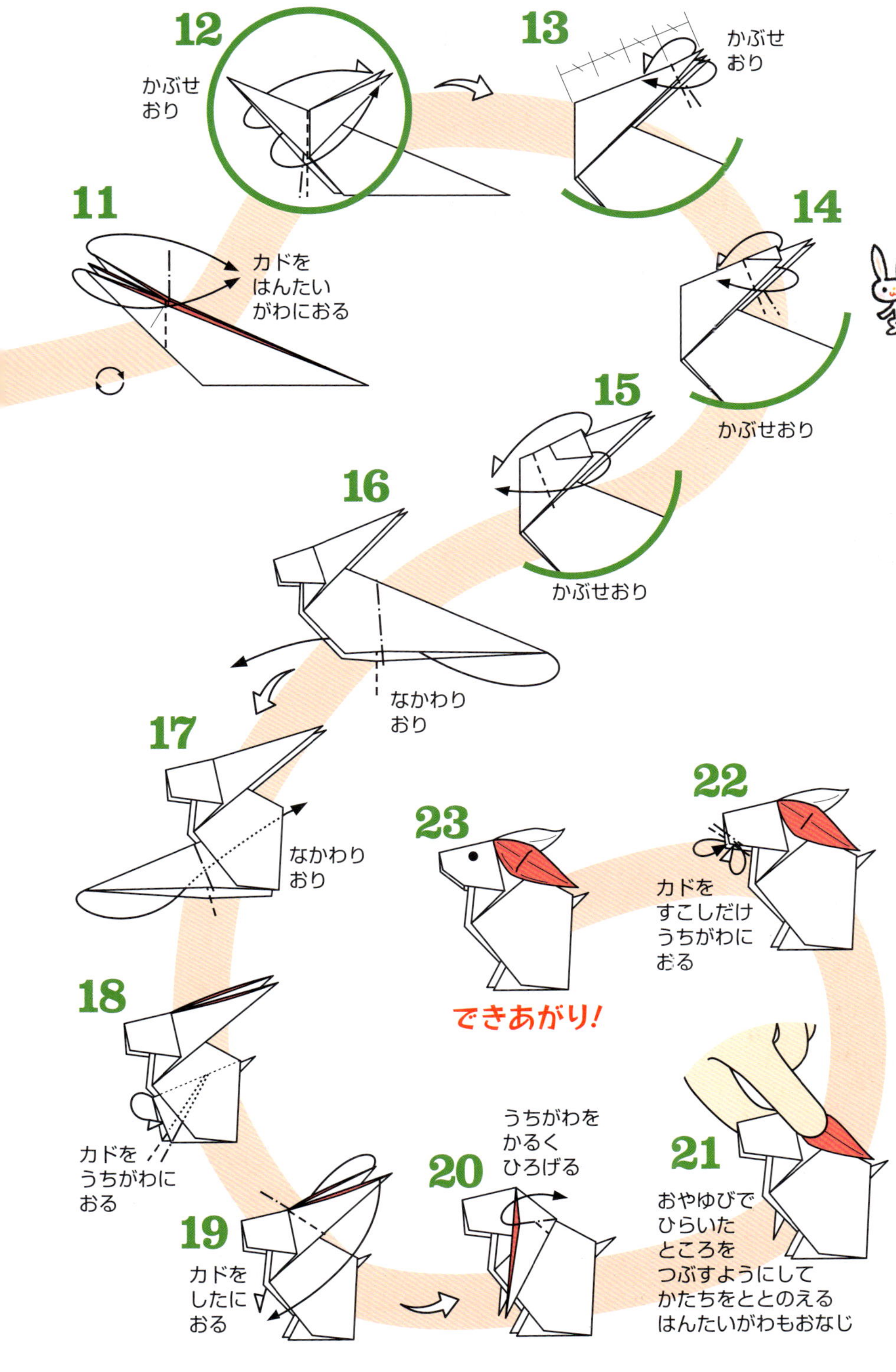
11
カドを
はんたい
がわにおる
12
かぶせ
おり
13
かぶせ
おり
14
かぶせおり
15
かぶせおり
16
なかわり
おり
17
なかわり
おり
18
カドを
うちがわに
おる
19
カドを
したに
おる
20
うちがわを
かるく
ひろげる
21
おやゆびで
ひらいた
ところを
つぶすようにして
かたちをととのえる
はんたいがわもおなじ
22
カドを
すこしだけ
うちがわに
おる
23
できあがり!

リス
Squirrel

おりがみ 1 まい

かんたん　ふつう　**チャレンジ**

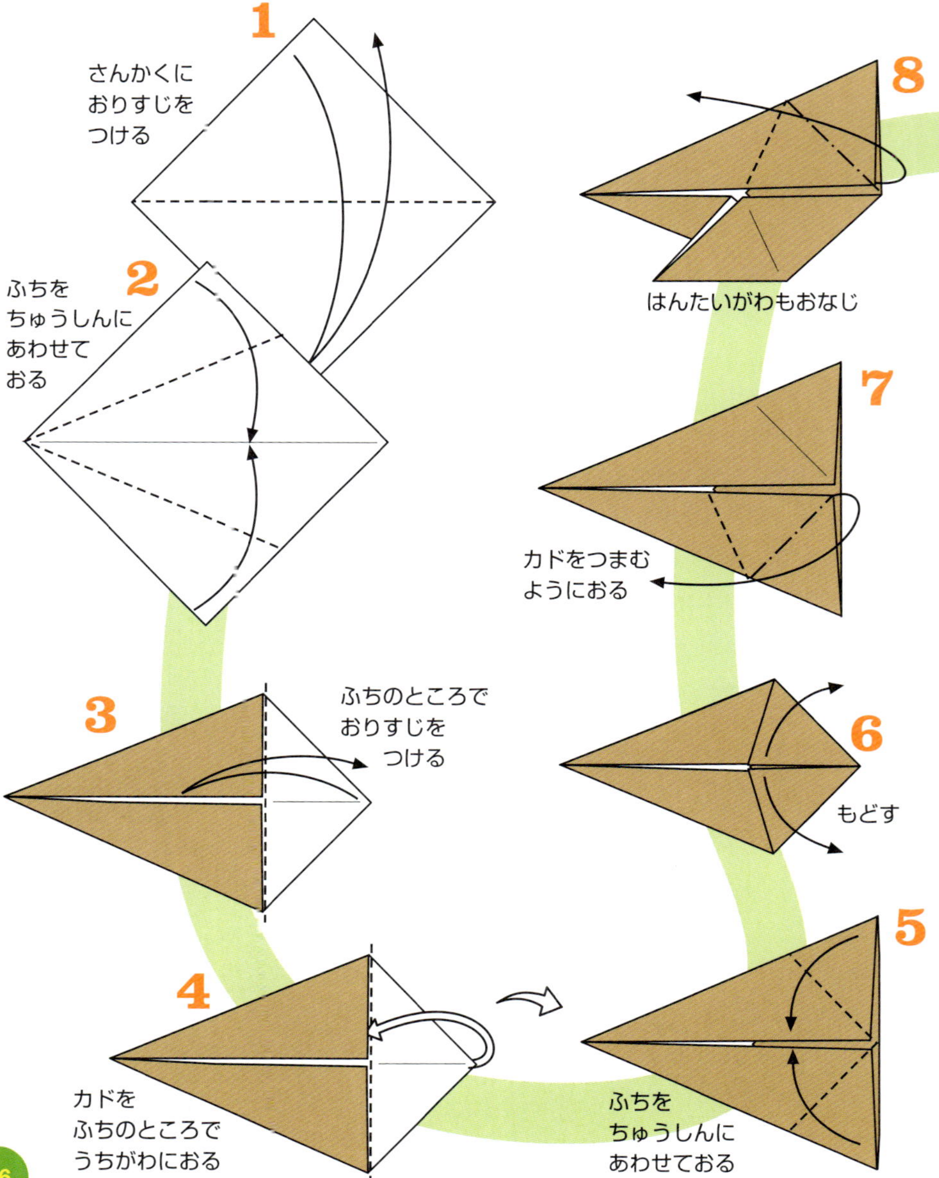

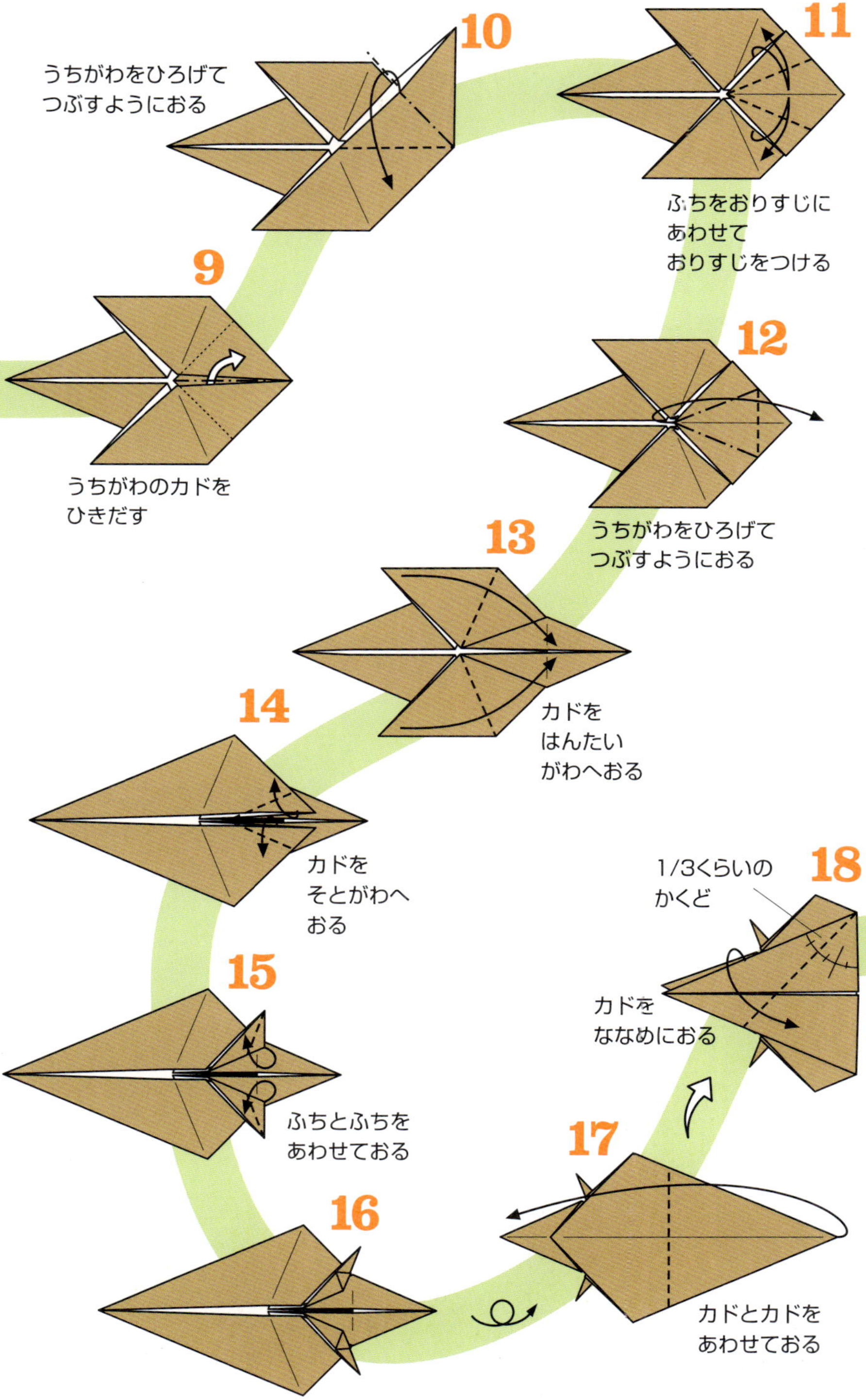
9
うちがわのカドを
ひきだす
10
うちがわをひろげて
つぶすようにおる
11
ふちをおりすじに
あわせて
おりすじをつける
12
うちがわをひろげて
つぶすようにおる
13
カドを
はんたい
がわへおる
14
カドを
そとがわへ
おる
15
ふちとふちを
あわせておる
16
17
カドとカドを
あわせておる
18
1/3くらいの
かくど
カドを
ななめにおる

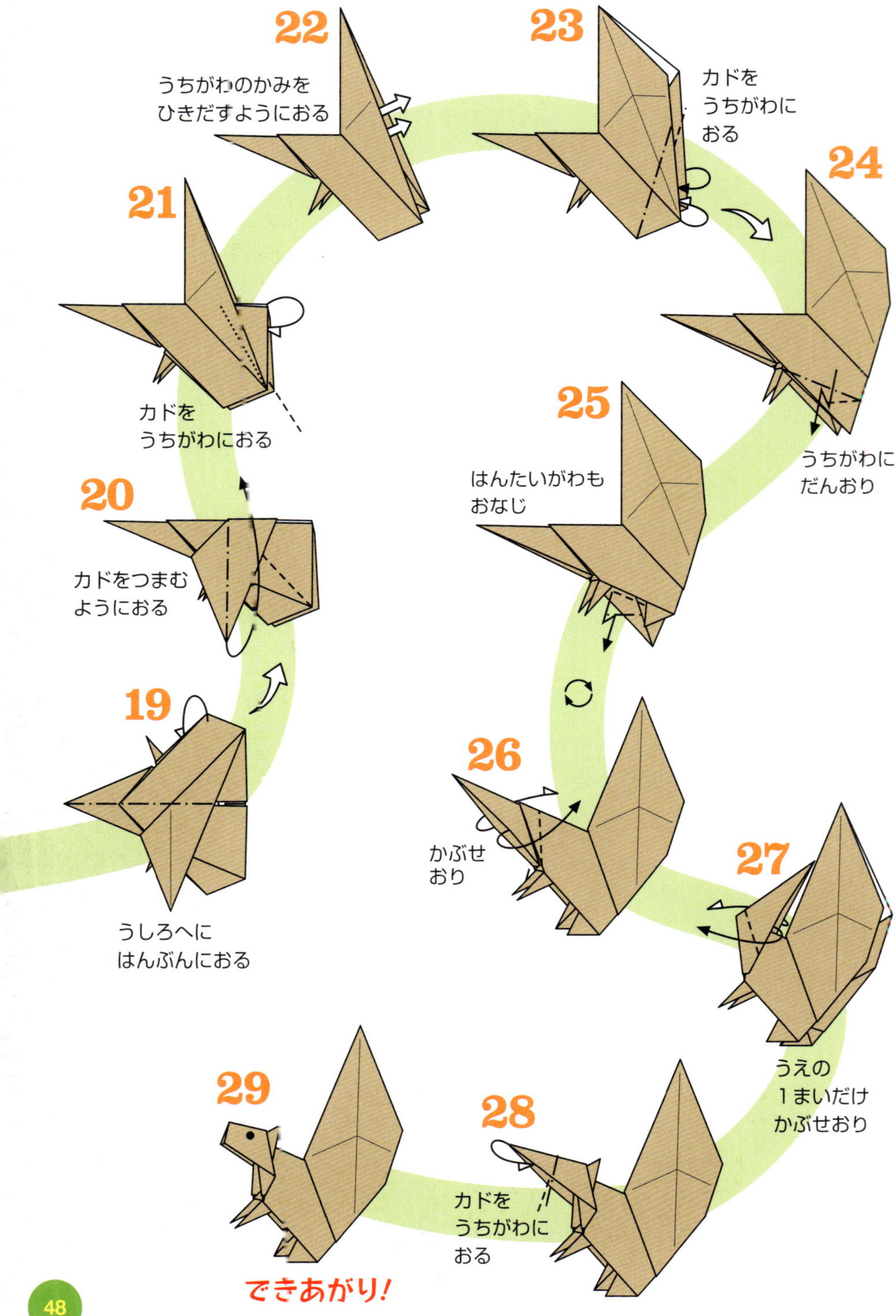
19
うしろへに
はんぶんにおる
20
カドをつまむ
ようにおる
21
カドを
うちがわにおる
22
うちがわのかみを
ひきだすようにおる
23
カドを
うちがわに
おる
24
うちがわに
だんおり
25
はんたいがわも
おなじ
26
かぶせ
おり
27
うえの
1まいだけ
かぶせおり
28
カドを
うちがわに
おる
29
できあがり!

ケーキやハンバーガーでおみせやさんごっこ！にんぎょうもあるよ★★

PART

2

まねっこあそび

トマト

Tomato

かんたん　ふつう　チャレンジ

おりがみ **1** まい

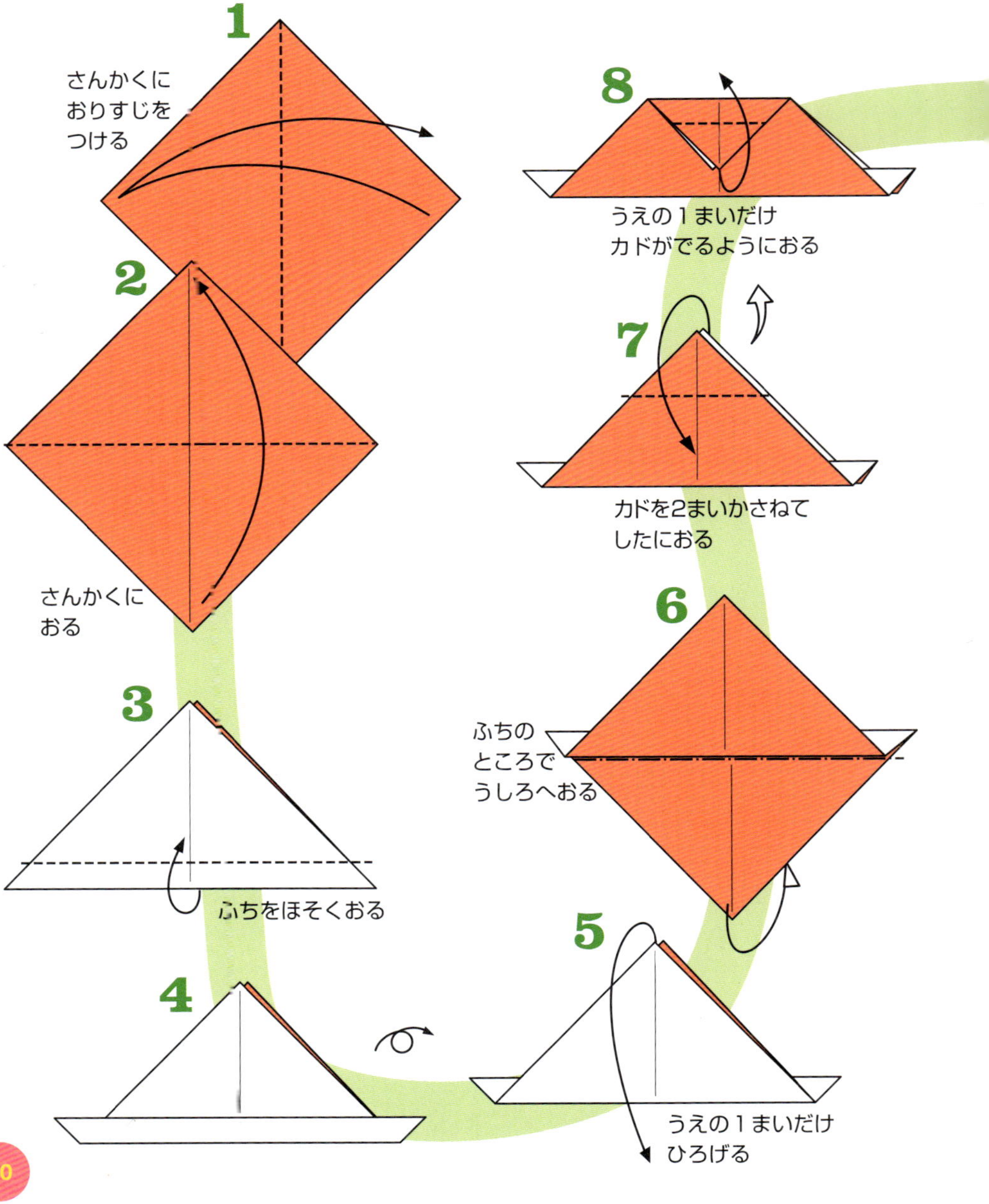

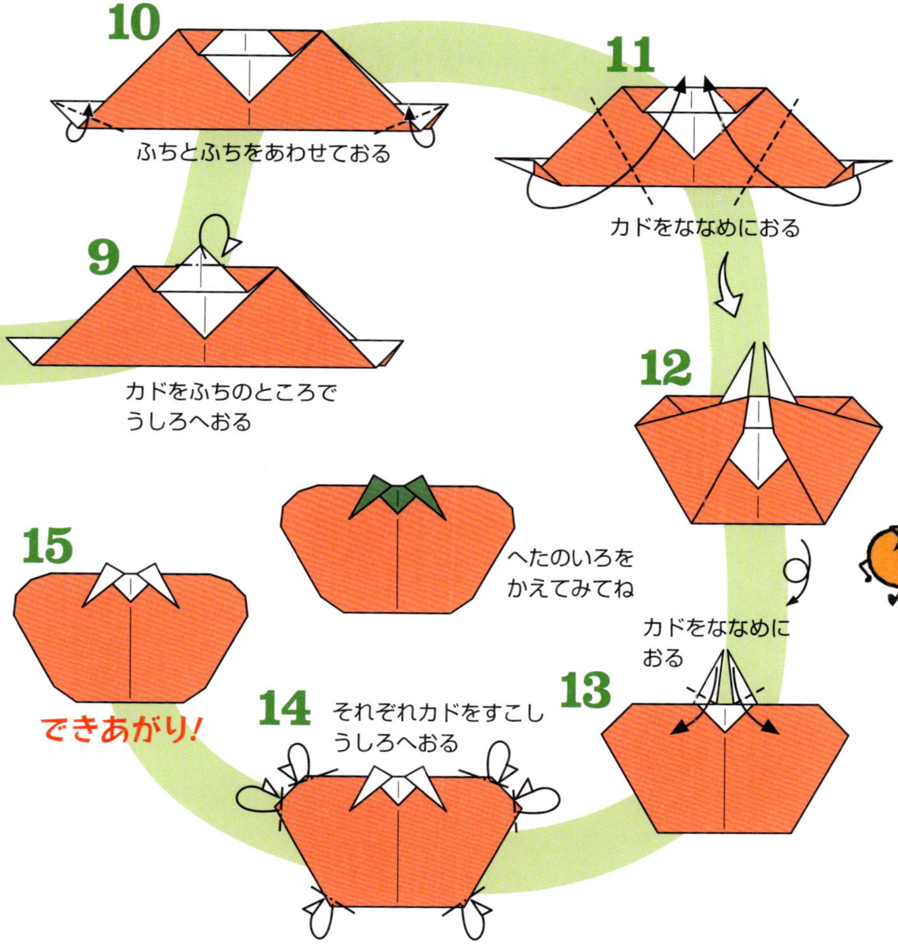

●へたのぶぶんのいろをかえよう！

つくろう

へたのぶぶんをみどりいろに
したいときは、ずのように
みどりのかみをはるか、
みどりいろにぬるといいよ。

15cm のおおきさの
かみをつかったばあい

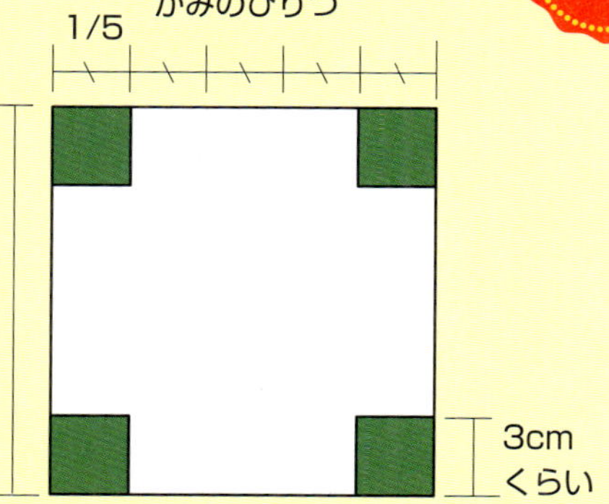

トマト

にんじん

Carrot

おりがみ 1 まい

かんたん　ふつう　チャレンジ

1

さんかくに
おりすじを
つける

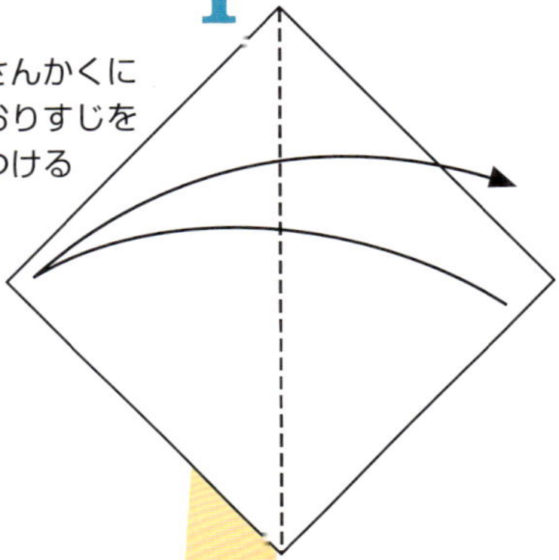

2

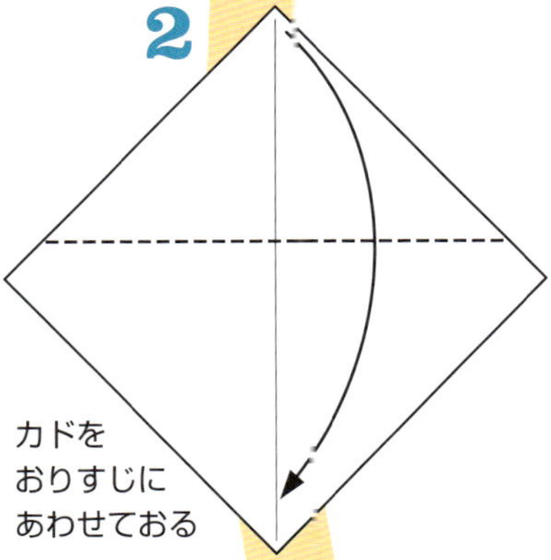

カドを
おりすじに
あわせておる

3

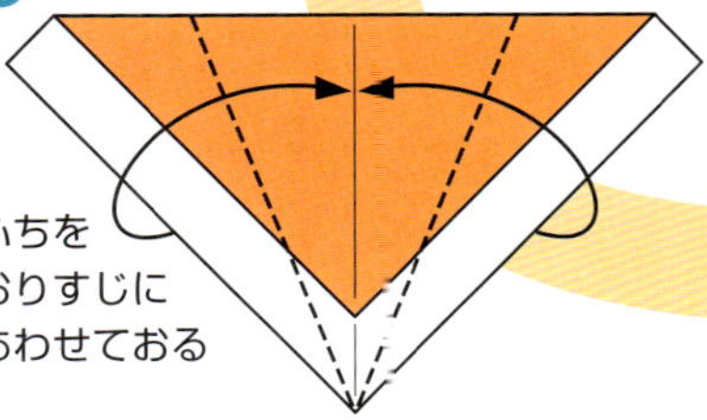

ふちを
おりすじに
あわせておる

4

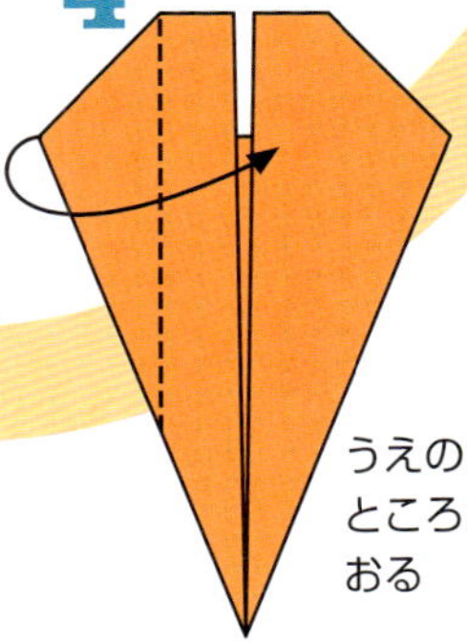

うえのカドの
ところから
おる

5

ふちとふちをあわせて
おりすじをつける

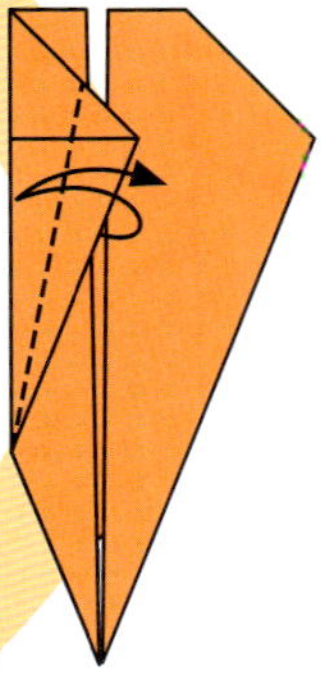

6

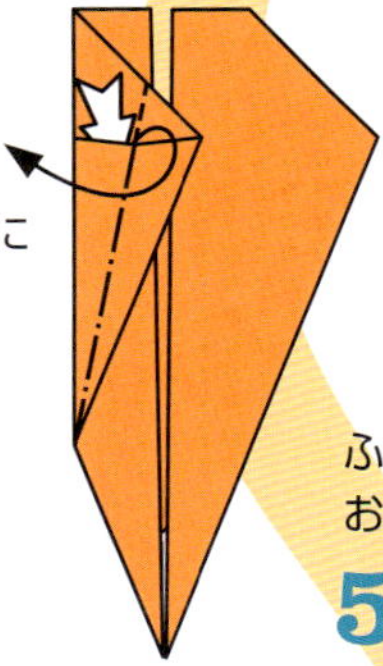

うちがわを
ひろげて
つぶすように
おる

7

うえのカドの
ところから
おる

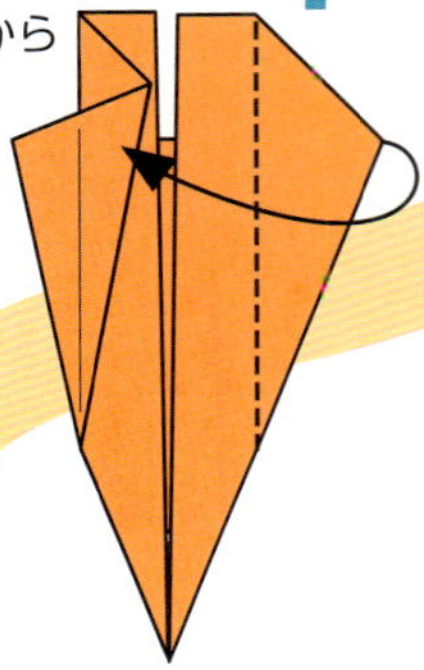

8

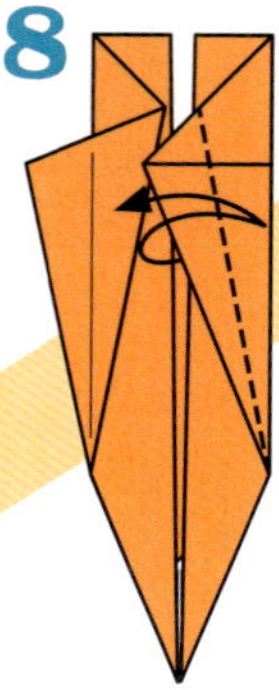

ふちとふちを
あわせておりすじを
つける

9

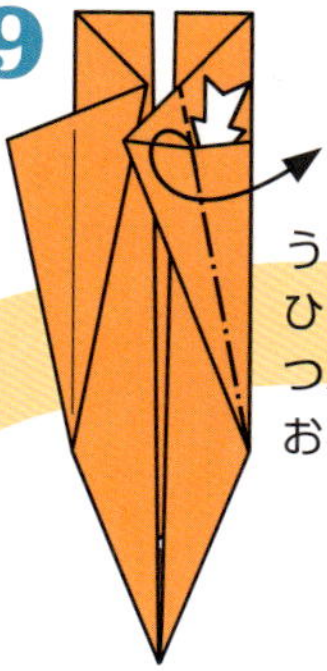

うちがわを
ひろげて
つぶすように
おる

10

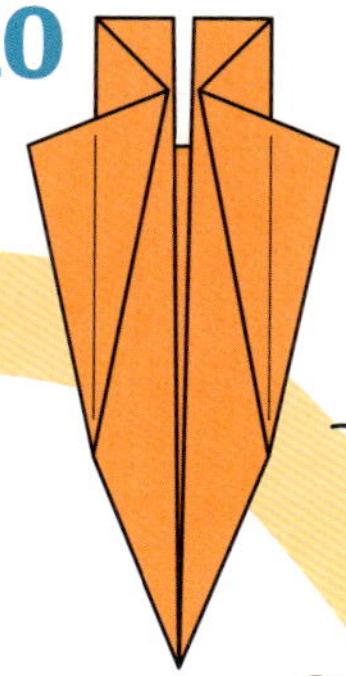

11

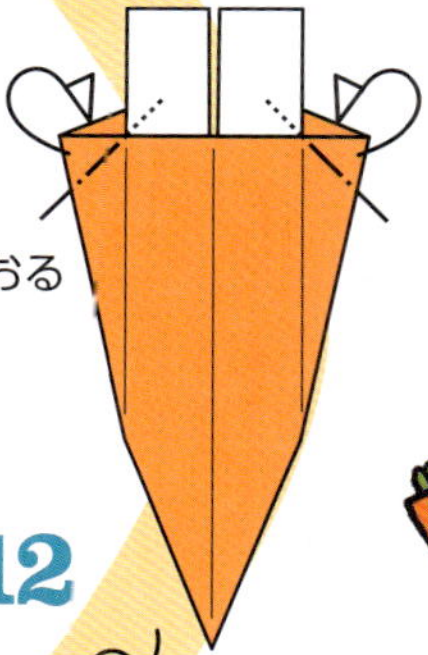

カドを
うしろへおる

12

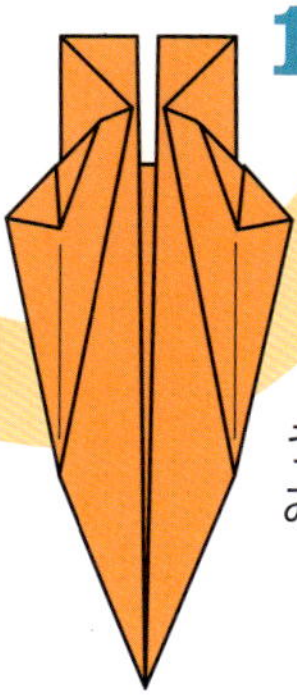

うらから
みたところ

13

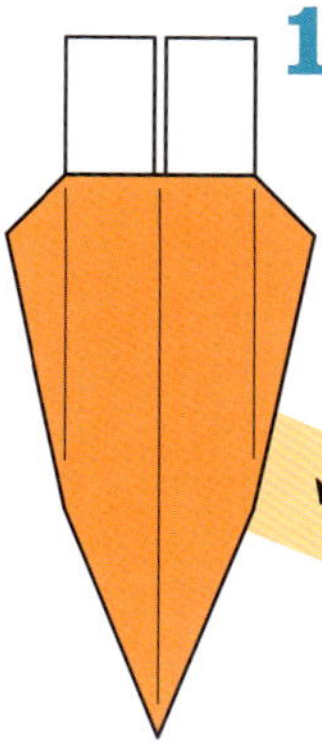

できあがり!

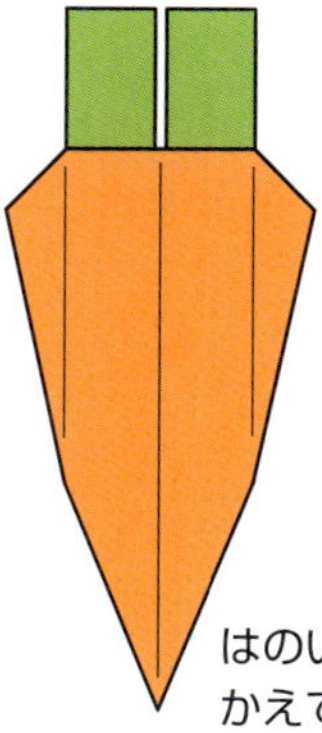

はのいろを
かえてみてね

●はのぶぶんのいろをかえよう！

つくろう

はのぶぶんをみどりいろに
したいときは、ずのように
みどりのかみをはるか、
みどりいろにぬるといいよ。

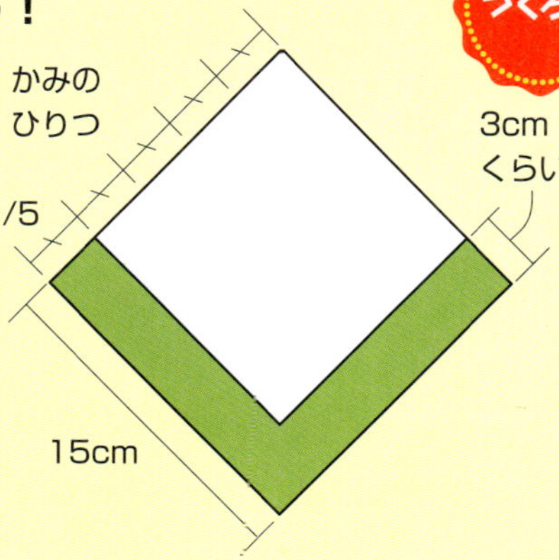

15cm のおおきさの
かみをつかったばあい

だいこん
Japanese Radish

かんたん　ふつう　チャレンジ

おりがみ 1 まい

1

さんかくに
おりすじを
つける

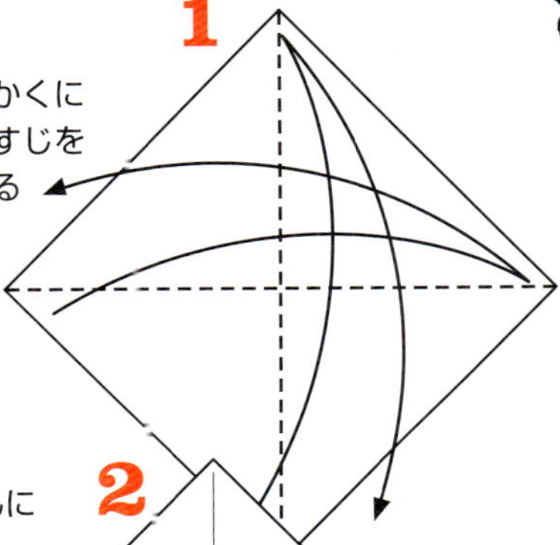

2

カドを
ちゅうしんに
あわせて
おりすじを
つける

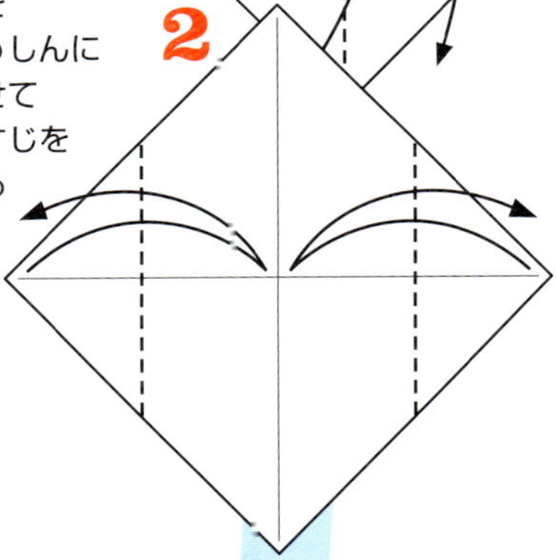

3

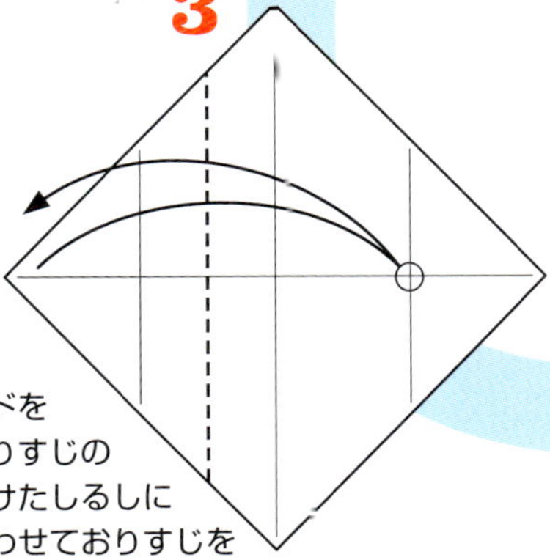

カドを
おりすじの
つけたしるしに
あわせておりすじを
つける

4

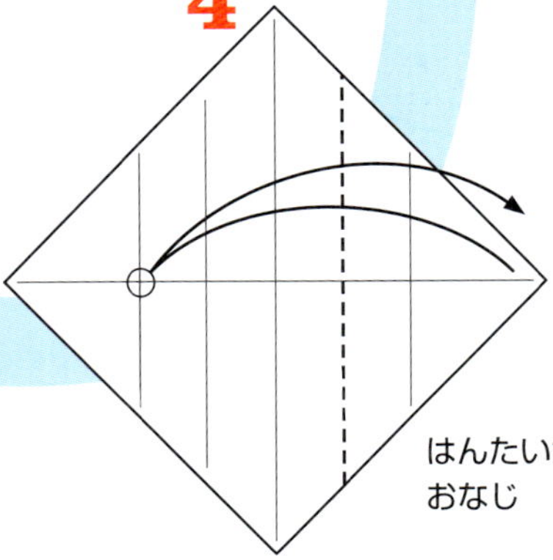

はんたいがわも
おなじ

5

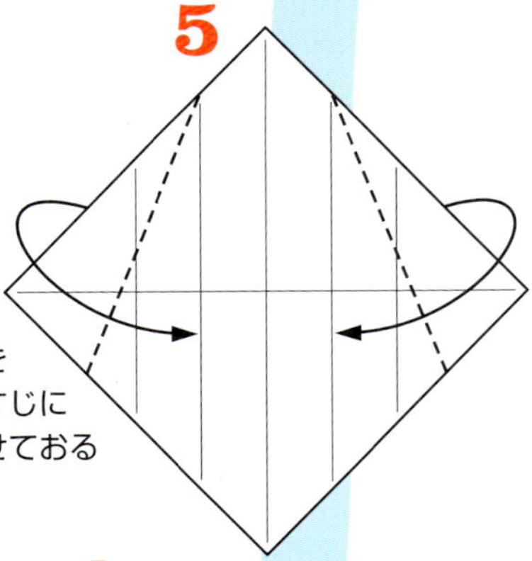

ふちを
おりすじに
あわせておる

6

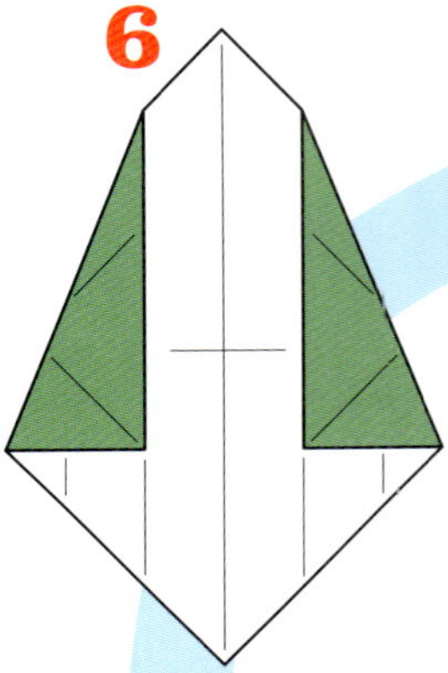

7

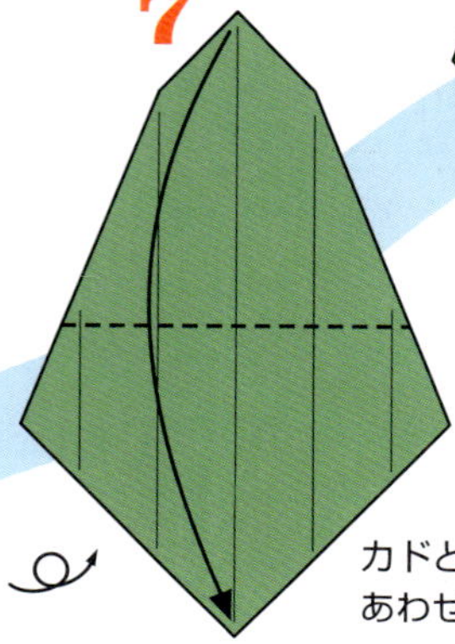

カドとカドを
あわせておる

8

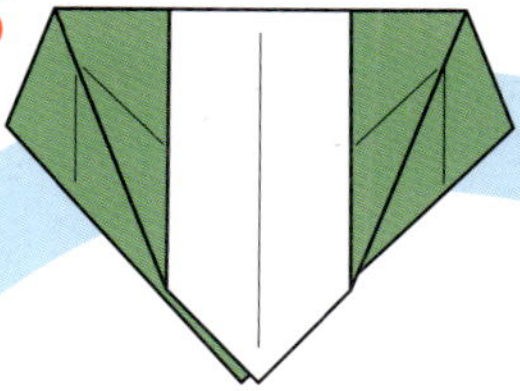

9

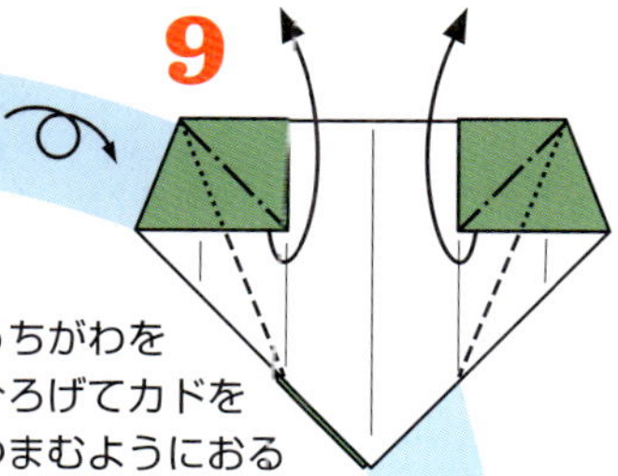

うちがわを
ひろげてカドを
つまむようにおる

10

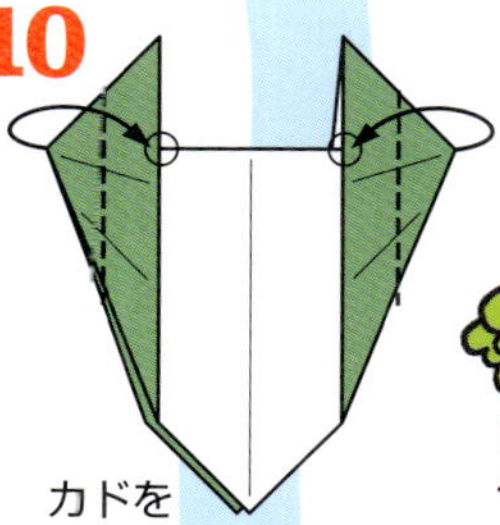

カドを
ふちにあわせて
あわせておる

11

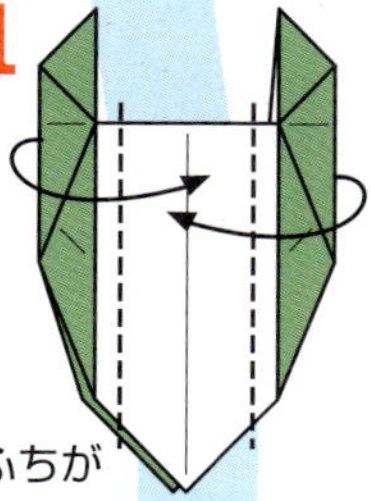

ふちが
ちゅうしんで
すこしかさなる
ようにおる

12

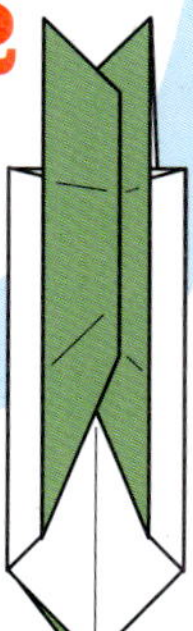

13

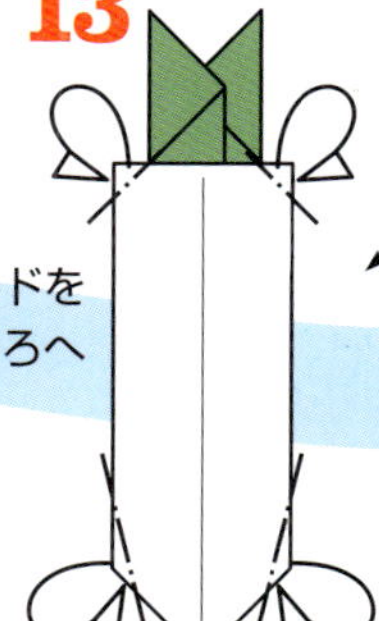

それぞれカドを
すこしうしろへ
おる

14

できあがり！

いちご

Strawberry

かんたん　ふつう　チャレンジ

おりがみ **1** まい

1

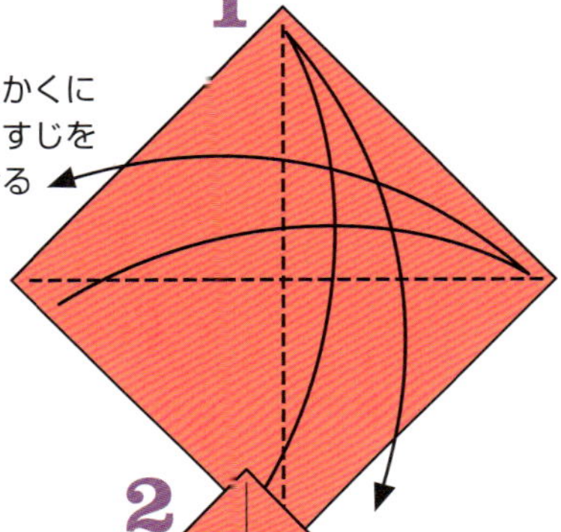

さんかくに
おりすじを
つける

2

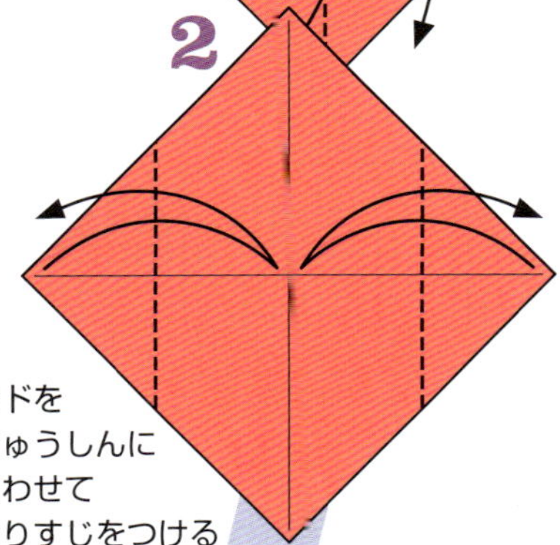

カドを
ちゅうしんに
あわせて
おりすじをつける

3

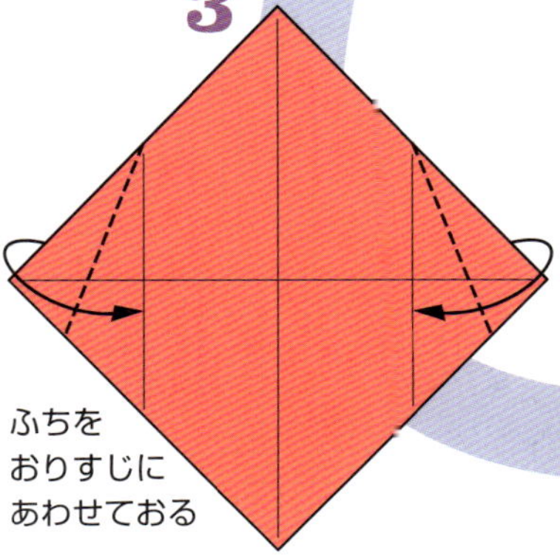

ふちを
おりすじに
あわせておる

4

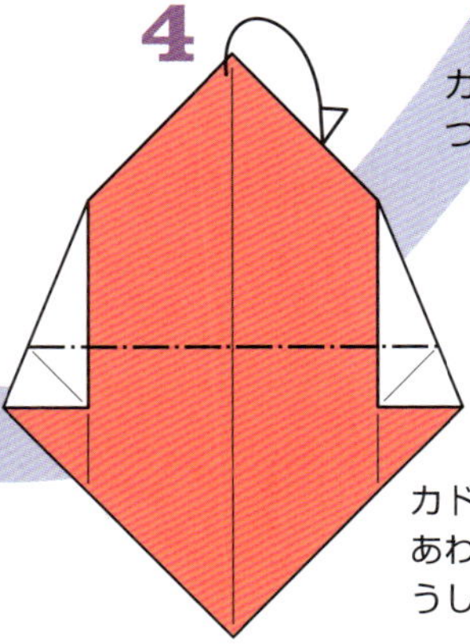

カドとカドを
あわせて
うしろへおる

5

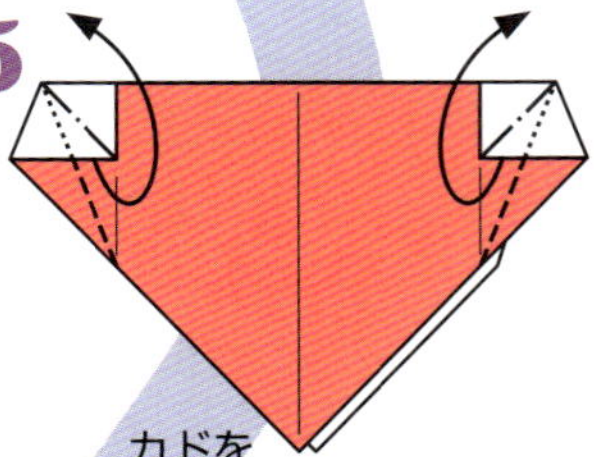

カドを
つまむようにおる

6

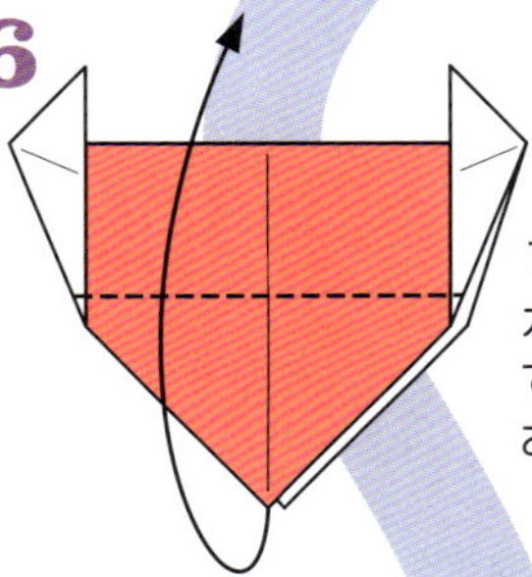

うえの
1 まいだけ
カドがすこし
でるように
おる

7

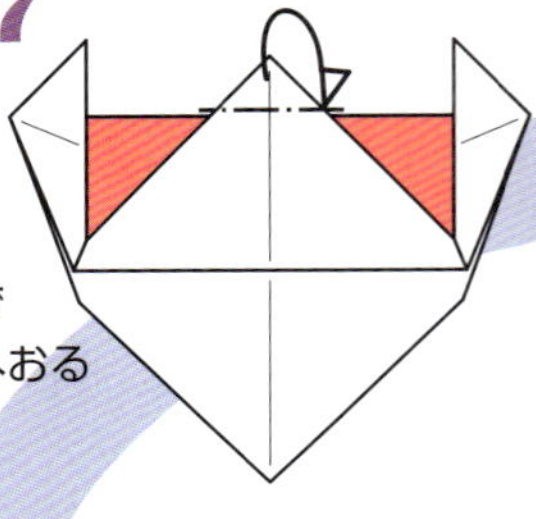

カドを
ふちの
ところで
うしろへおる

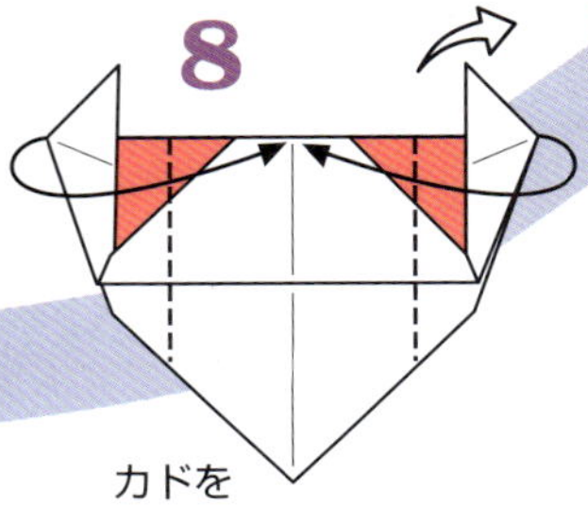

8

カドを
ちゅうしんに
あわせておる

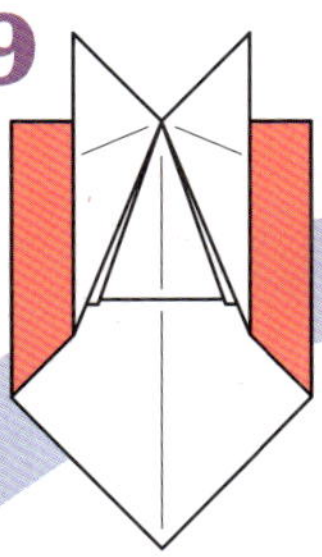

9

10

ふちの
ところで
カドを
したにおる

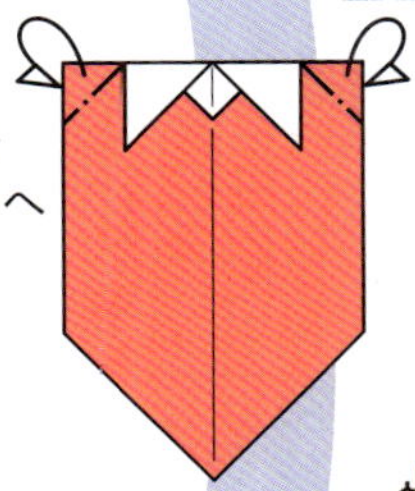

11

カドを
うしろへ
おる

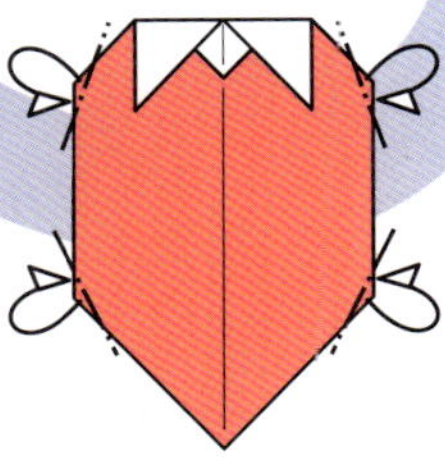

12

それぞれカドをすこし
うしろへおって
まるみをつける

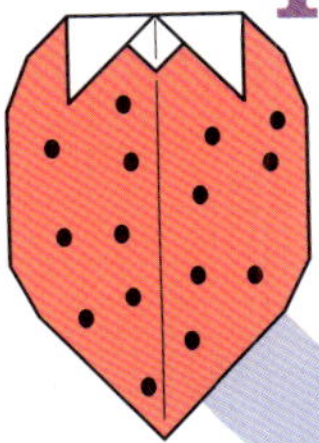

13

できあがり!

へたのいろを
かえてみてね

●へたのぶぶんのいろをかえよう！

へたのぶぶんをみどりいろに
したいときは、ずのように
みどりのかみをはるか、
みどりいろにぬるといいよ。

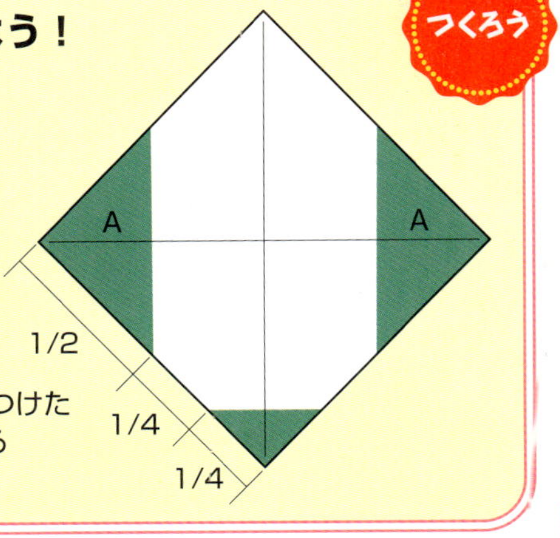

Aのぶぶんは2でつけた
おりすじのところ

ショートケーキ

Shortcake

おりがみ **4** まい

かんたん **ふつう** チャレンジ

ケーキ

1

はんぶんに
おりすじを
つける

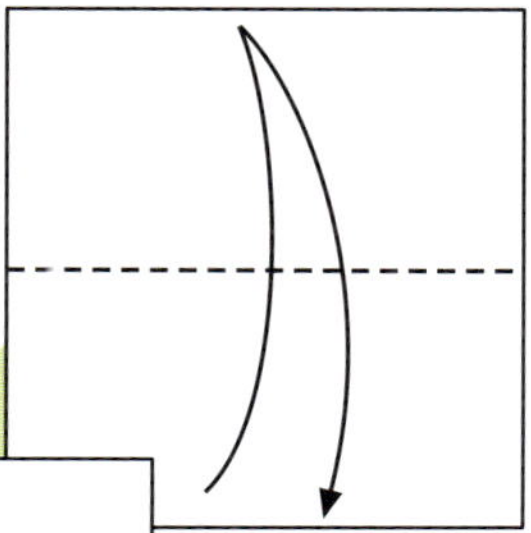

2

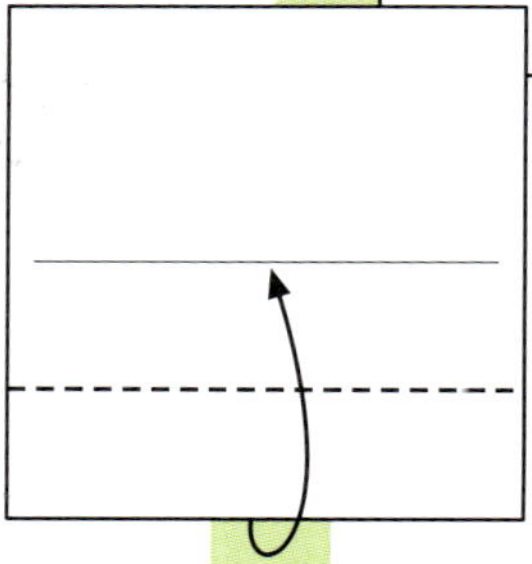

ふちを
ちゅうしんに
あわせておる

3

4

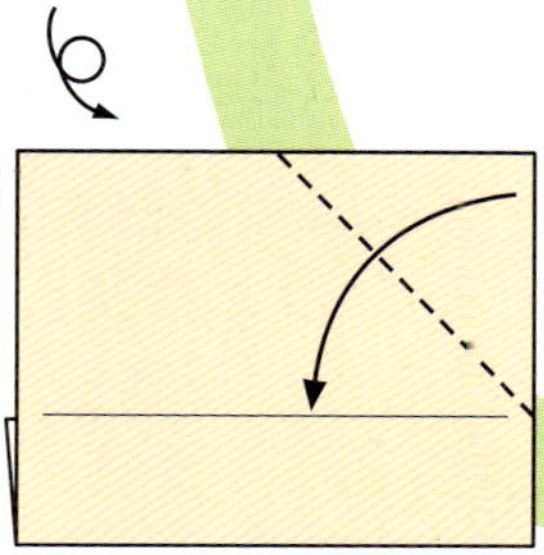

ふちをおりすじに
あわせておる

5

ふちとふちを
あわせておる

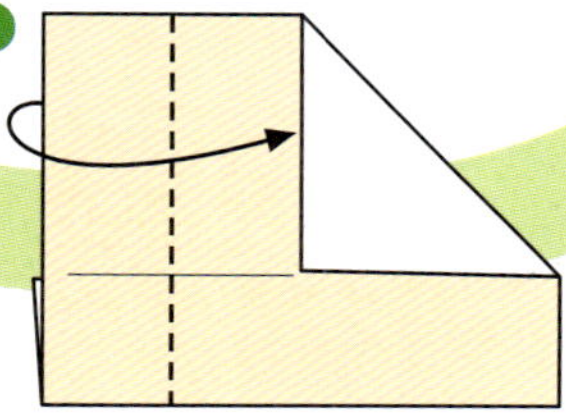

6

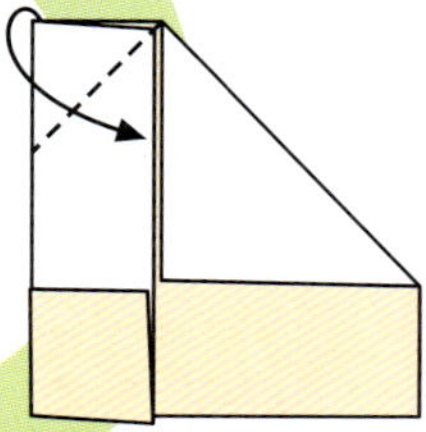

ふちとふちを
あわせておる

7

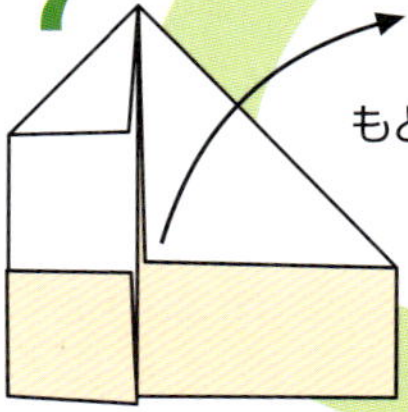

もどす

8

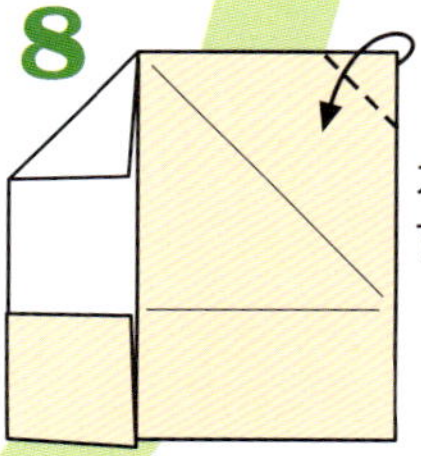

カドを
すこしおる

9

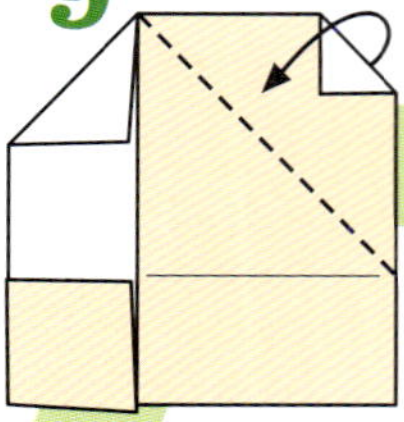

ふちをおこすようにおる

かみのひりつ

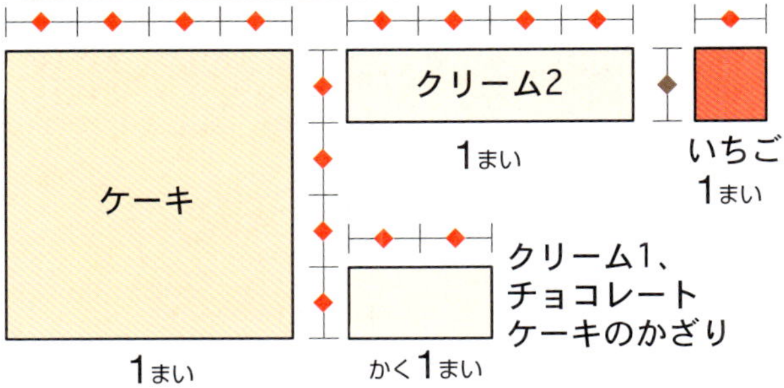

10

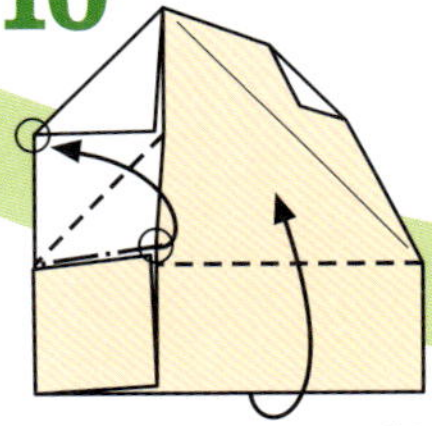

ふちをおこしながら
カドを○にあわせて
りったいにする

11

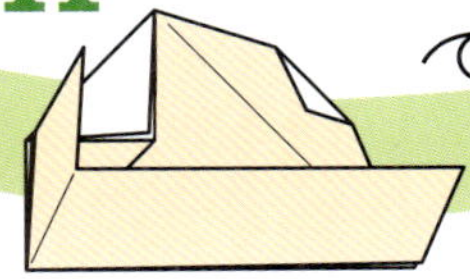

12

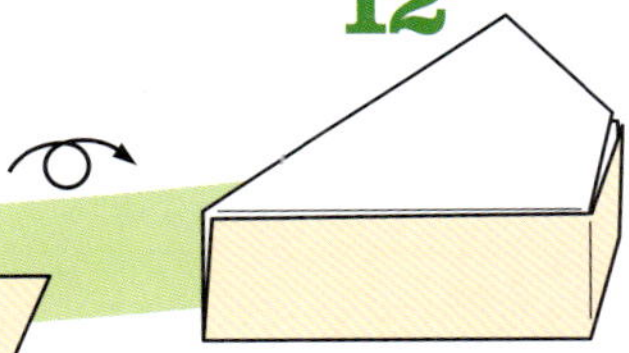

ケーキ
できあがり!

クリーム1

1

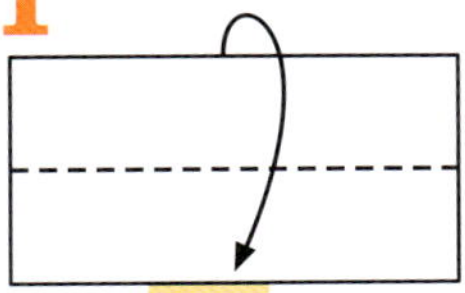

はんぶんにおる

2

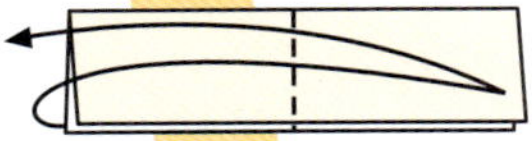

はんぶんにおりすじを
つける

3

ふちをちゅうしんにあわせて
おりすじをつける

4

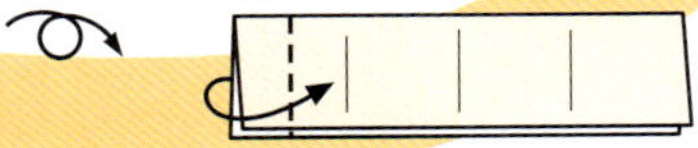

ふちをつけたおりすじに
あわせておる

5

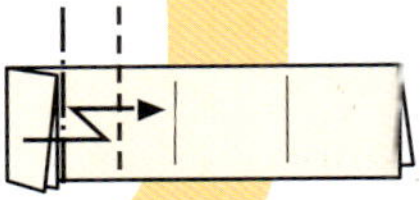

ついているおりすじを
つかってだんおり

6

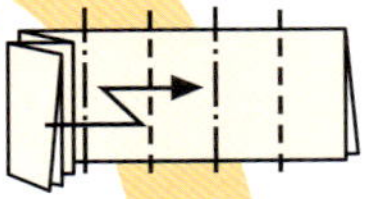

のこりもおなじようにして
だんおり

7

かるくひろげて
りったいにする

8

クリーム1
できあがり!

クリーム２

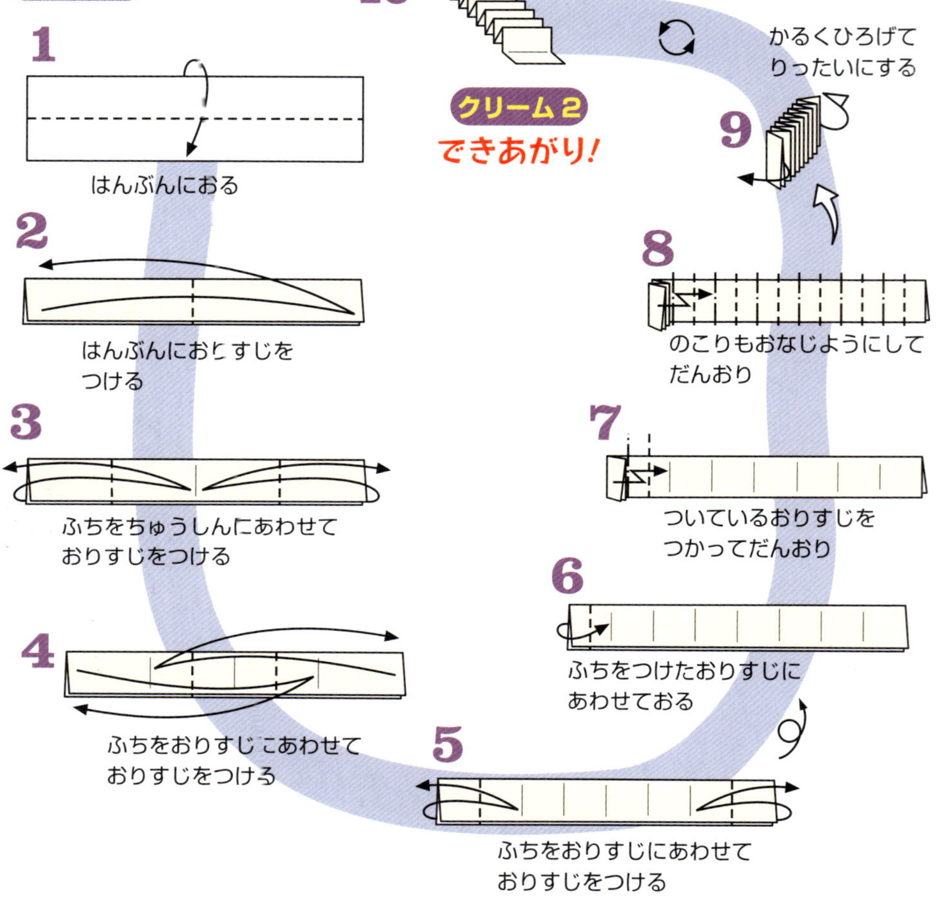
1
はんぶんにおる
2
はんぶんにおりすじを
つける
3
ふちをちゅうしんにあわせて
おりすじをつける
4
ふちをおりすじにあわせて
おりすじをつける
5
ふちをおりすじにあわせて
おりすじをつける
6
ふちをつけたおりすじに
あわせておる
7
ついているおりすじを
つかってだんおり
8
のこりもおなじようにして
だんおり
9
かるくひろげて
りったいにする
10
クリーム２
できあがり!

いちご

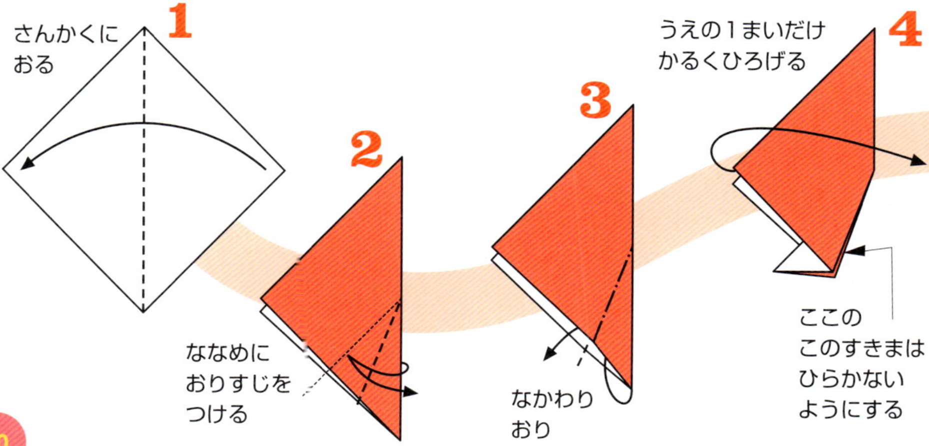
1
さんかくに
おる
2
ななめに
おりすじを
つける
3
なかわり
おり
4
うえの１まいだけ
かるくひろげる
ここの
このすきまは
ひらかない
ようにする

つくろう

●チョコレートケーキをつくろう

かざり　かみのおおきさは
59ページをみてね

1
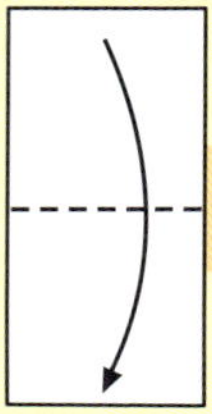
はんぶんにおる

2

ほそくまいて
のりづけ

3

ショートケーキの
[**くみたてかた**]の
2までおなじに
おったものに
[**かざり**]を
のりづけ

うらにも
ちゃいろの
かみをはると
いいよ

4
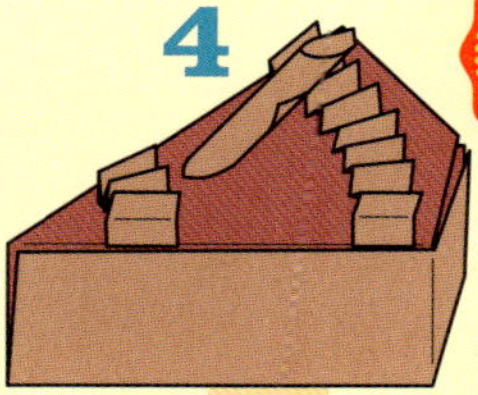
できあがり!

くみたてかた

1
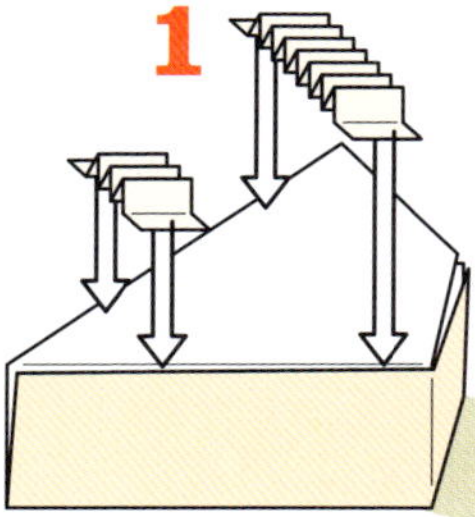
[**ケーキ**]に[**クリーム1**]と
[**クリーム2**]をかさねて
のりづけ

2
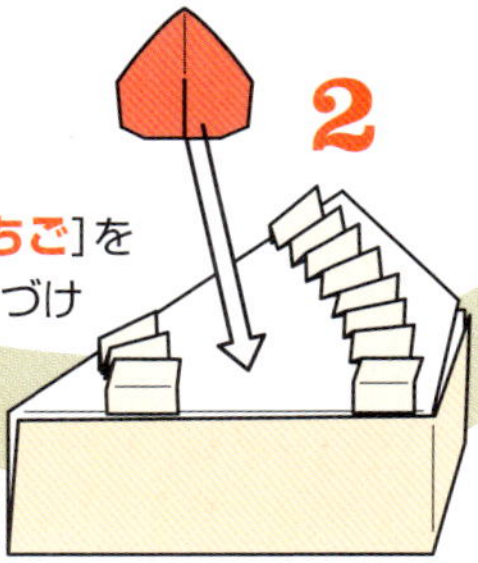
[**いちご**]を
のりづけ

3

できあがり!

5
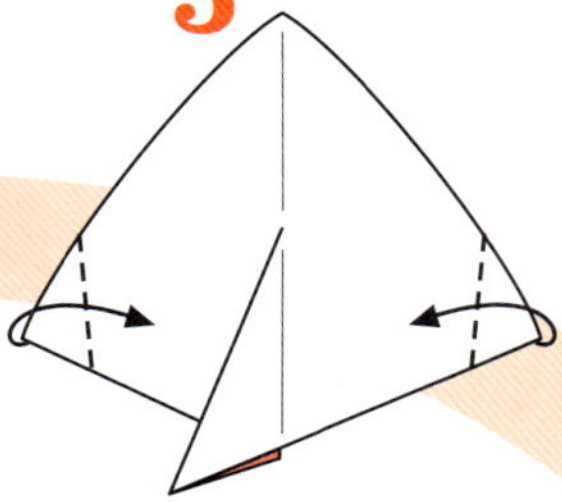
カドをすこしおる

6
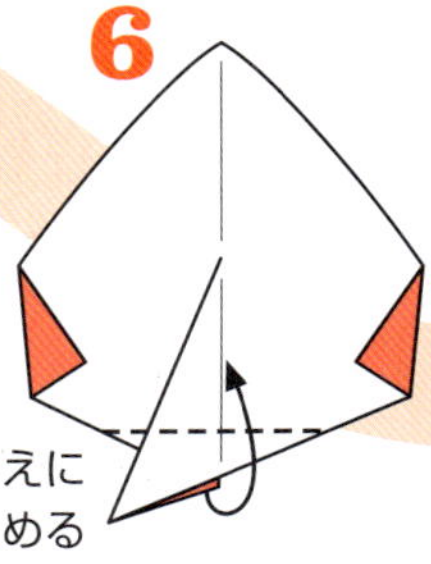
カドをうえに
おってとめる

7
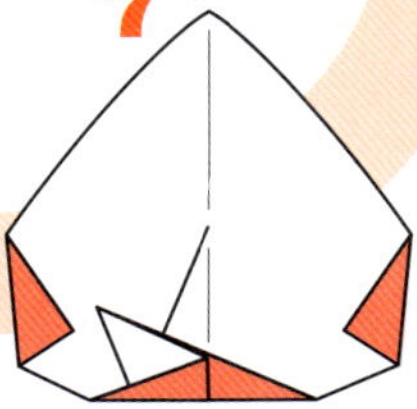

8
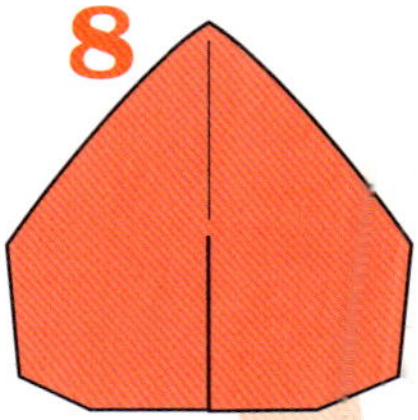

いちご
できあがり!

アイスクリーム

Ice Cream

かんたん　**ふつう**　チャレンジ

おりがみ **2** まい

アイス

1

さんかくに
おりすじを
つける

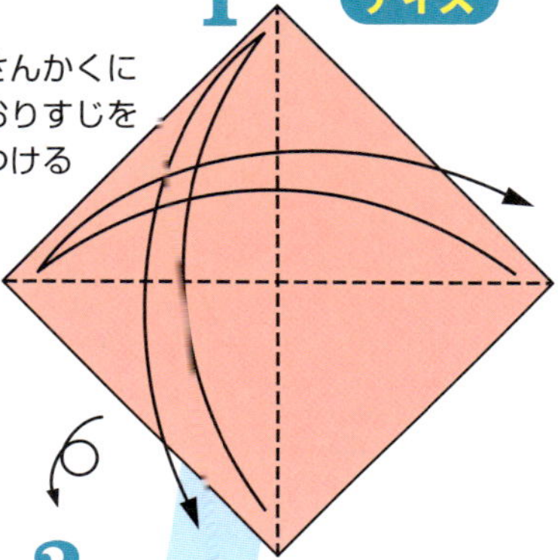

2

はんぶんに
おりすじを
つける

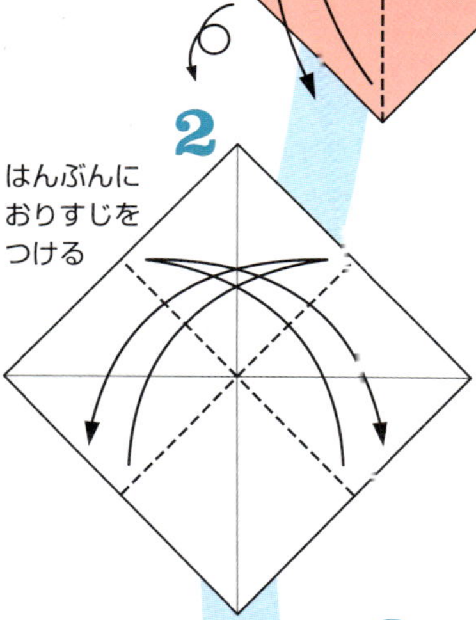

3

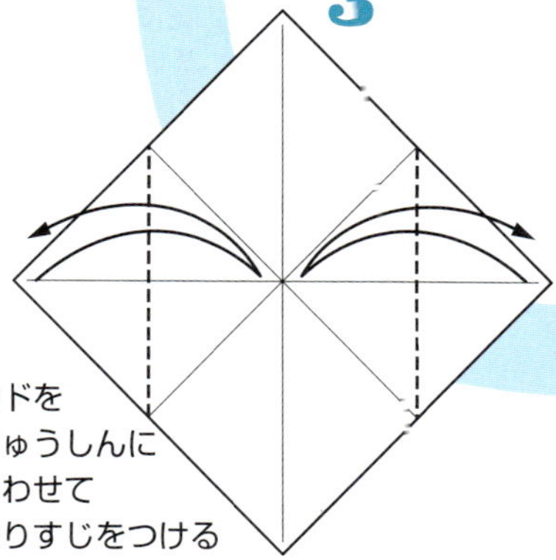

カドを
ちゅうしんに
あわせて
おりすじをつける

4

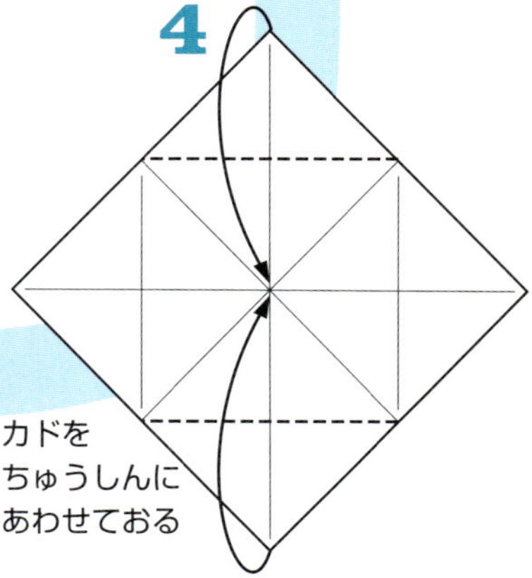

カドを
ちゅうしんに
あわせておる

5

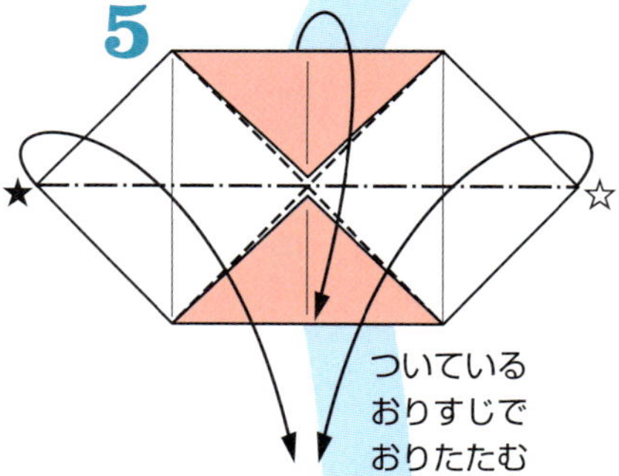

ついている
おりすじで
おりたたむ

6

とちゅうのず

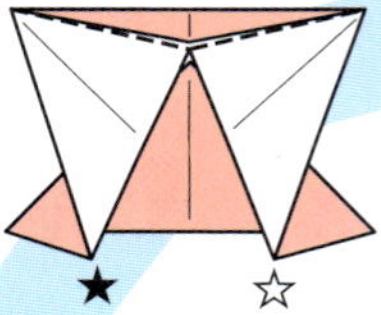

かみのひりつ

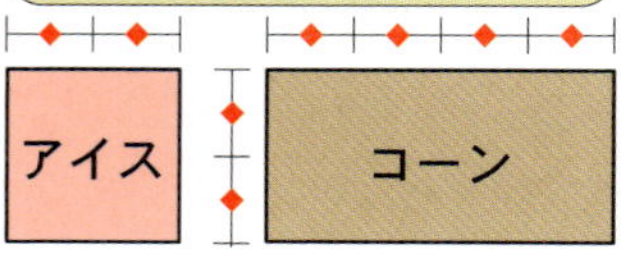
アイス
1まい
コーン
1まい

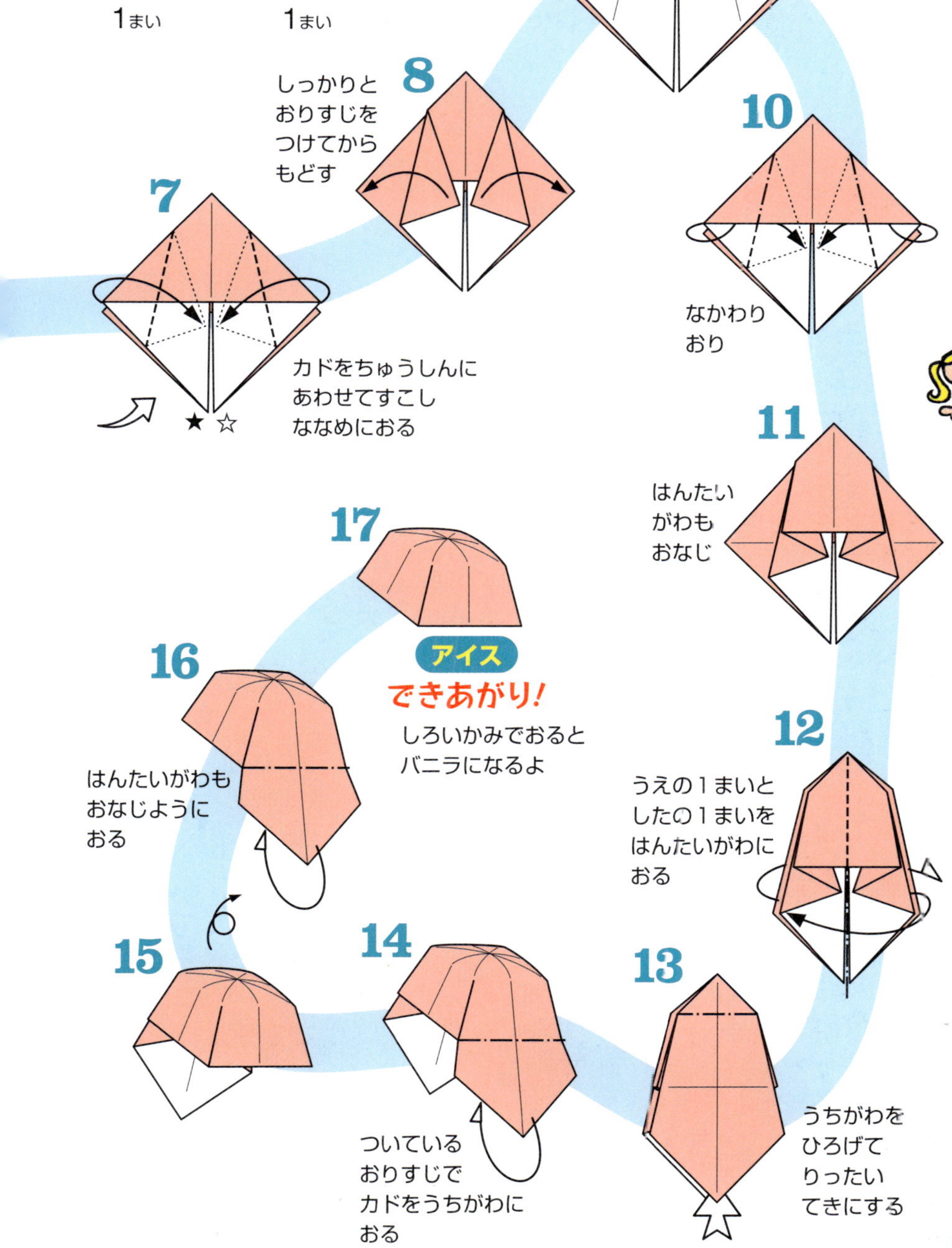
7
カドをちゅうしんに
あわせてすこし
ななめにおる
8
しっかりと
おりすじを
つけてから
もどす
9
はんたいがわも
7～8とおなじ
10
なかわり
おり
11
はんたい
がわも
おなじ
12
うえの1まいと
したの1まいを
はんたいがわに
おる
13
うちがわを
ひろげて
りったい
てきにする
14
ついている
おりすじで
カドをうちがわに
おる
15
16
はんたいがわも
おなじように
おる
17
アイス
できあがり!
しろいかみでおると
バニラになるよ

コーン

1

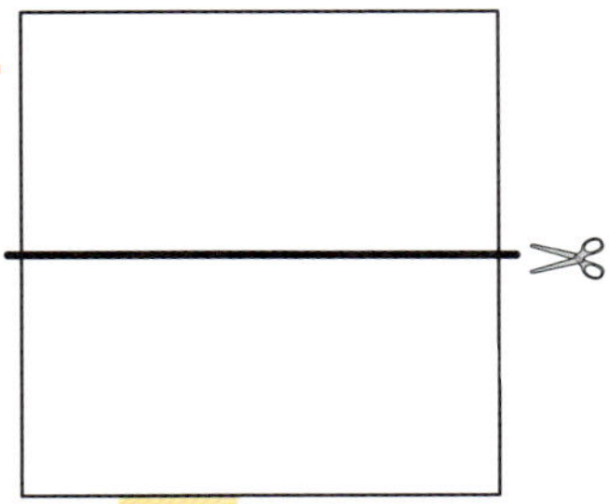

はんぶんにきった
かみをつかう

2

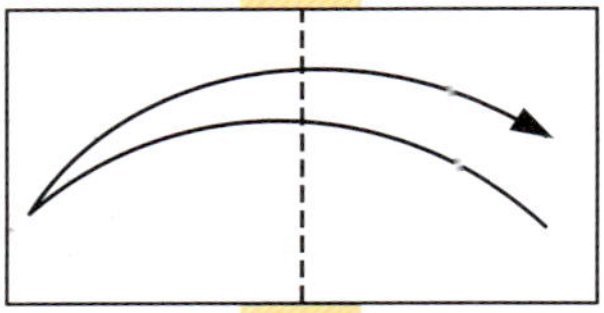

はんぶんにおりすじをつける

3

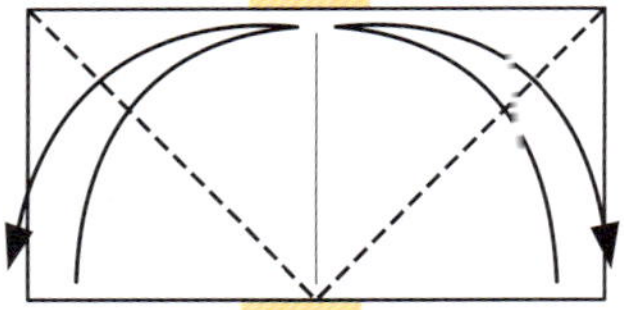

ふちをちゅうしんにあわせて
おりすじをつける

4

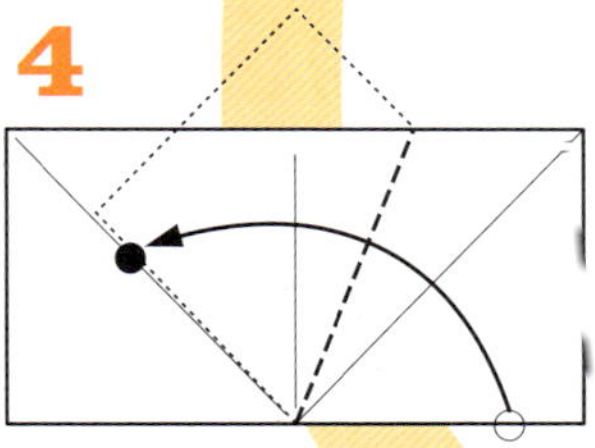

○のふちを●のおりすじに
あわせておる

5

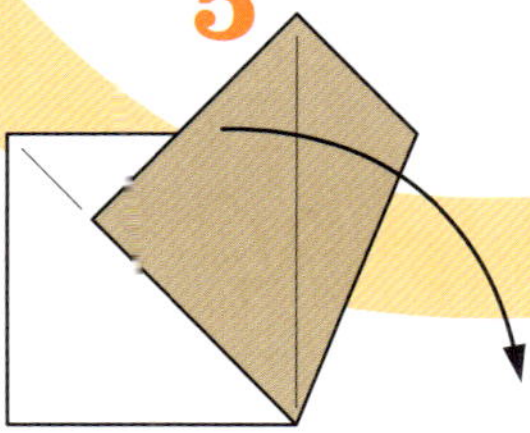

しっかりと
おりすじを
つけてから
もどす

6

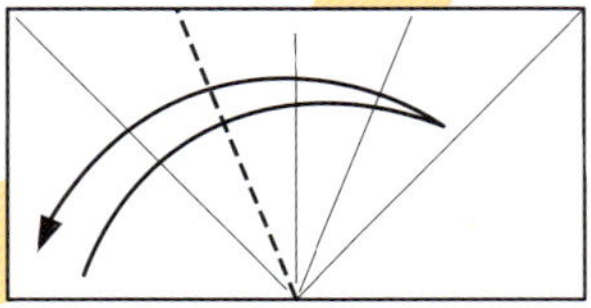

はんたいがわも**4**～**5**と
おなじようにおりすじをつける

7

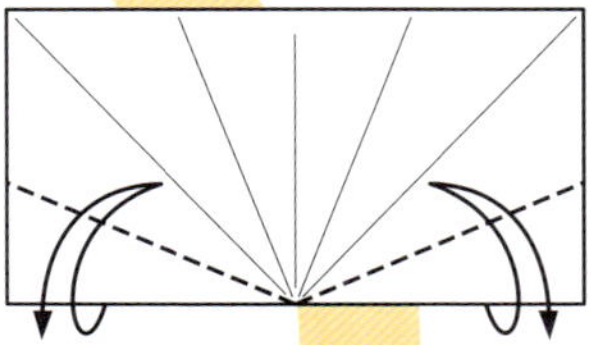

ふちをおりすじにあわせて
おりすじをつける

8

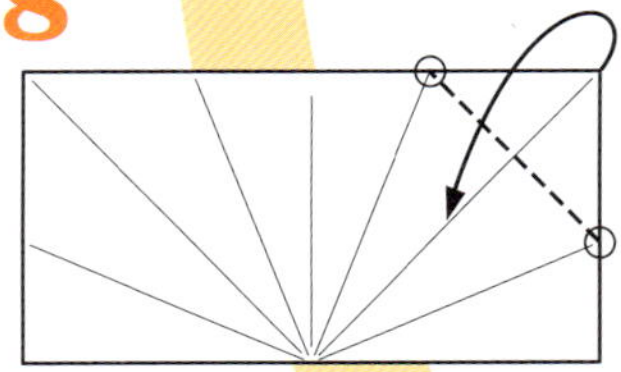

○と○をむすぶせんでおる

9

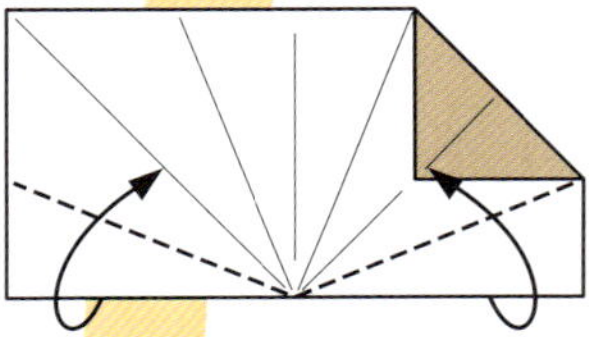

ついているおりすじで
おる

10

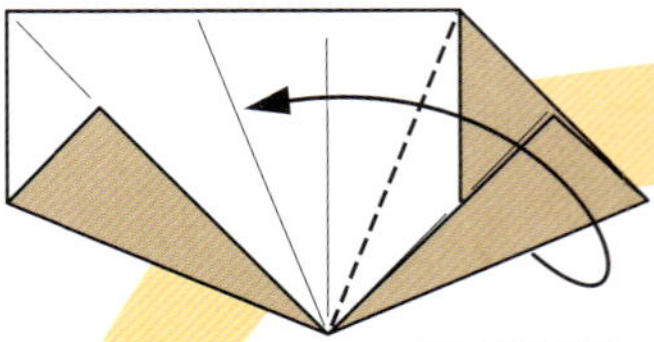

ついている
おりすじで
おる

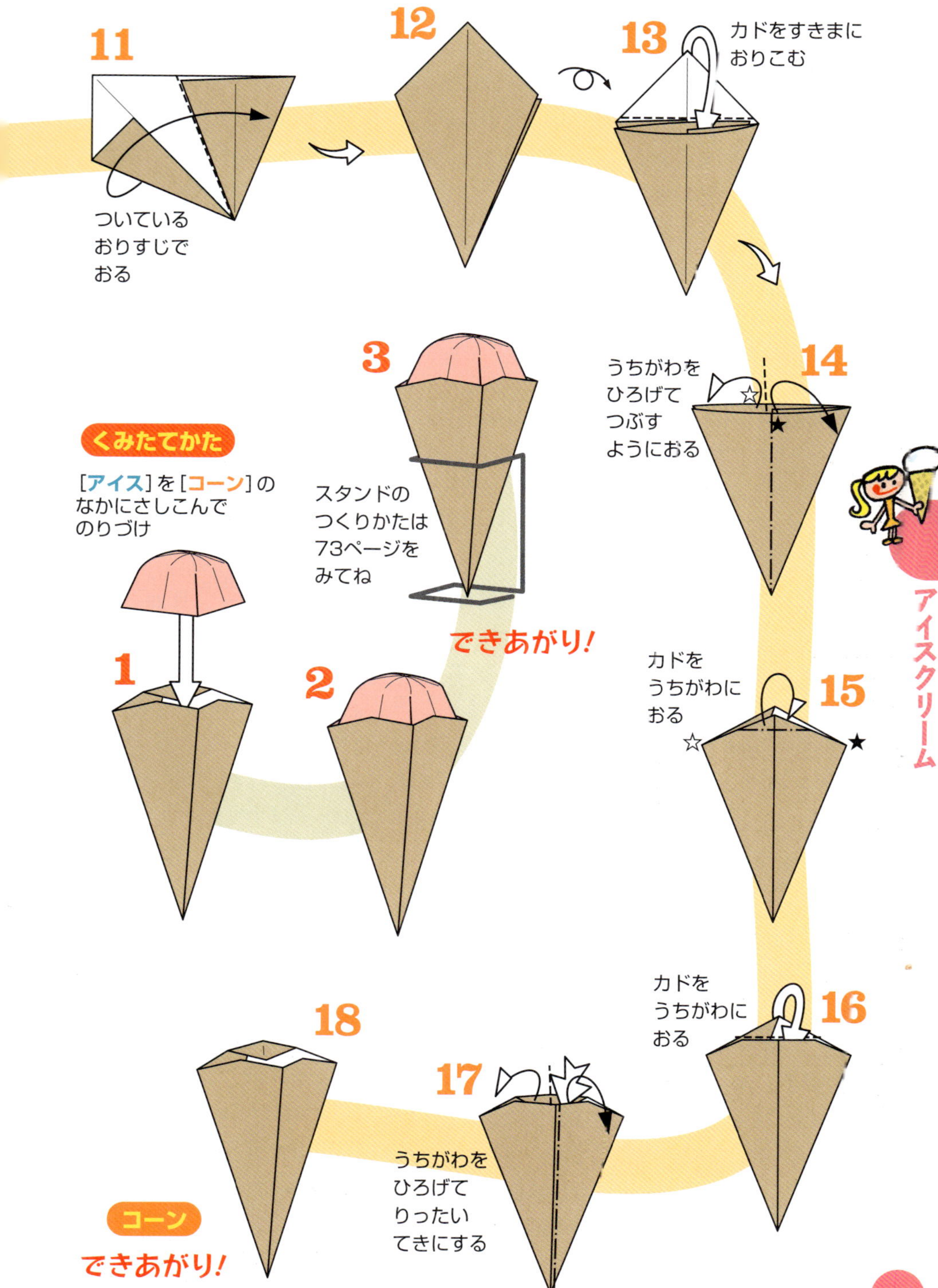
11
ついている
おりすじで
おる
12
13
カドをすきまに
おりこむ
14
うちがわを
ひろげて
つぶす
ようにおる
15
カドを
うちがわに
おる
16
カドを
うちがわに
おる
17
うちがわを
ひろげて
りったい
てきにする
18
コーン
できあがり!
くみたてかた
[アイス]を[コーン]の
なかにさしこんで
のりづけ
1
2
3
スタンドの
つくりかたは
73ページを
みてね
できあがり!

シェイク

Shake

かんたん　ふつう　チャレンジ

おりがみ **3** まい

かみのひりつ

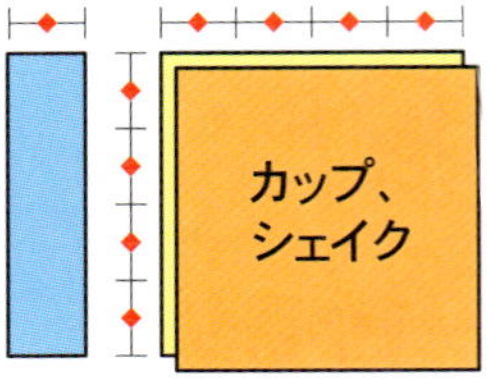

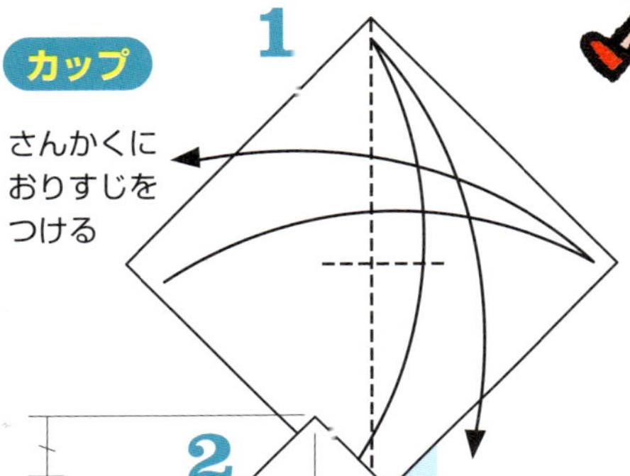

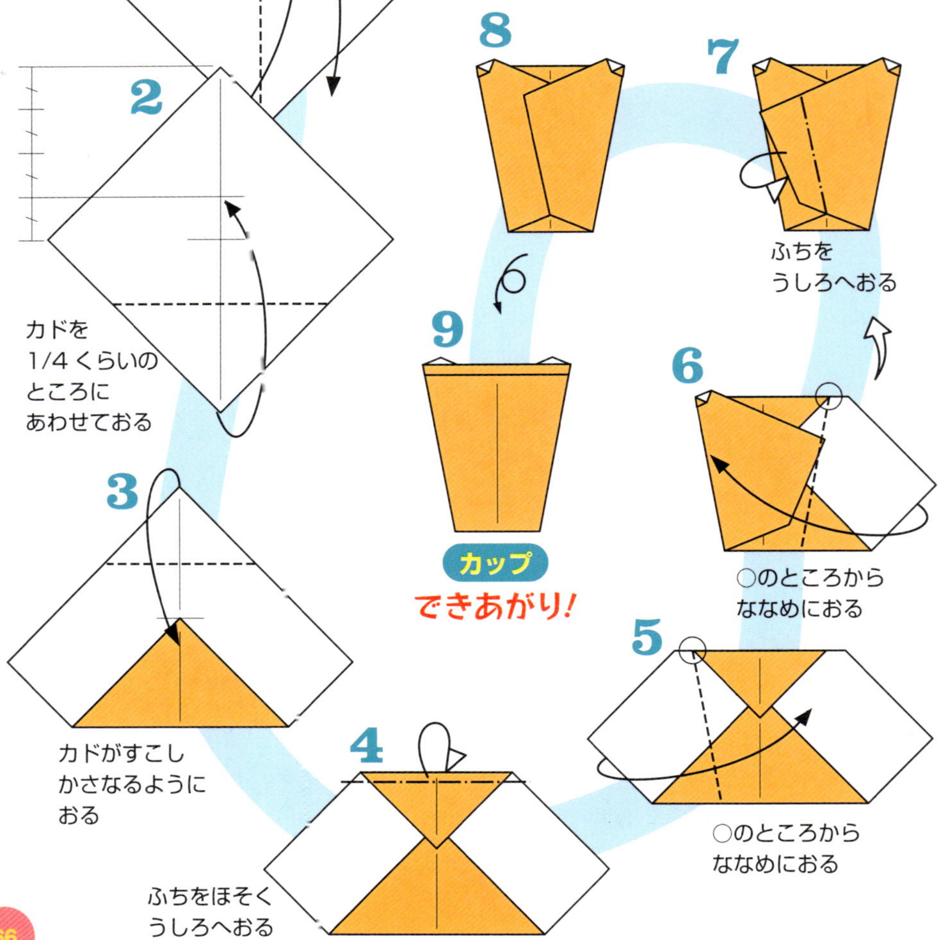

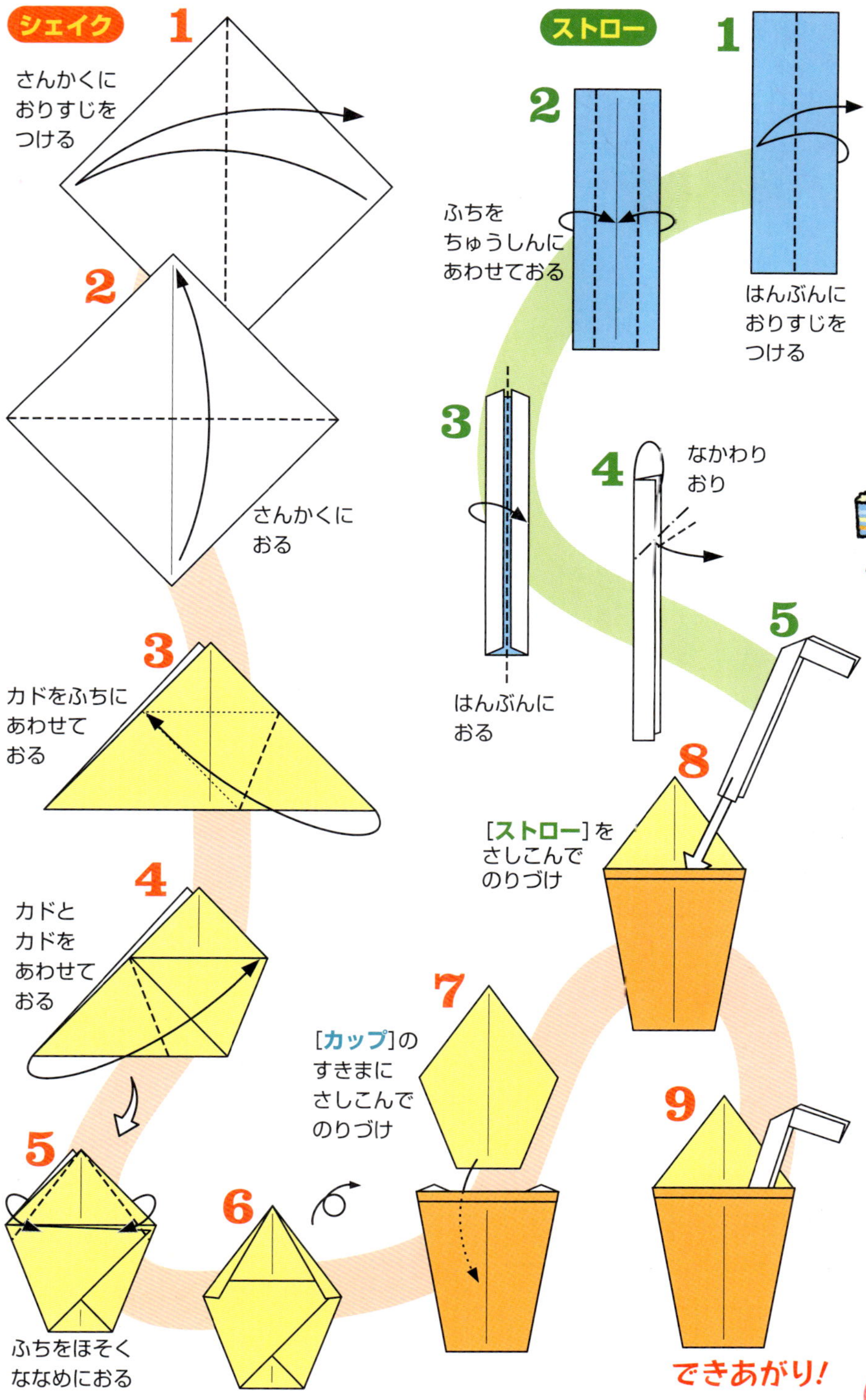
シェイク
1
さんかくに
おりすじを
つける
2
さんかくに
おる
3
カドをふちに
あわせて
おる
4
カドと
カドを
あわせて
おる
5
ふちをほそく
ななめにおる
6
7
[カップ]の
すきまに
さしこんで
のりづけ
8
[ストロー]を
さしこんで
のりづけ
9
できあがり!
ストロー
1
はんぶんに
おりすじを
つける
2
ふちを
ちゅうしんに
あわせておる
3
はんぶんに
おる
4
なかわり
おり
5

ハンバーガー

Hamburger

かんたん　ふつう　チャレンジ

おりがみ **5** まい

かみのひりつ

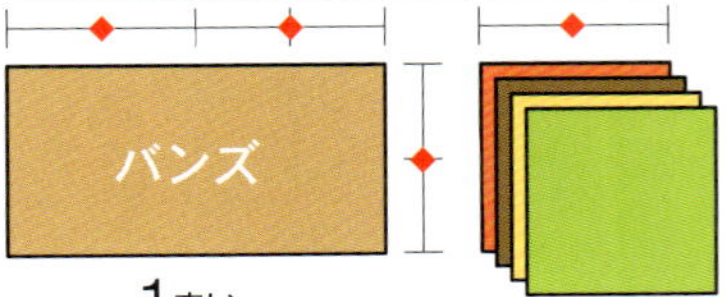

1まい

トマト、パティ、チーズ、レタス

かく 1まい

バンズ

1

はんぶんに
きった
かみをつかう

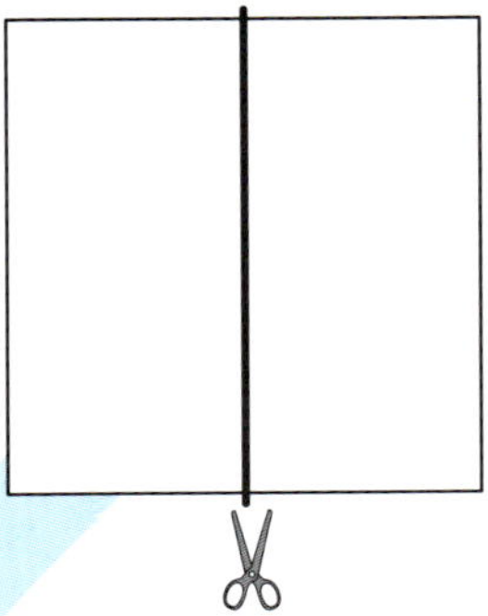

2

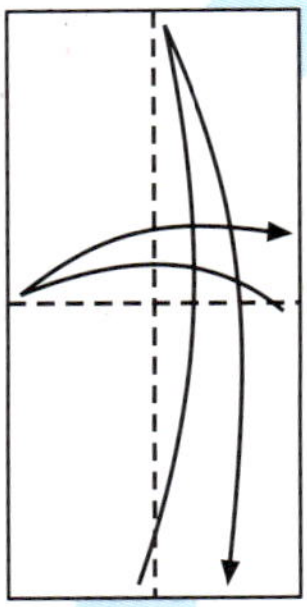

はんぶんに
おりすじをつける

3

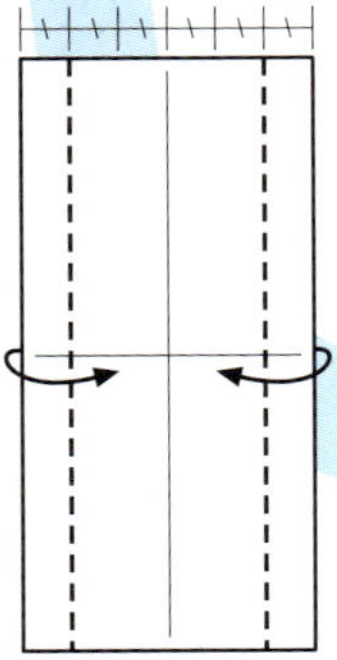

それぞれふちから
1/3 くらいの
ところでおる

4

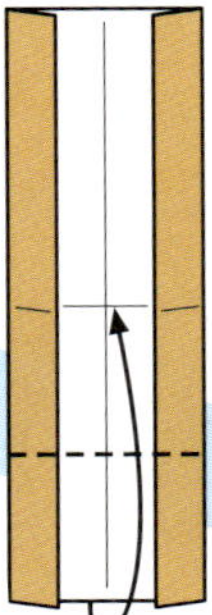

ふちを
おりすじに
あわせておる

5

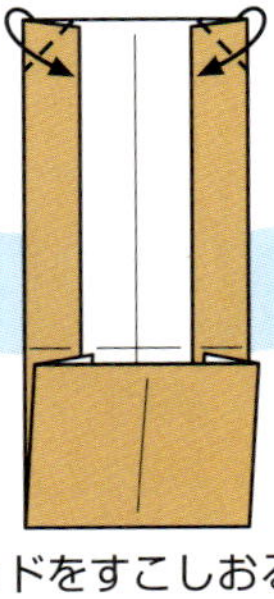

カドをすこしおる

6

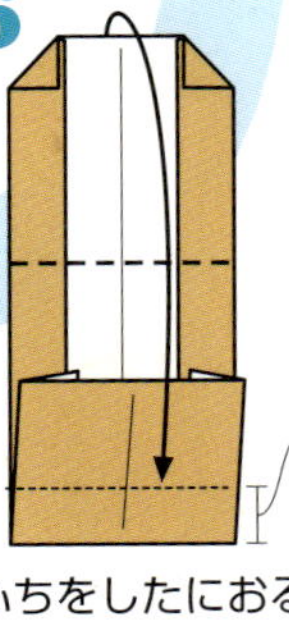

すこし
あける

ふちをしたにおる

7

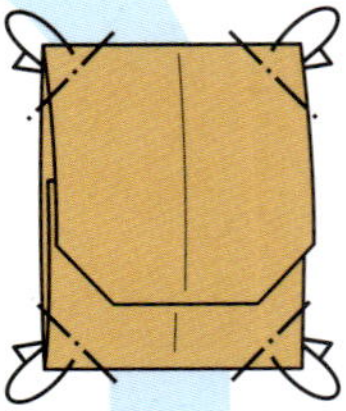

カドをうしろへ
おる

8

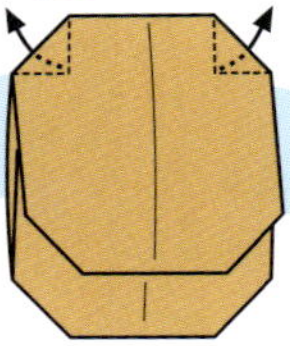

うえの
カドだけ
もどす

9

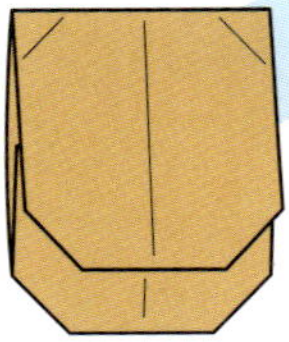

バンズ

できあがり!

トマト、パティ、チーズ、レタス

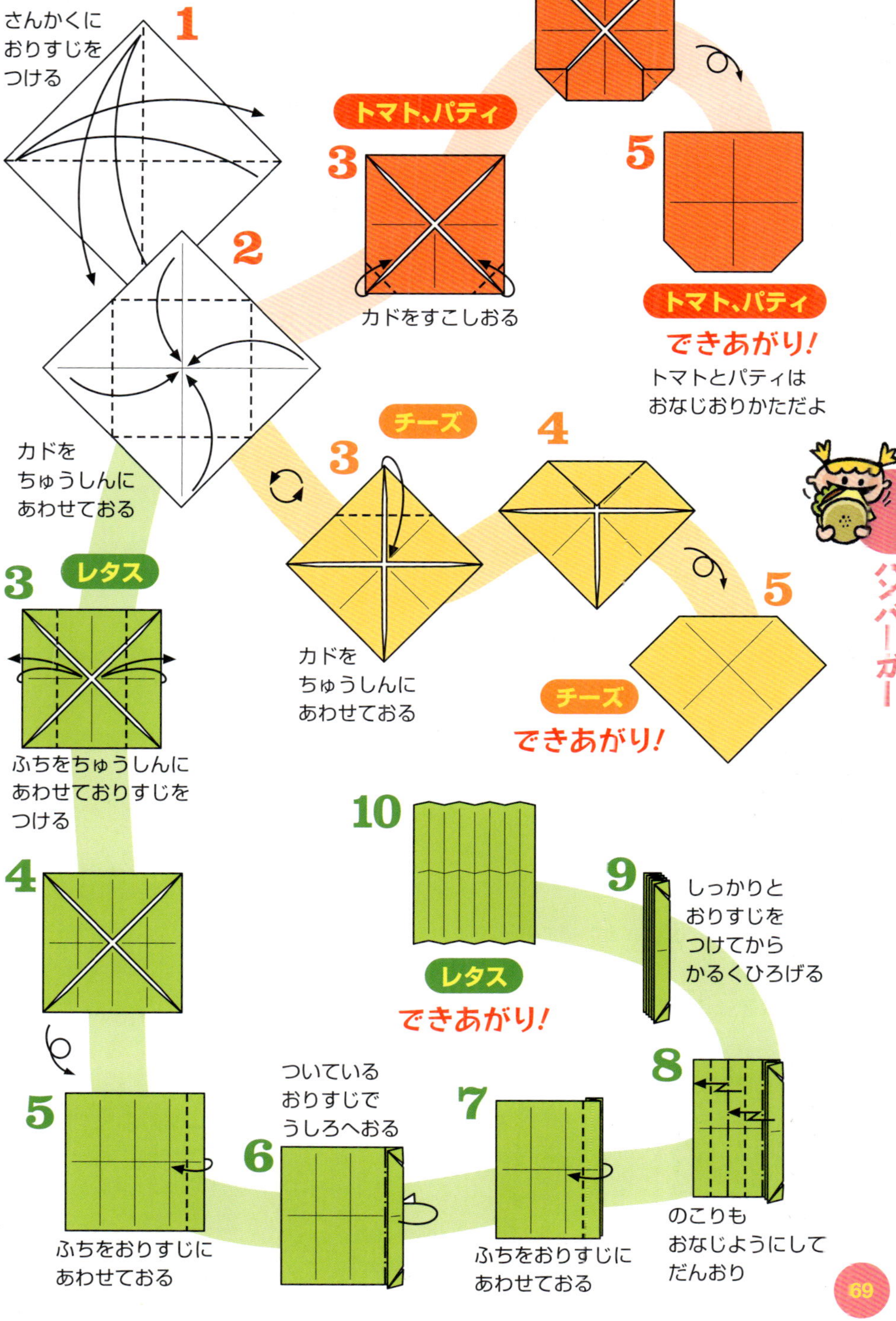

くみたてかた

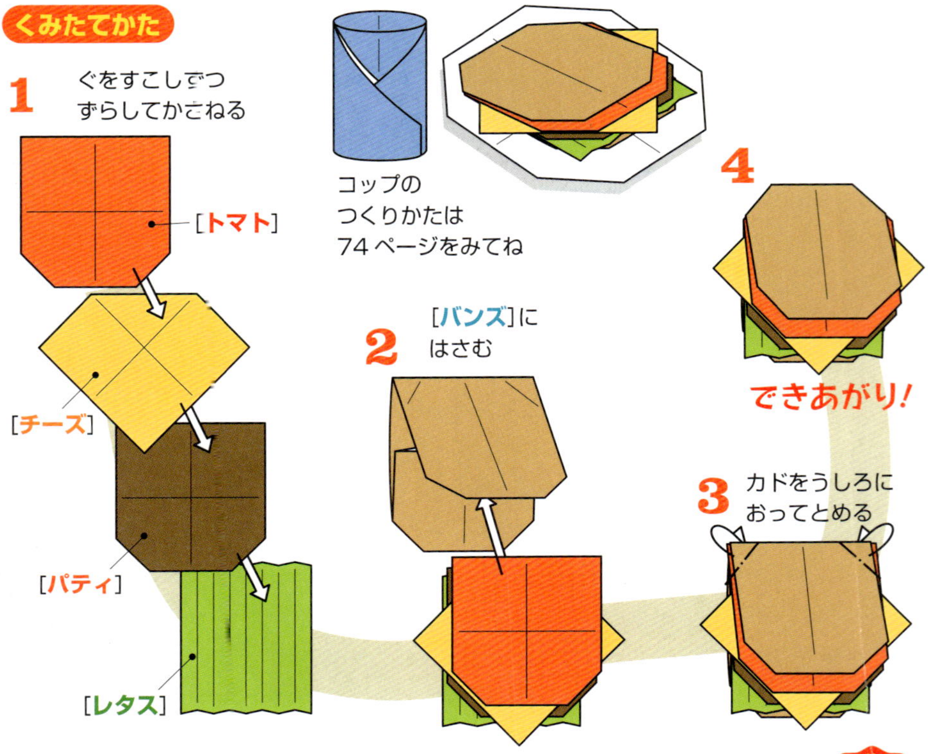

つくろう

●かんたんなおさらだよ

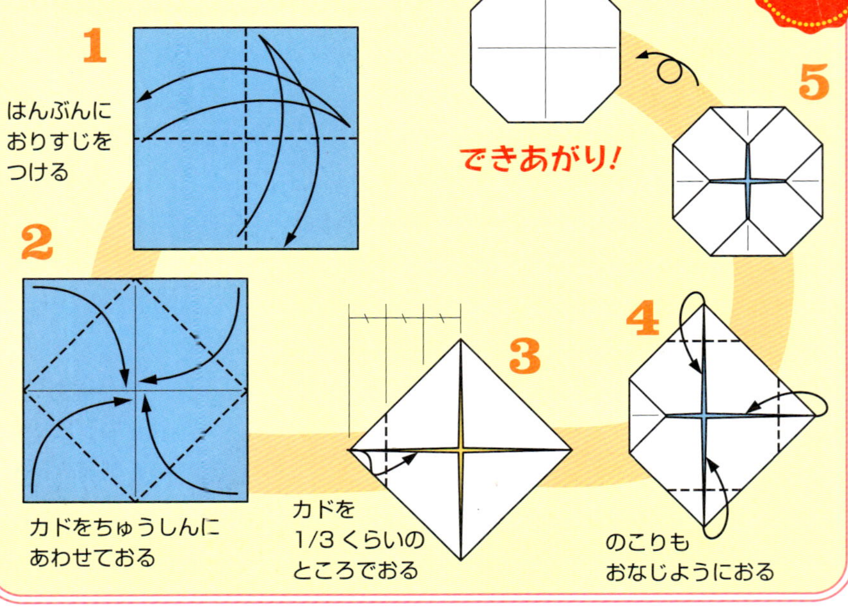

フライドポテト

Fried Potato

おりがみ **2** まい〜

かんたん　ふつう　チャレンジ

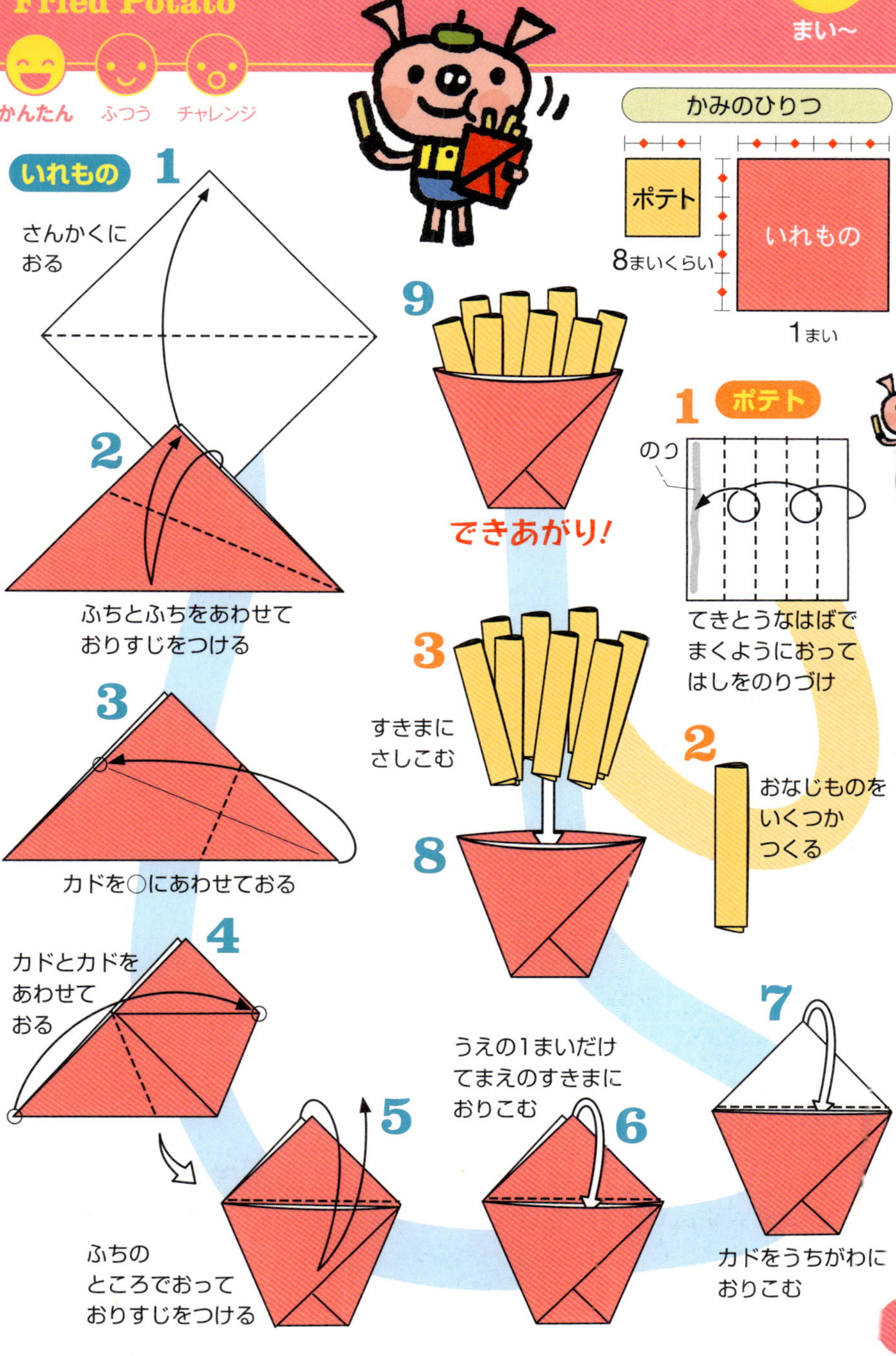

トレイ

Tray

かんたん　**ふつう**　チャレンジ

おりがみ **1** まい

1

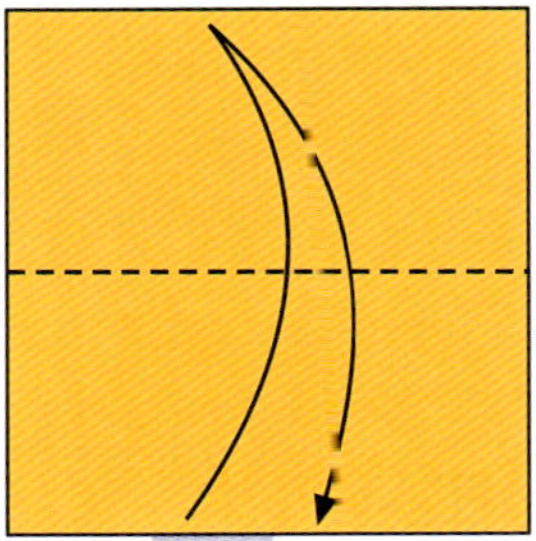

はんぶんにおりすじをつける

2

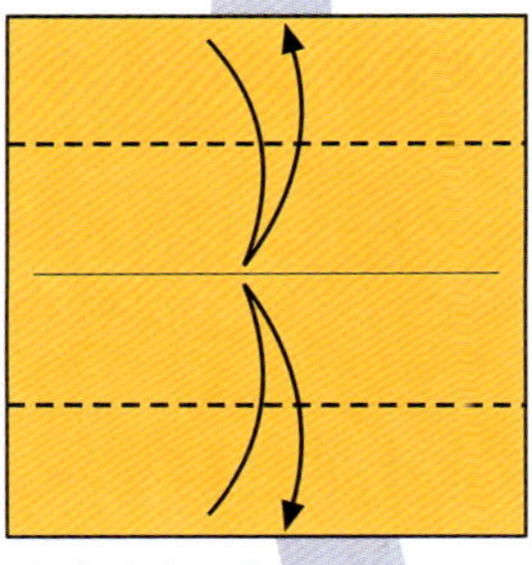

ふちをちゅうしんに
あわせておりすじをつける

3

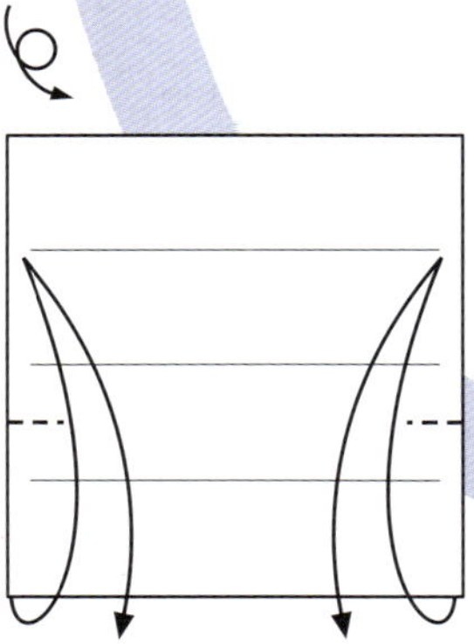

ふちをおりすじにあわせて
しるしをつける

4

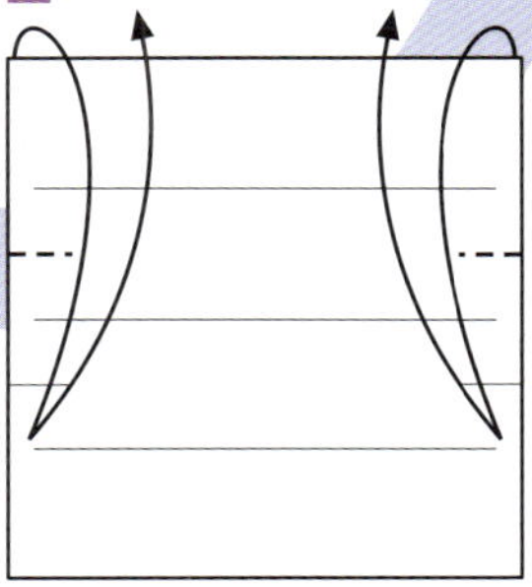

ふちをおりすじに
あわせてしるしを
つける

5

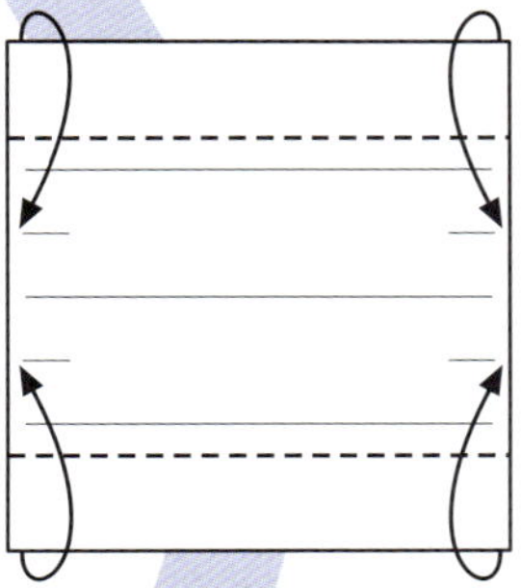

カドをしるしにあわせておる

6

7

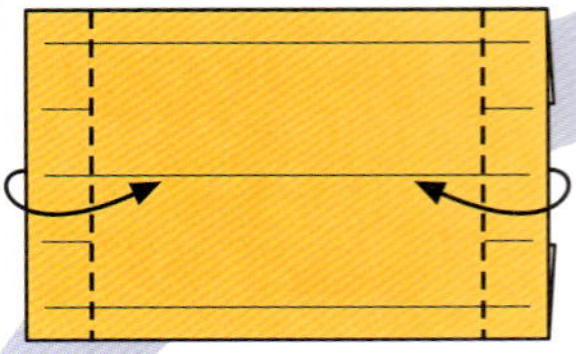

ふちをすこしおる

8

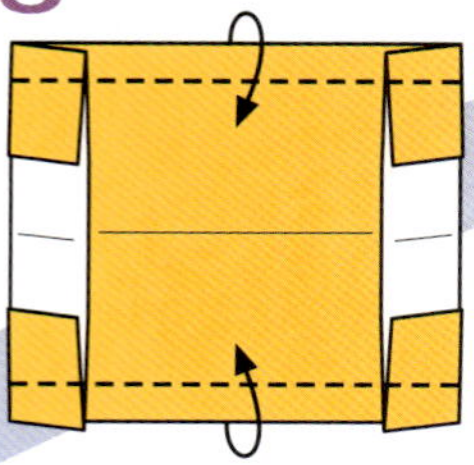

ふちをついている
おりすじでおる

9

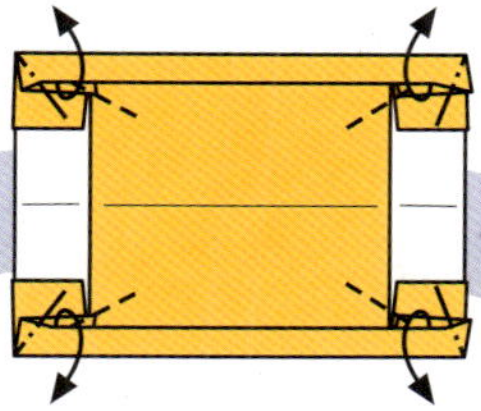

うちがわをひろげて
つぶすようにおる

10

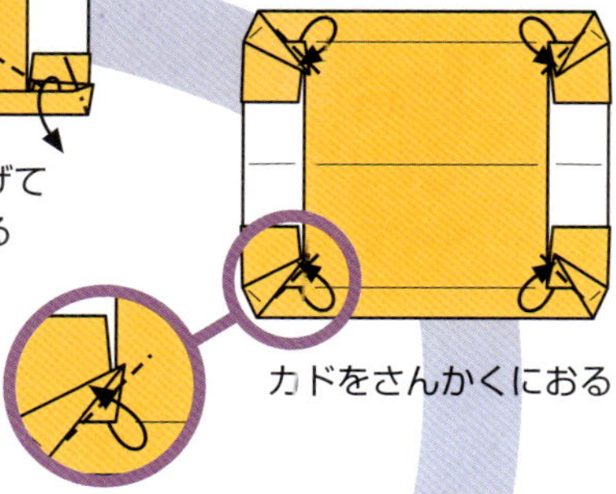

カドをさんかくにおる

11

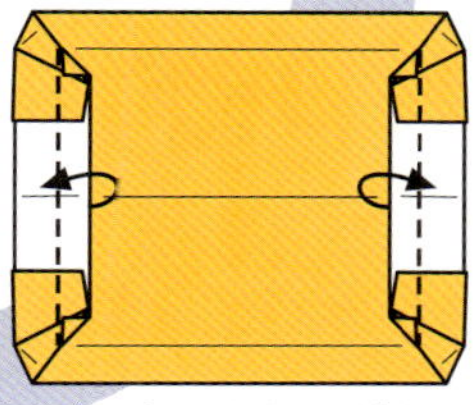

ふちをはんたいがわに
おりかえす

12

ふちをおこして
りったいにする

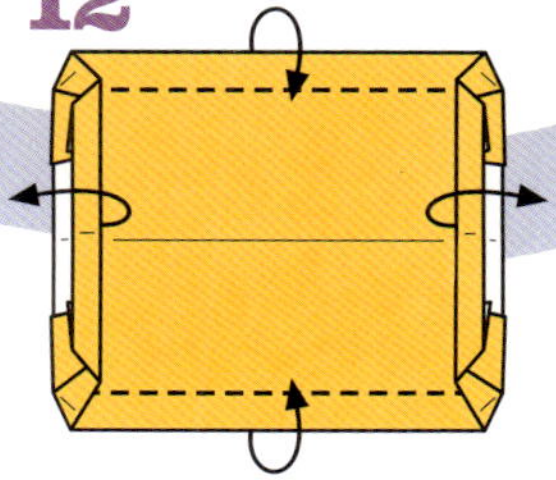

13

できあがり!

●アイスクリームのスタンド

つくろう

はりがねをつかってつくる

1

コーンを
15cm×7.5cm で
おったばあいの
はりがねのながさ

2

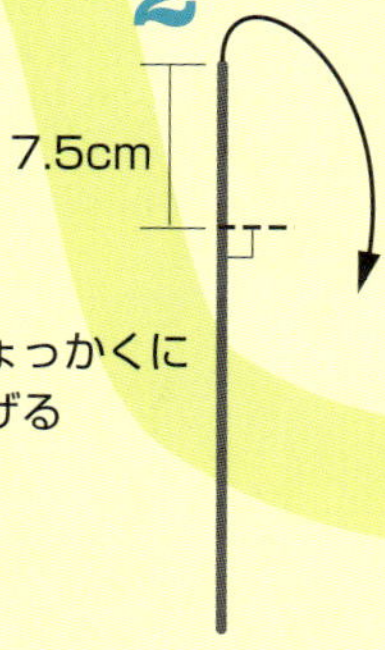

ちょっかくに
まげる

3

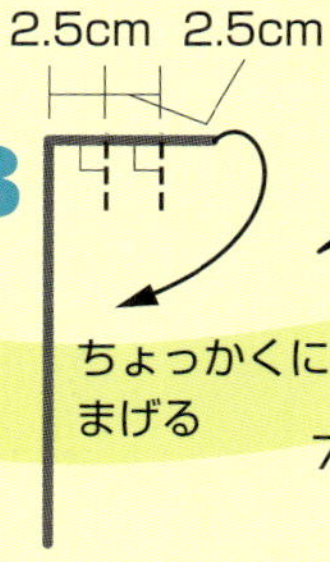

ちょっかくに
まげる

4

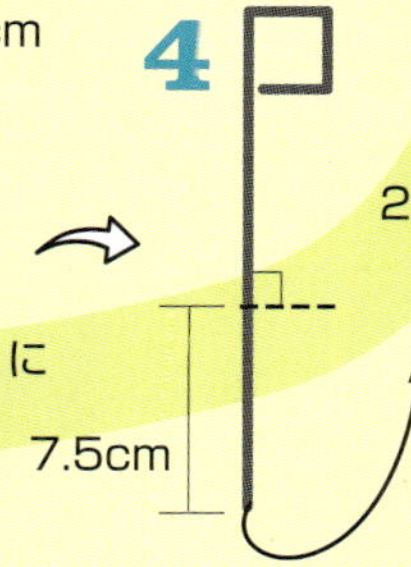

ちょっかくに
まげる

5

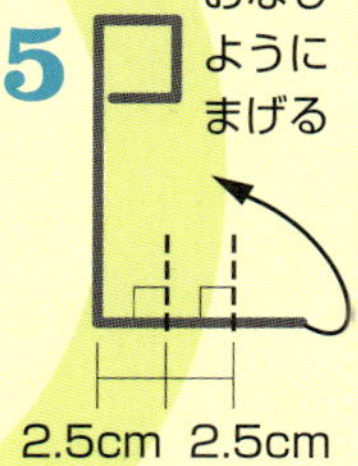

3 と
おなじ
ように
まげる

6

それぞれ
おこして
りったい
てきにする

7

できあがり!

コップ

Glass

かんたん　ふつう　チャレンジ

おりがみ **1** まい

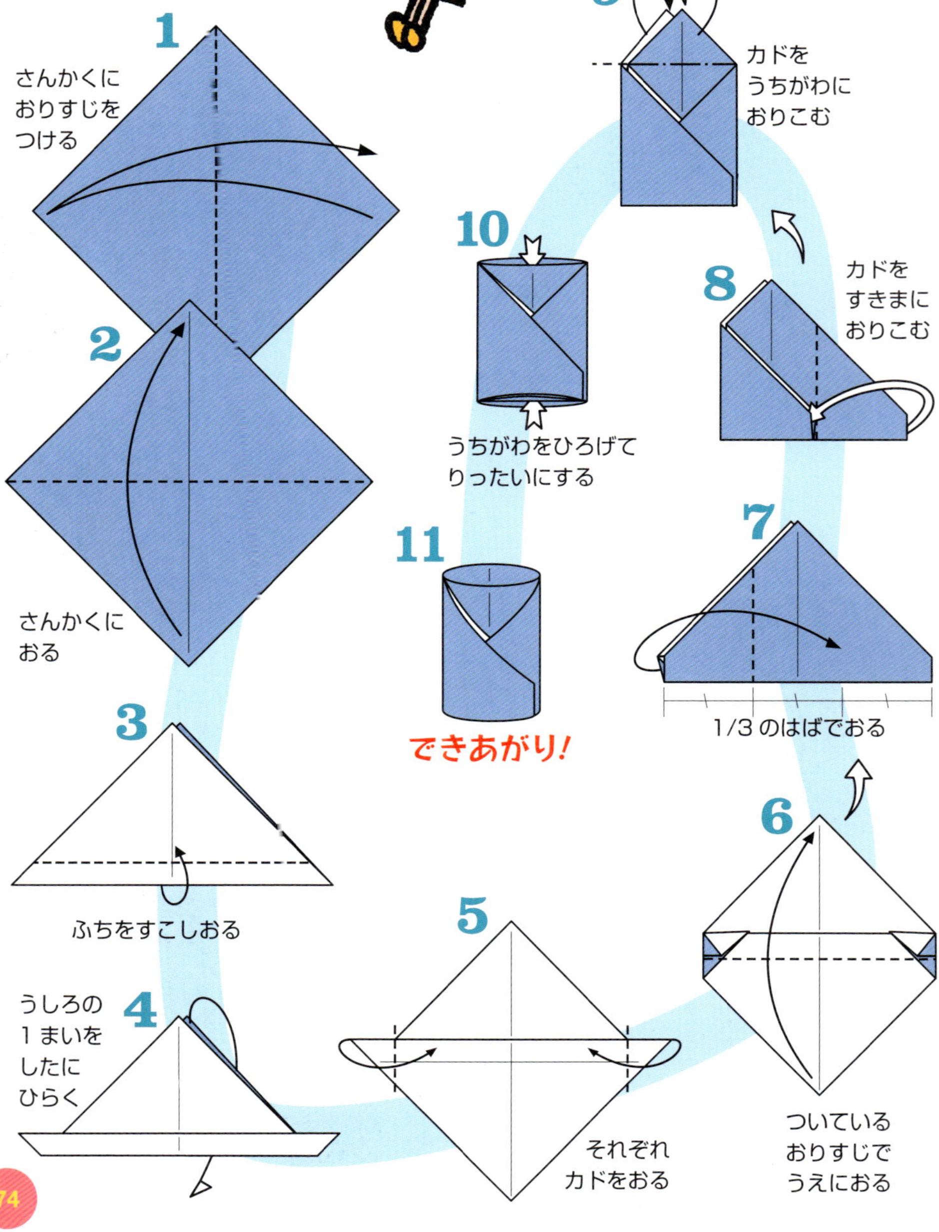

パペット

おとこのこ、おんなのこ

Boy, Girl

おりがみ **2** まい

かんたん　**ふつう**　チャレンジ

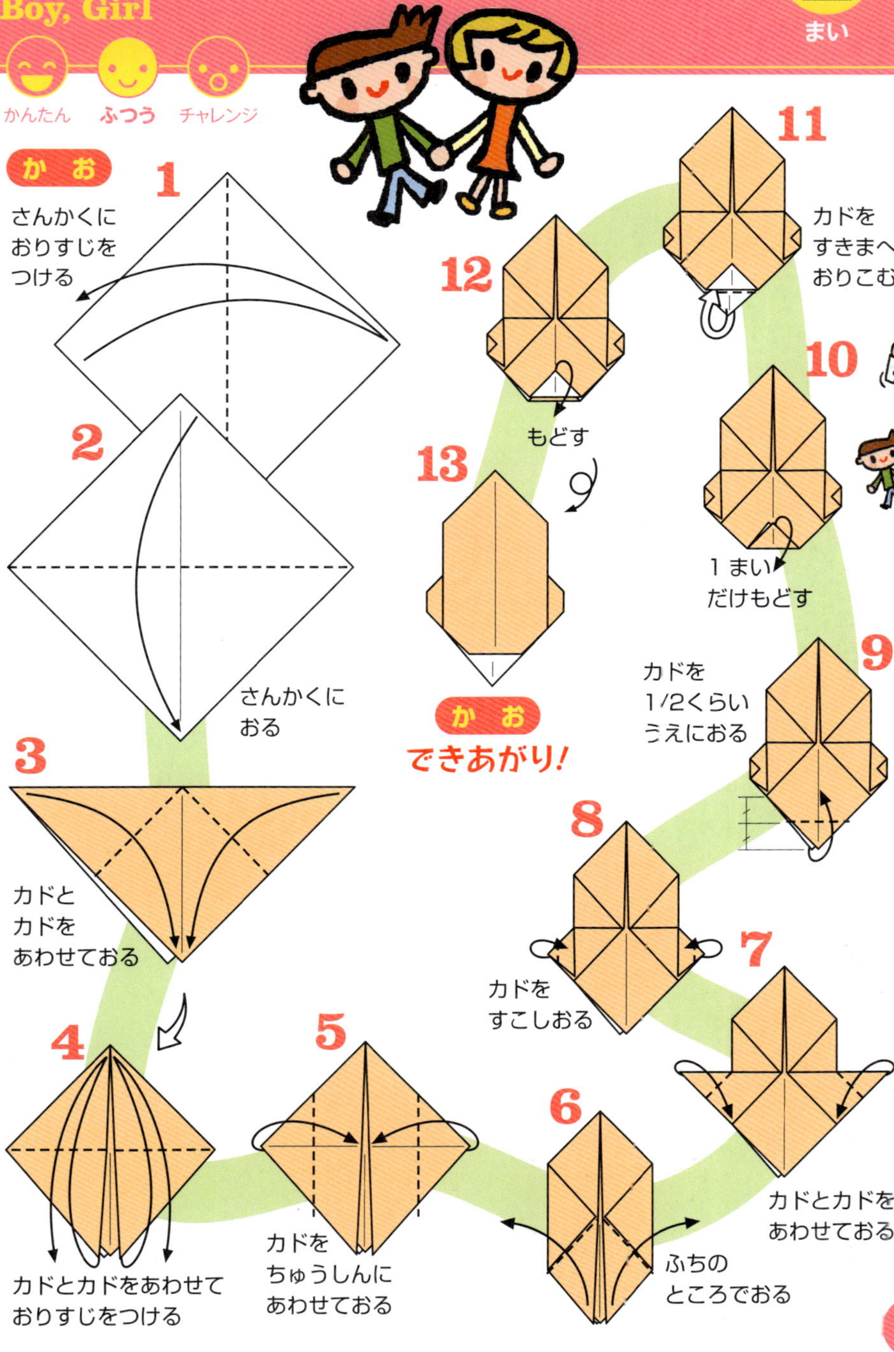

おとこのこ

1

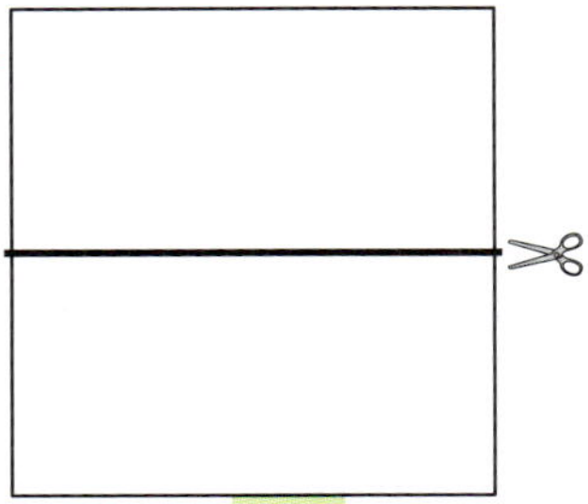

はんぶんにきったかみをつかう

2

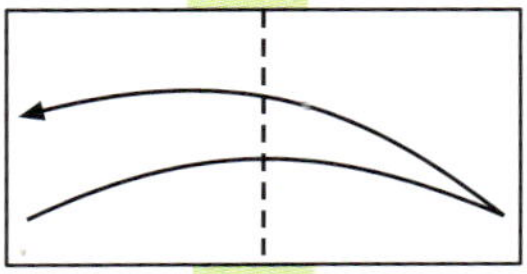

はんぶんにおりすじをつける

3

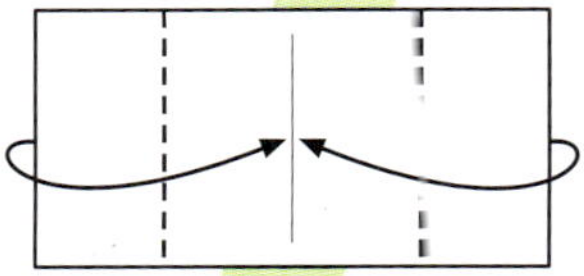

ふちをちゅうしんにあわせておる

4

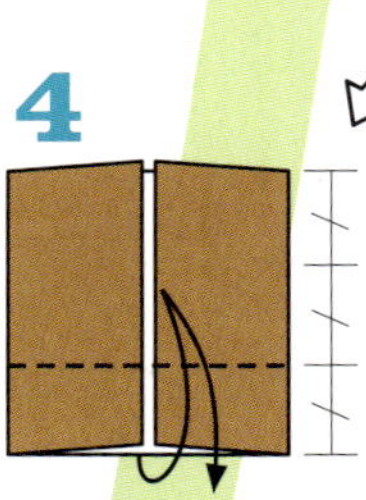

1/3 くらいのところで
おりすじをつける

5

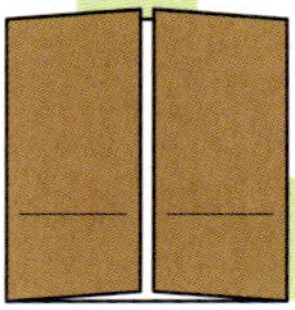

6

[**かお**]を
すきまにさしこむ

7

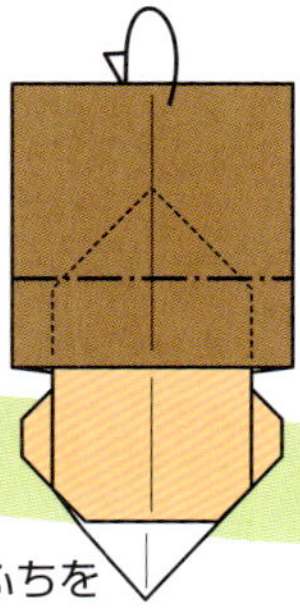

ふちを
うしろへおる

8

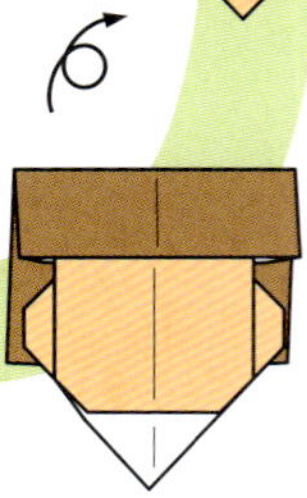

9

カドをすこしおる

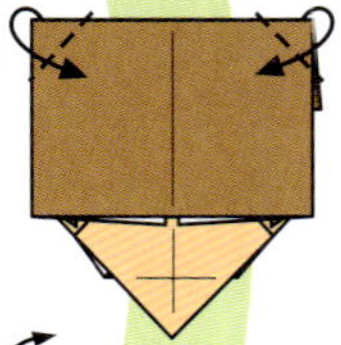

10

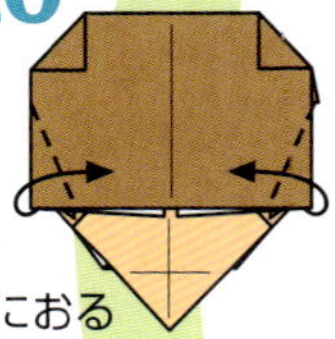

カドを
ななめにおる

11

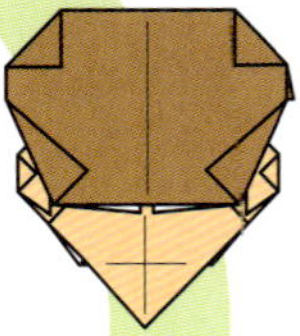

12

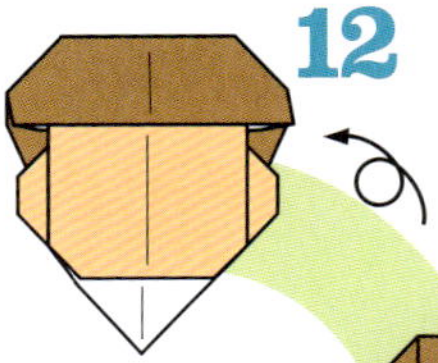

おとこのこ
できあがり!

てとくみたてかたは
87ページをみてね

おうちのかたへ

上手に作るヒント

パペットとして使うときには顔と髪を
のりづけするかセロハンテープでとめます。
女の子の場合も同じようにします。

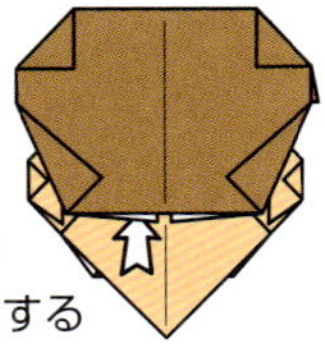

矢印の
すき間を
のりづけする

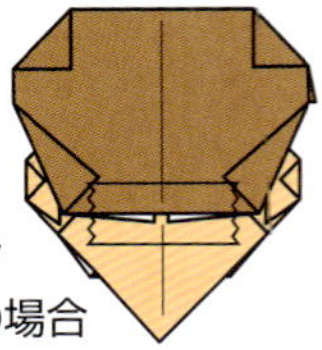

セロハン
テープの場合

おんなのこ

おとこのこと
おなじように
はんぶんにきった
かみをつかう

1

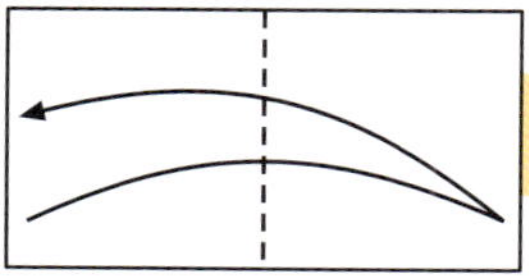

はんぶんにおりすじをつける

2

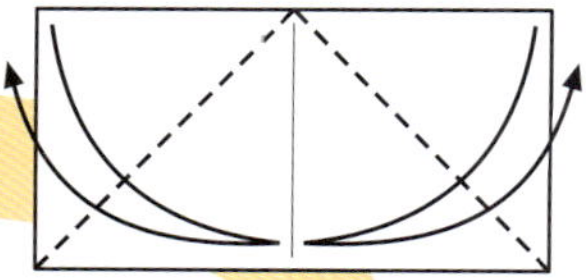

ふちをちゅうしんにあわせて
おりすじをつける

3

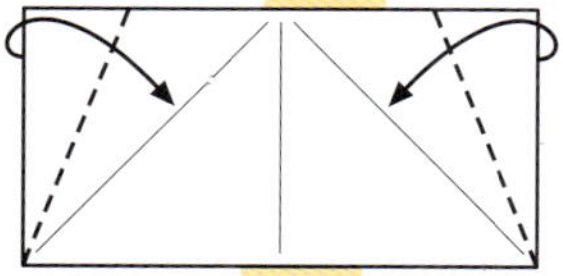

ふちをおりすじにあわせておる

4

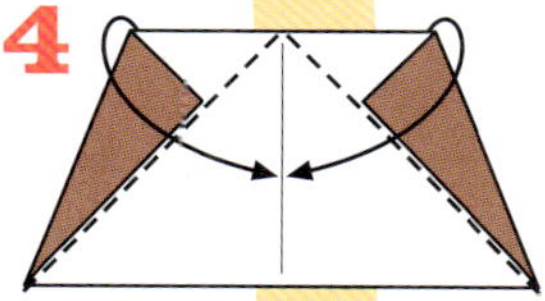

ついている
おりすじでおる

5

カドをちゅうしんに
あわせて
おりすじを
つける

6

ななめにおって
おりすじをを
つける

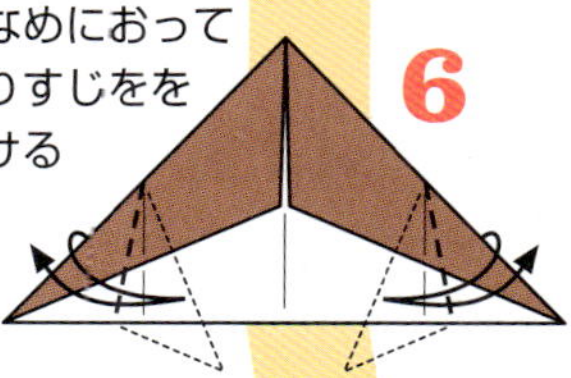

7

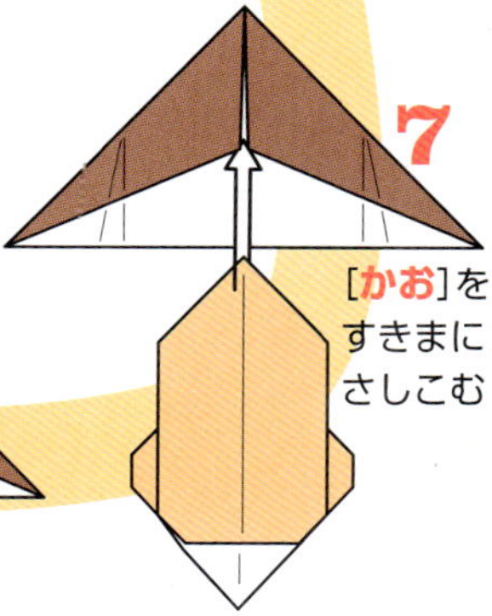

[**かお**]を
すきまに
さしこむ

8

カドをうしろへ
おる

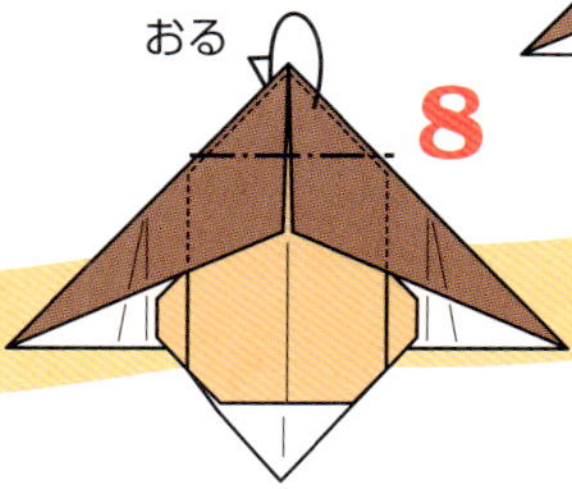

9

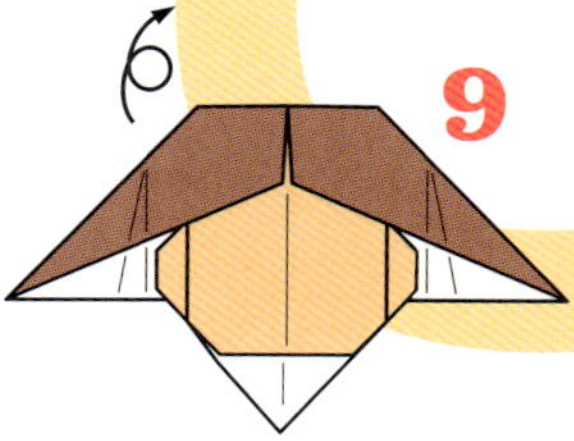

10

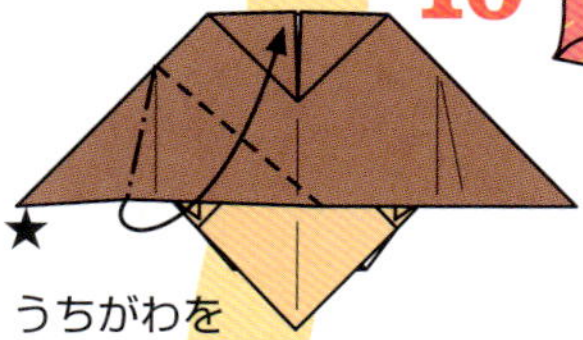

うちがわを
ひろげてつぶすようにおる

11

はんたいがわに
おる

12

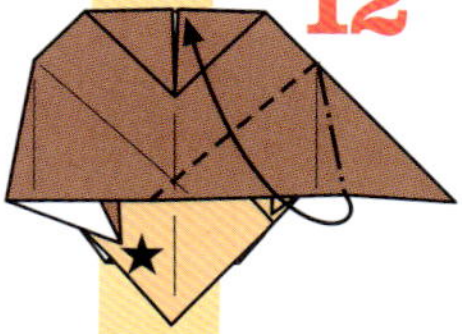

はんたいがわも
10～11 とおなじ

13

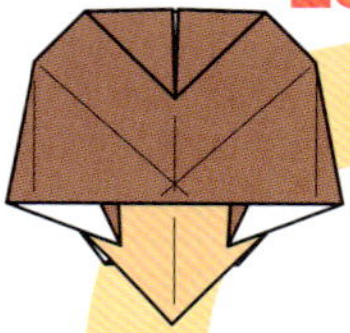

14

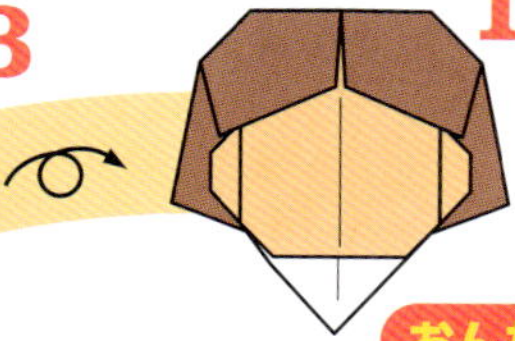

おんなのこ
できあがり！

パペットとしてつかうときには
おとこのことおなじように
うしろのぶぶんをのりかセロハン
テープでとめるといいよ

てとくみたてかたは
87ページをみてね

パペット
パンダ
Panda

かんたん **ふつう** チャレンジ

おりがみ **1** まい

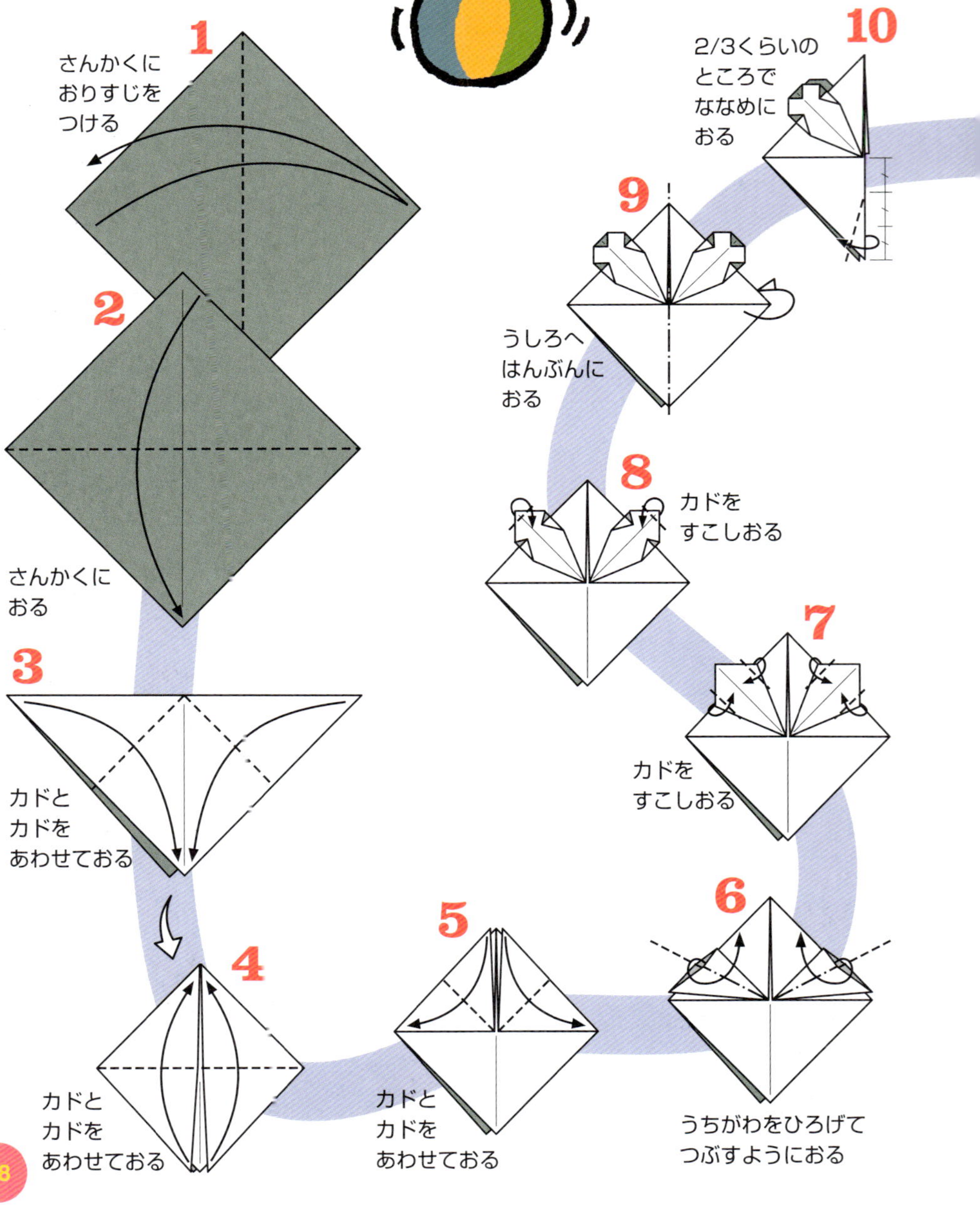

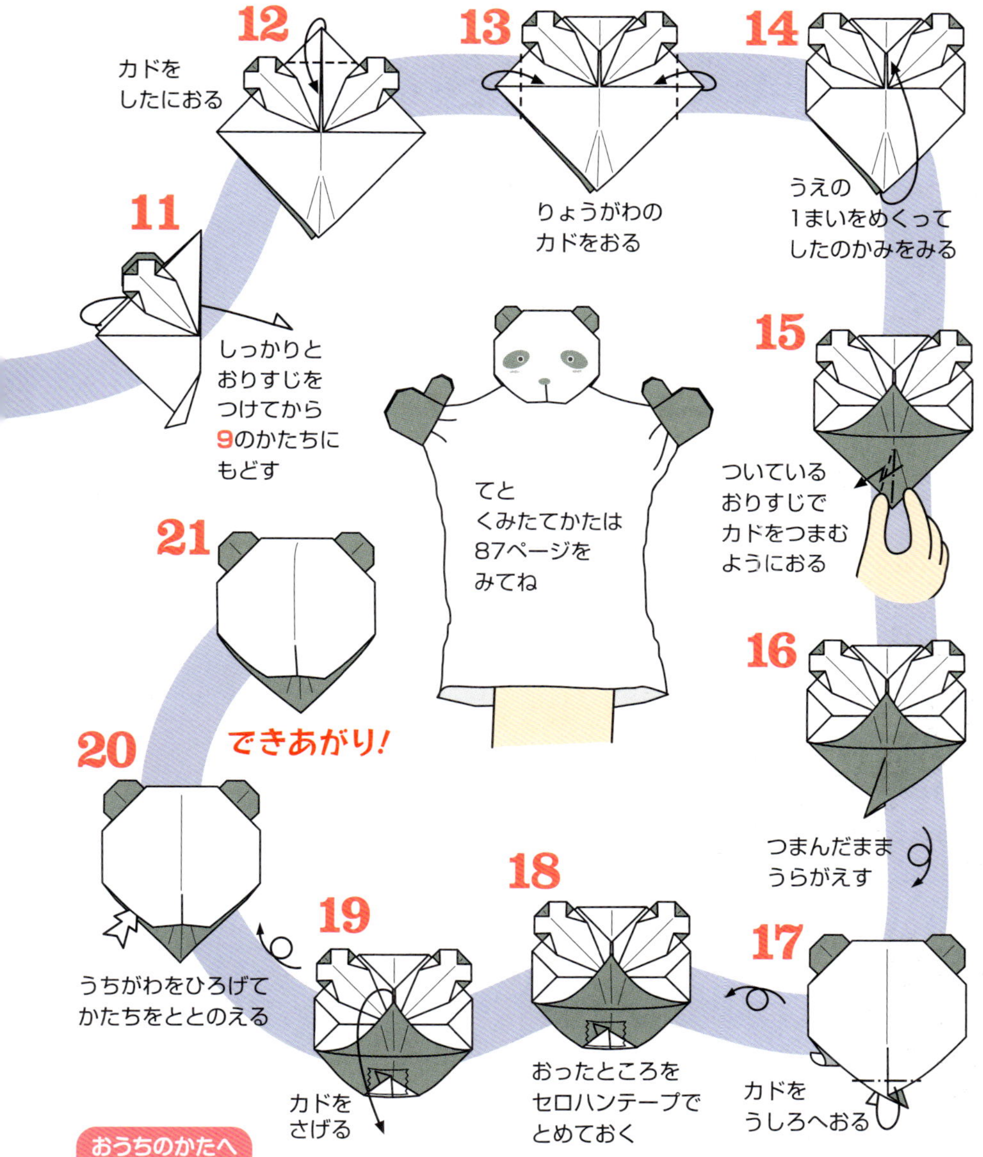

おうちのかたへ

上手に作るヒント

14の前に矢印の部分を
のりづけしておくと、
形が安定して後の作業が
楽になります。
また動かして遊ぶときにも、
のりかセロハンテープで
固定するとよいでしょう。

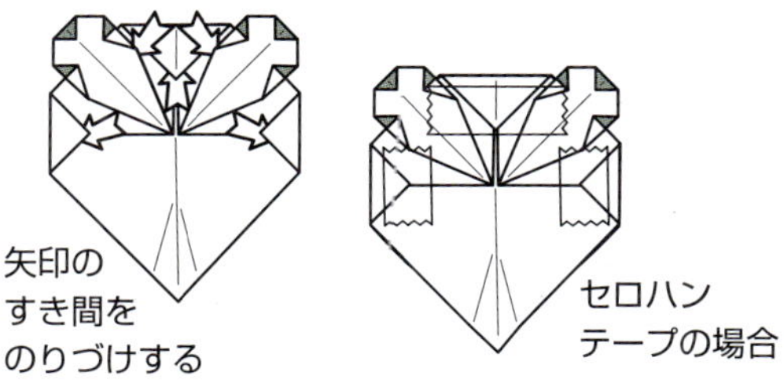

パペット
ぶた
Pig

かんたん　**ふつう**　チャレンジ

おりがみ **2** まい

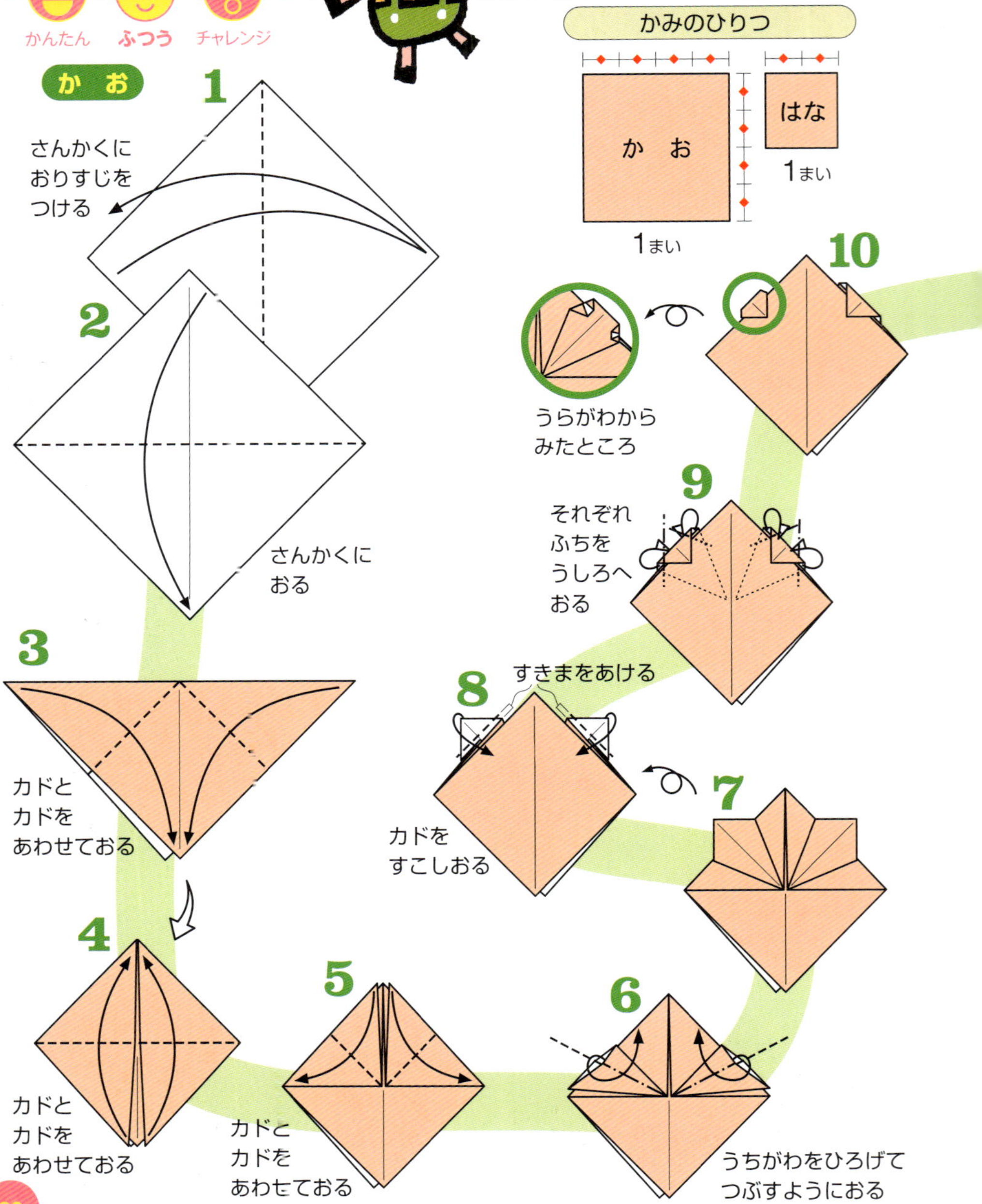

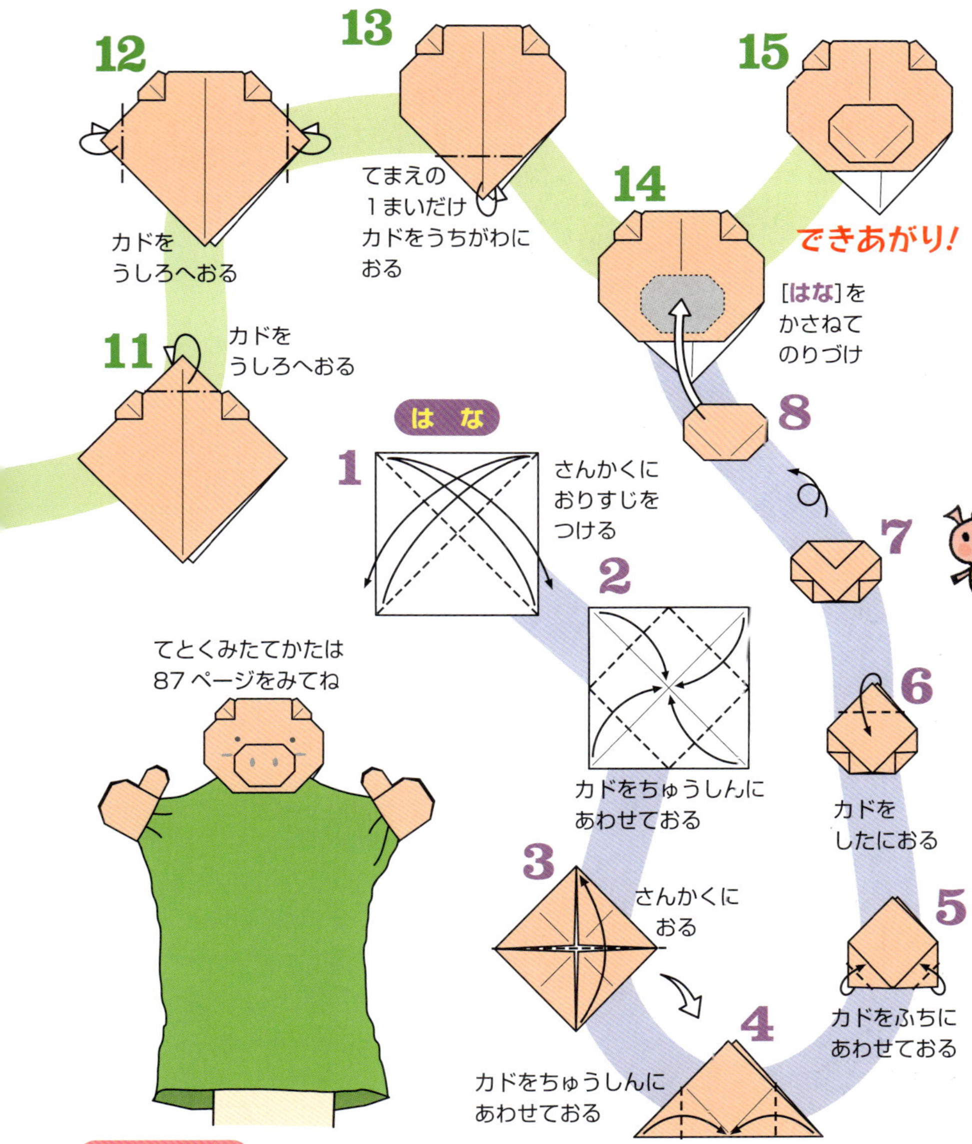

おうちのかたへ

上手に作るヒント

14の前に裏返して矢印の部分をのりづけしておくと、形が安定して後の作業が楽になります。
また動かして遊ぶときにも、のりかセロハンテープで固定するとよいでしょう。

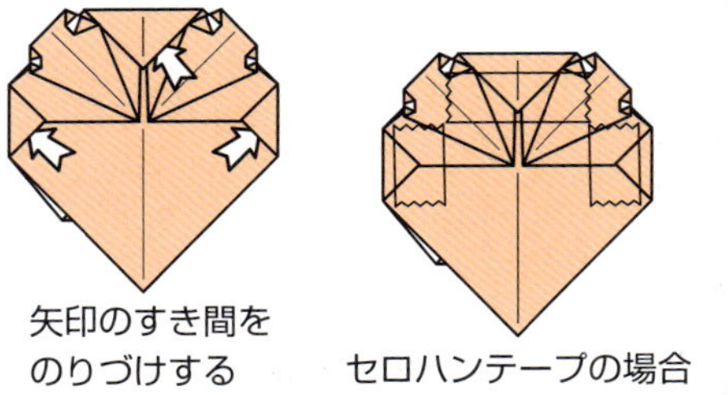

パペット

ねこ

Cat

かんたん　ふつう　チャレンジ

おりがみ 1 まい

1

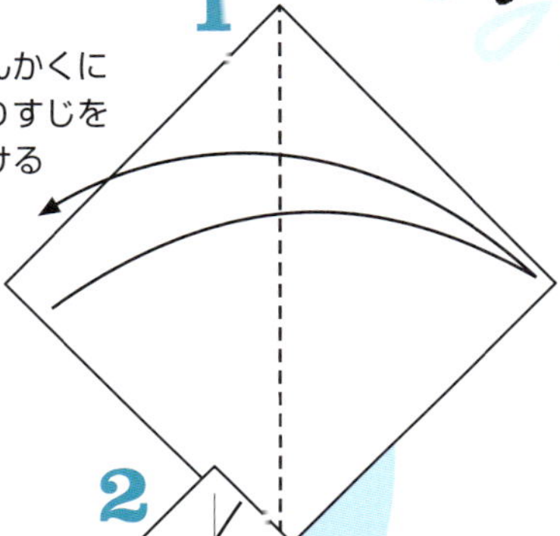

さんかくに
おりすじを
つける

2

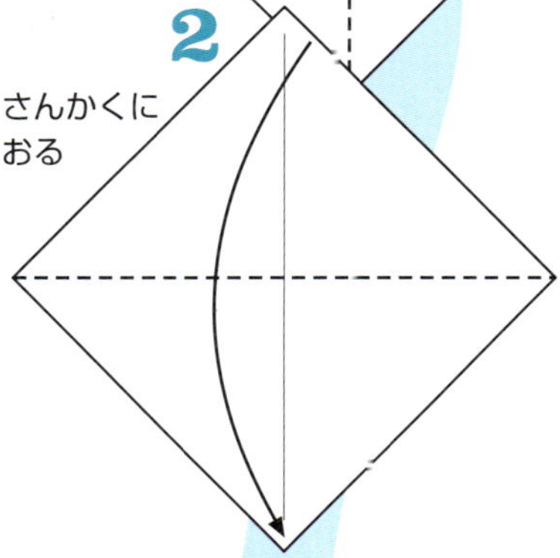

さんかくに
おる

3

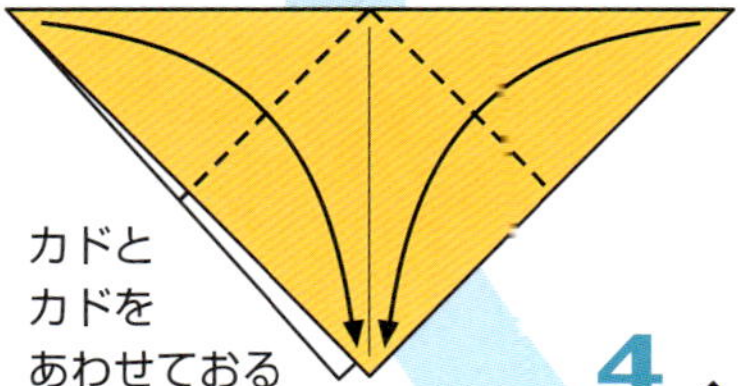

カドと
カドを
あわせておる

4

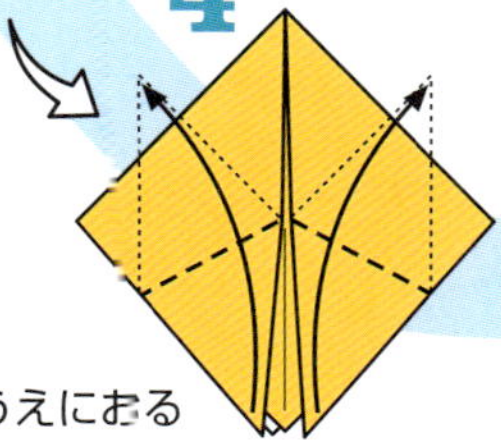

カドを
ななめうえにおる

5

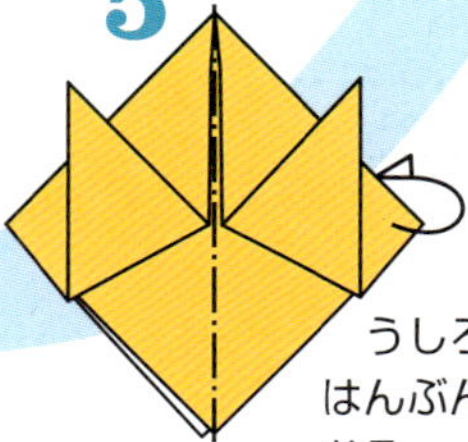

うしろへ
はんぶんに
おる

6

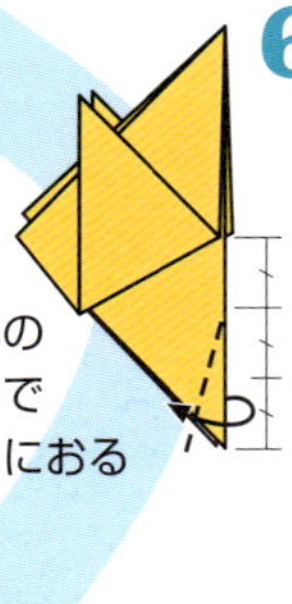

2/3
くらいの
ところで
ななめにおる

7

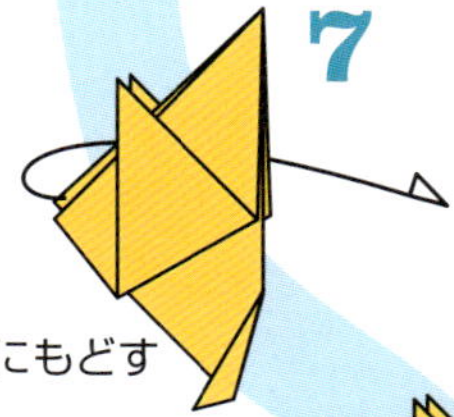

しっかりと
おりすじを
つけてから
5のかたちにもどす

8

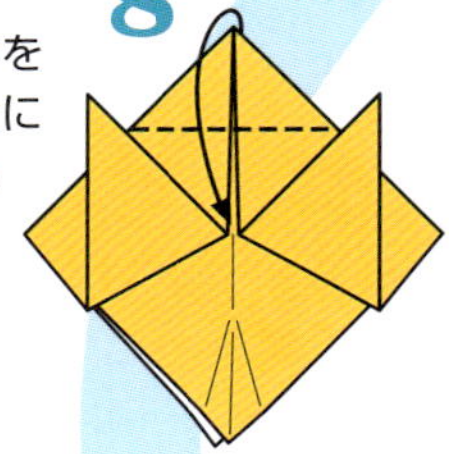

カドを
したに
おる

9

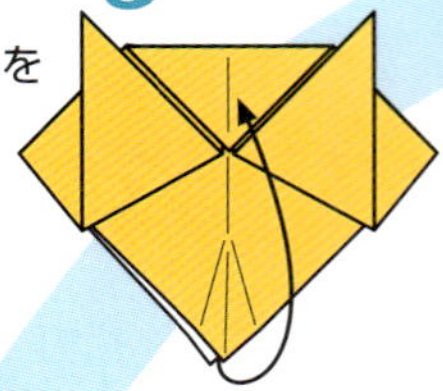

うえの１まいを
めくって
したのかみを
みる

10

ついている
おりすじで
カドをつまむ
ようにおる

11

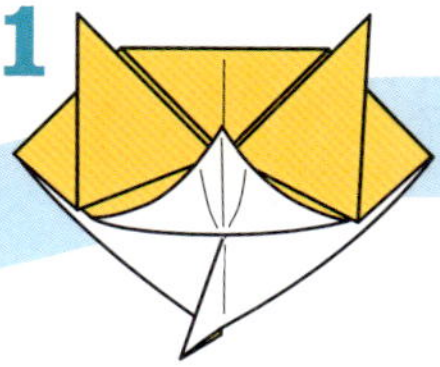

つまんだまま
うらがえす

12

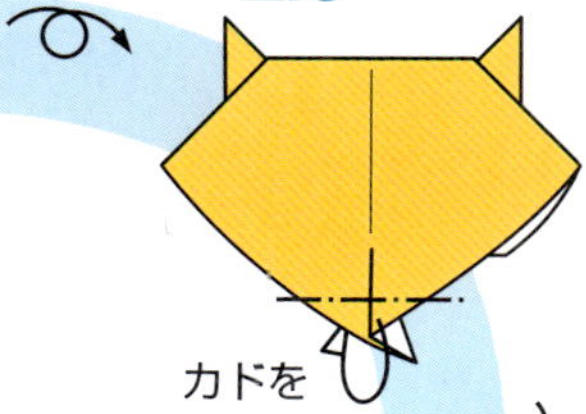

カドを
うしろへおる

13

おったところを
セロハンテープで
とめておく

14

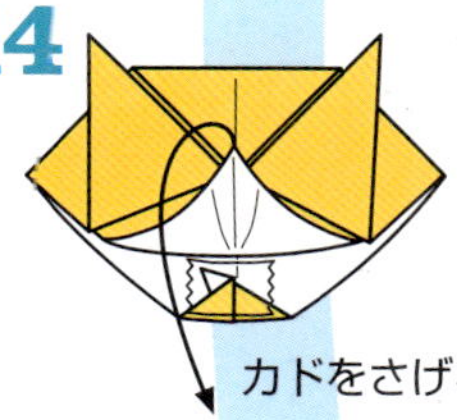

カドをさげる

15

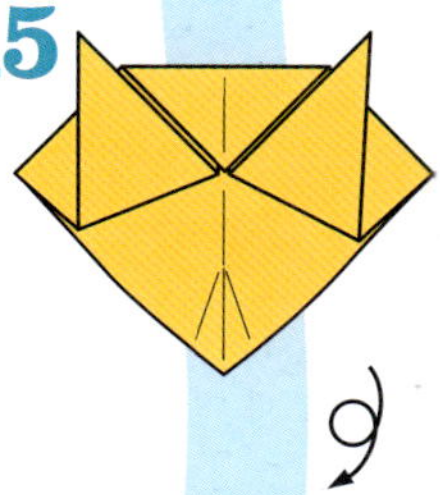

16

うちがわをひろげて
かたちをととのえる

17

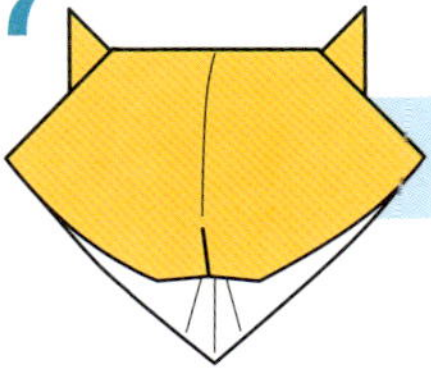

できあがり！

おうちのかたへ

上手に作るヒント

9の前に下記の部分をのりづけすると
10からの立体作業が楽になります。
また動かして遊ぶときにも、のりか
セロハンテープで固定するとよいでしょう。

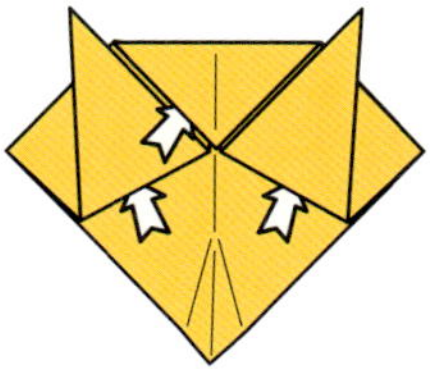

矢印のすき間を
のりづけする

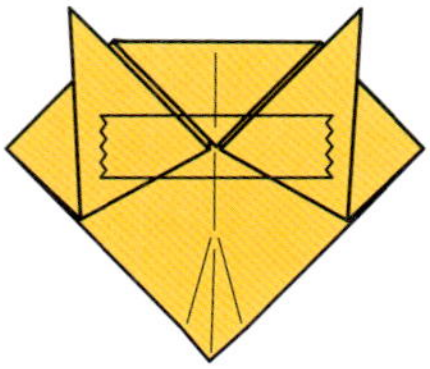

セロハンテープの場合

パペット

いぬ

Dog

かんたん　ふつう　チャレンジ

おりがみ 1 まい

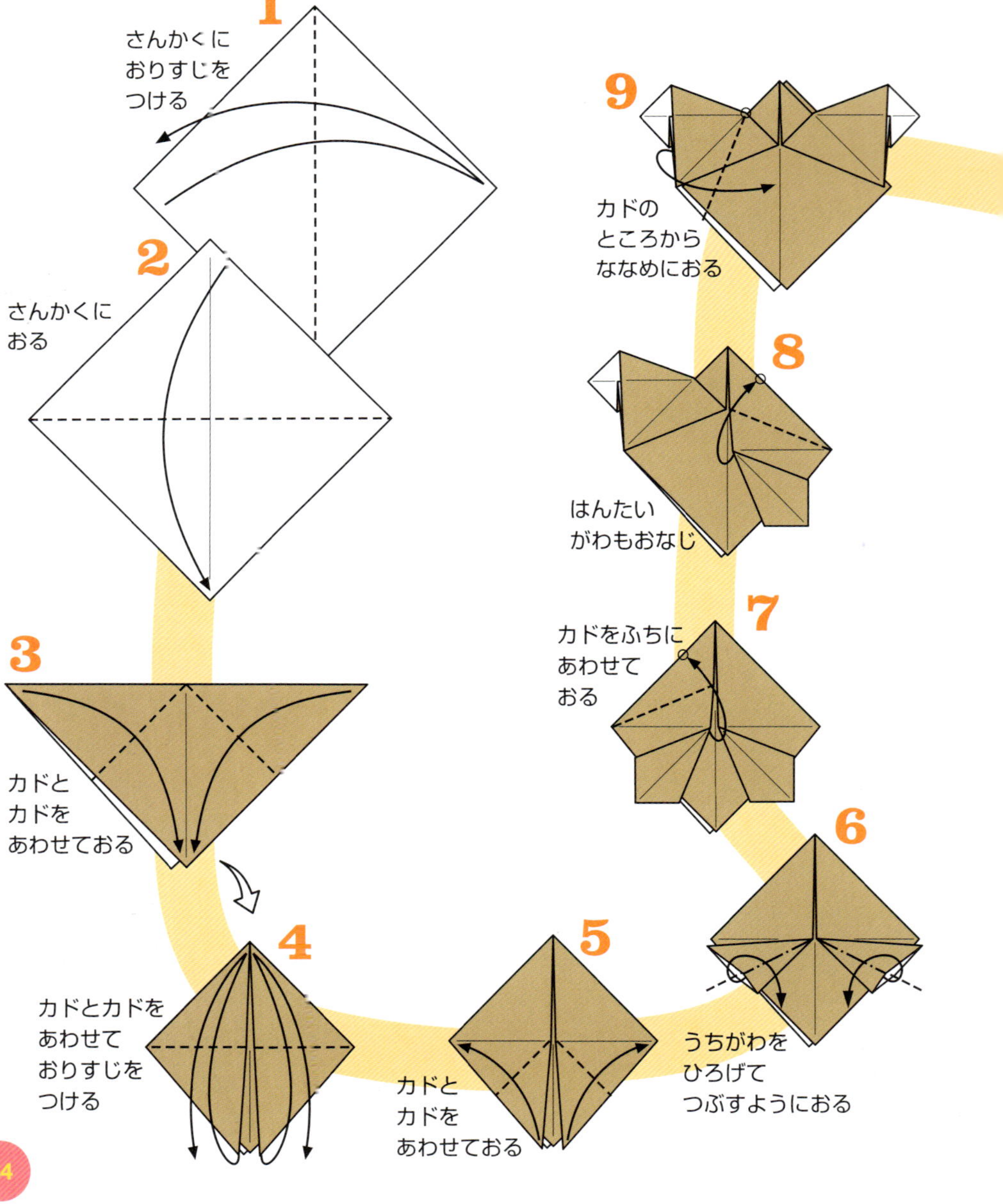

1 さんかくにおりすじをつける

2 さんかくにおる

3 カドとカドをあわせておる

4 カドとカドをあわせておりすじをつける

5 カドとカドをあわせておる

6 うちがわをひろげてつぶすようにおる

7 カドをふちにあわせておる

8 はんたいがわもおなじ

9 カドのところからななめにおる

10

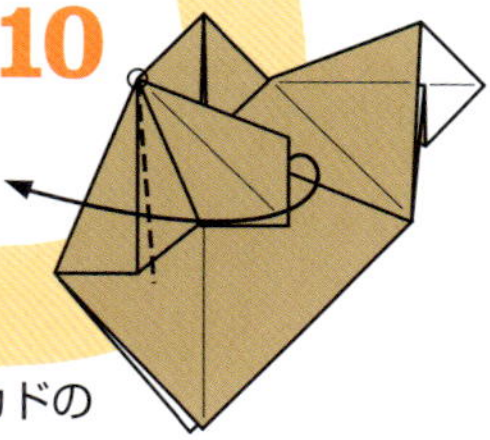

カドの
ところから
ななめにおる

11

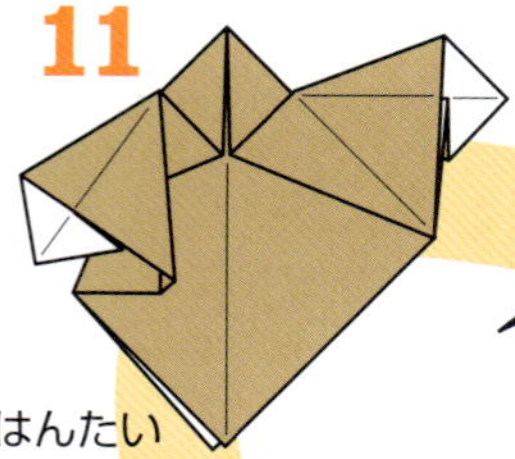

はんたい
がわも9～10と
おなじようにおる

12

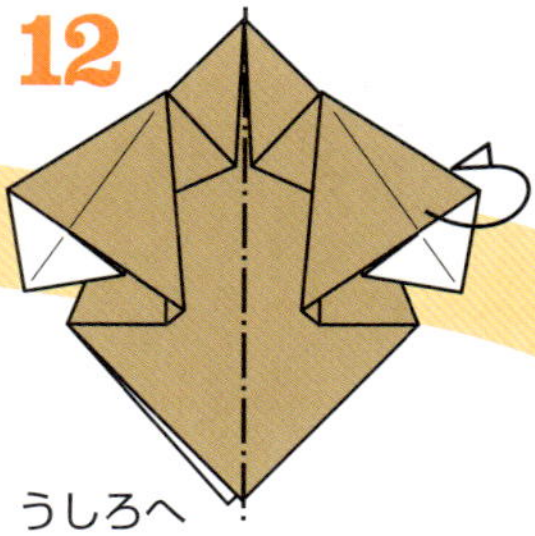

うしろへ
はんぶんにおる

13

カドを
ななめに
おる

14

しっかり
おりすじを
つけてから12の
かたちにもどす

いぬ

15

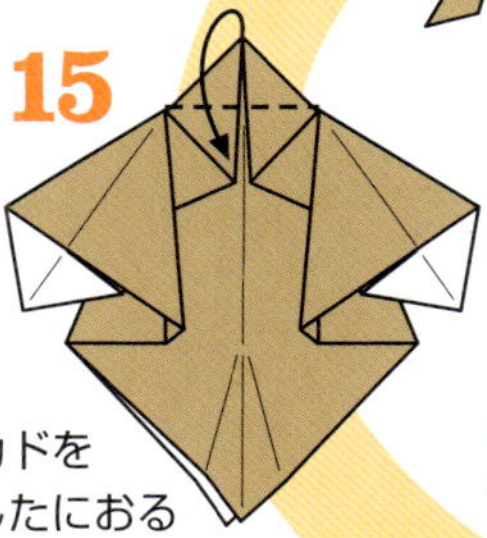

カドを
したにおる

16

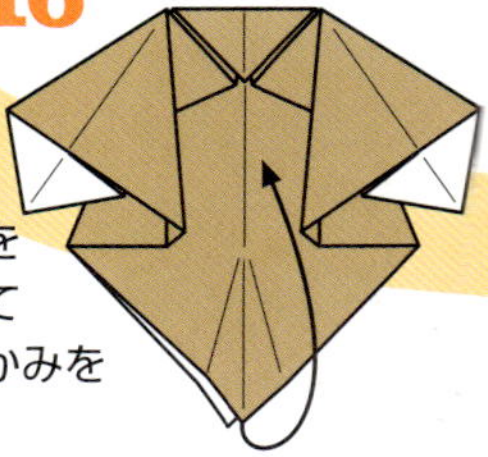

うえの
１まいを
めくって
したのかみを
みる

おうちのかたへ

上手に作るヒント

16の前に矢印部分を
のりづけしておくと、17からの
立体作業が楽になります。
また動かして遊ぶときにも、
のりかセロハンテープで固定すると
よいでしょう。

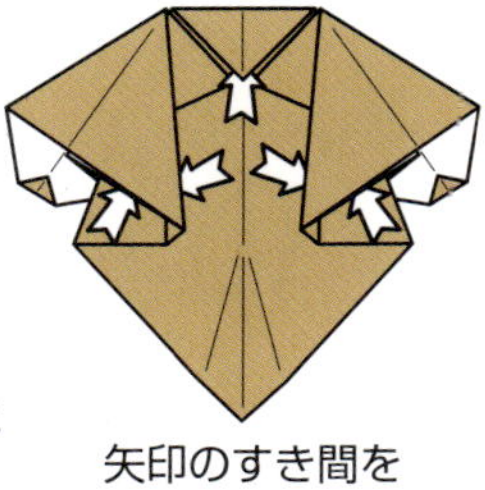

矢印のすき間を
のりづけする

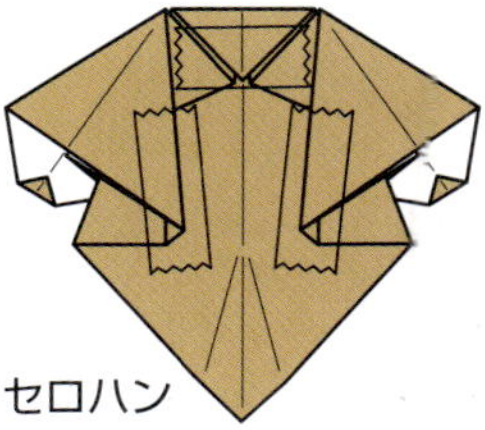

セロハン
テープの場合

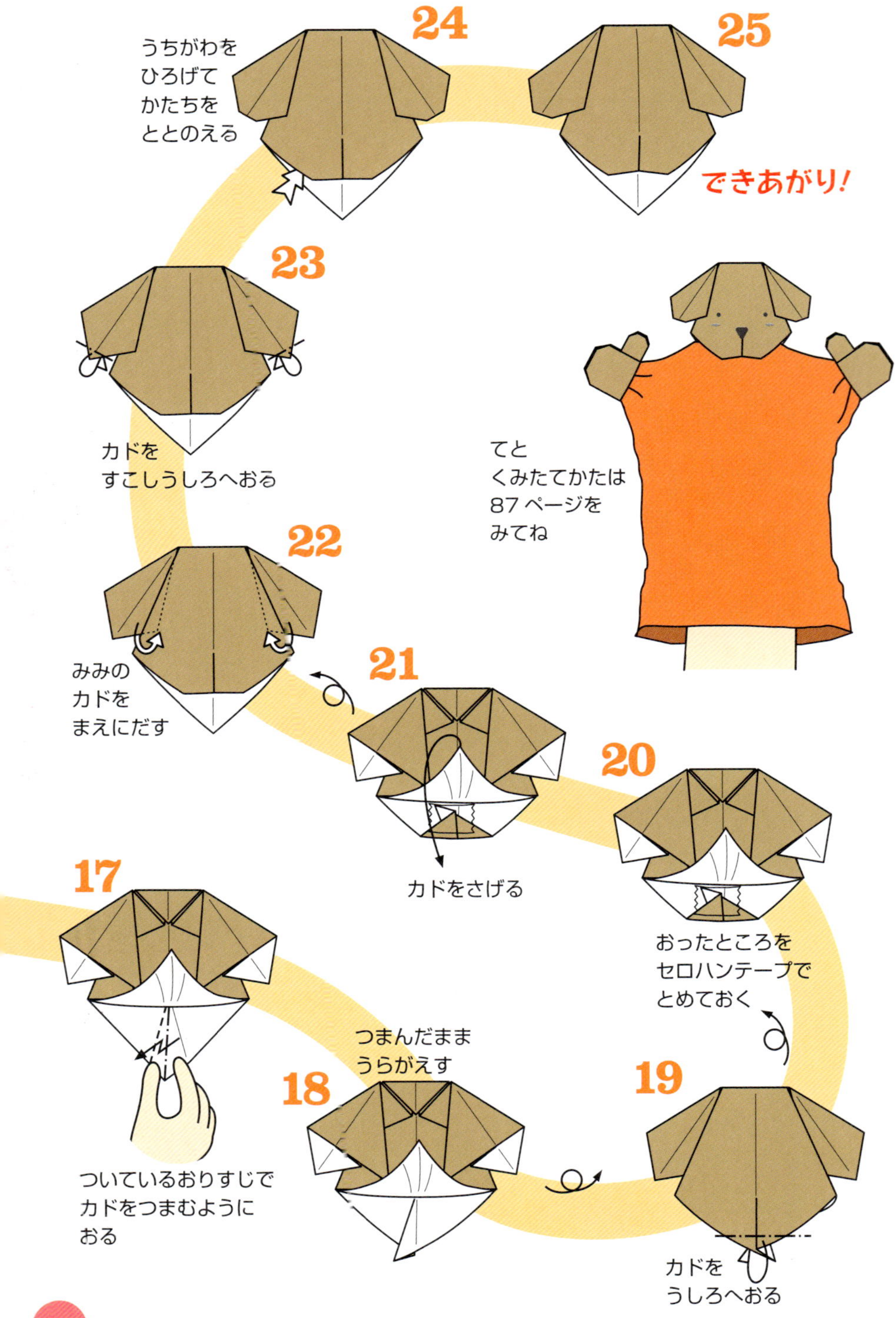
17
ついているおりすじで
カドをつまむように
おる
18
つまんだまま
うらがえす
19
カドを
うしろへおる
20
おったところを
セロハンテープで
とめておく
21
カドをさげる
22
みみの
カドを
まえにだす
23
カドを
すこしうしろへおる
24
うちがわを
ひろげて
かたちを
ととのえる
25
できあがり!
てと
くみたてかたは
87 ページを
みてね

パペット

てとくみたてかた

Hand & How To Make Puppet

おりがみ **2** まい

かんたん　**ふつう**　チャレンジ

て

1

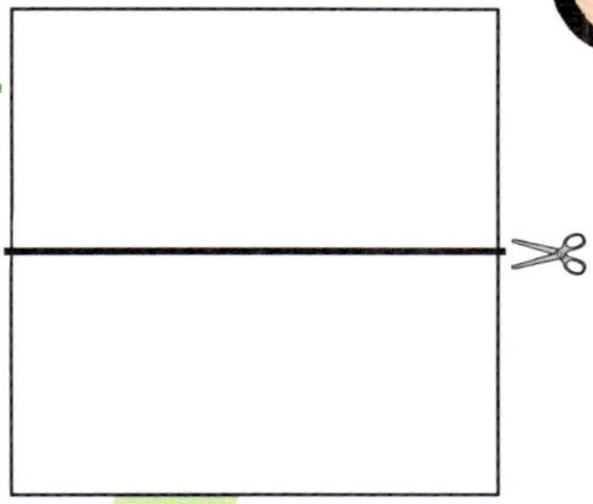

はんぶんにきったかみをつかう

2

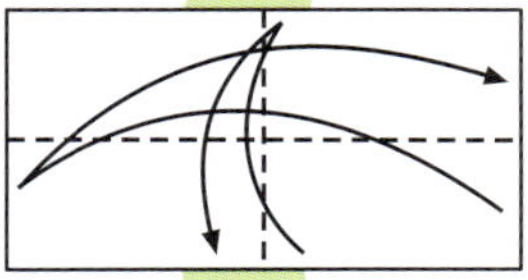

はんぶんにおりすじをつける

3

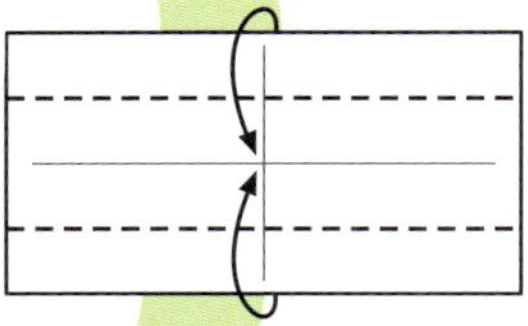

ふちをちゅうしんに
あわあせておる

4

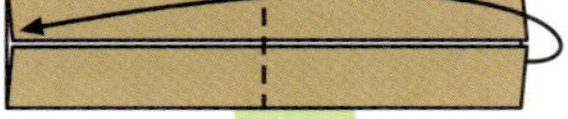

はんぶんにおる

5

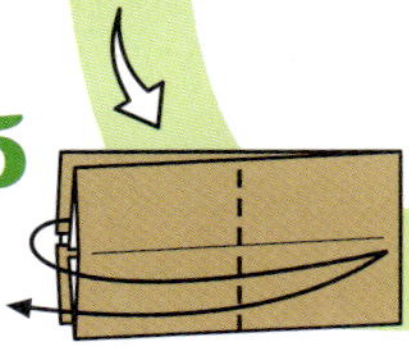

ふちとふちをあわせて
おりすじをつける

6

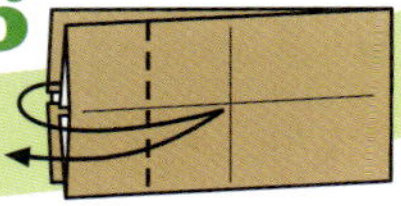

ふちをおりすじにあわせて
おりすじをつける

7

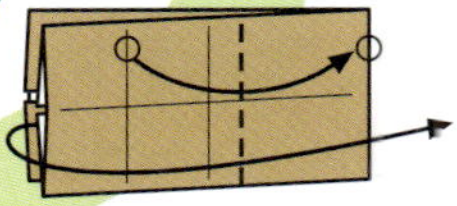

つけたおりすじを
ふちにあわせておる

8

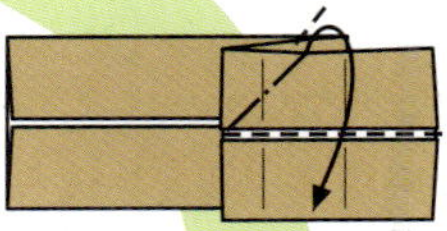

うちがわをひろげて
つぶすようにおる

9

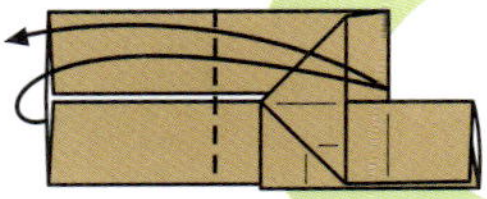

ふちとふちをあわせて
おりすじをつける

10

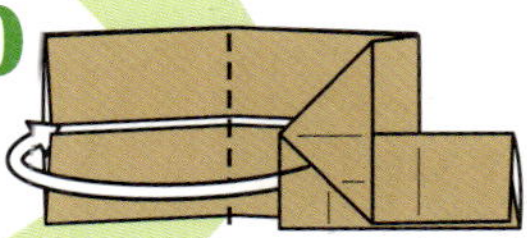

ふちをすきまにさしこむ

11

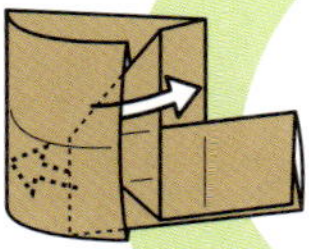

とちゅうのず

12

カドをすこし
うちがわにおる

14

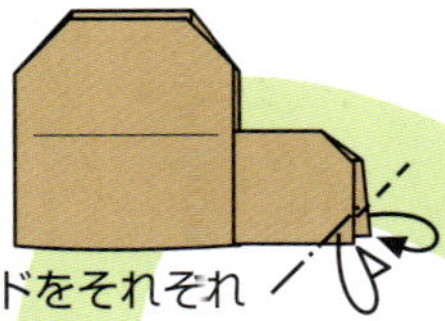

カドをそれぞれ
うちがわにおりこむ

13

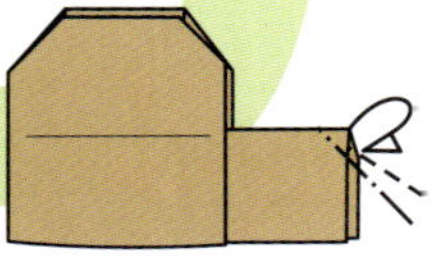

カドをすこし
うちがわにおる

15

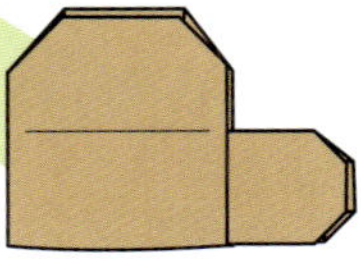

て

できあがり!

おなじものを
2つつくる

おうちのかたへ

上手に作るヒント

図の部分を開かないように
かるくのりづけする。

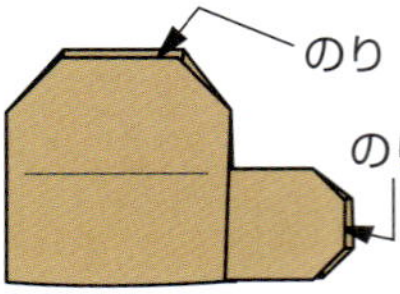

のりづけの位置

くみたてかた

おうちのかたへ 小さいレジ袋(スーパーのビニール袋)を体に使った作り方です。
袋はやわらかく透けないものがよいでしょう。

ゆびのひらく
おおきさをはかり
おなじくらいの
はばのふくろを
えらぶ

1

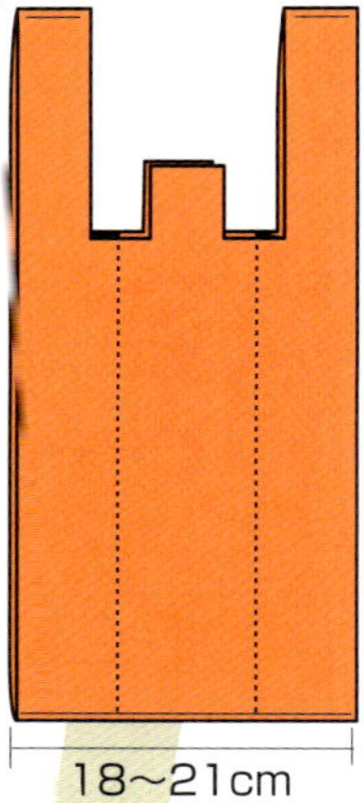

5

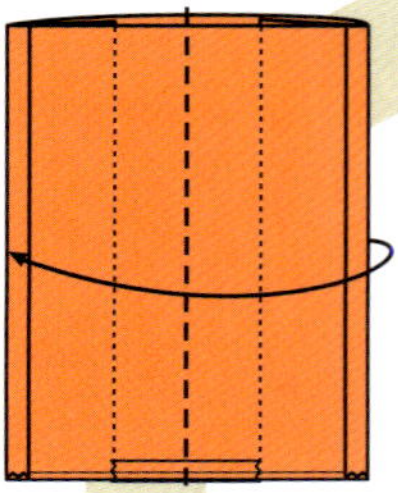

はんぶんにおる

4

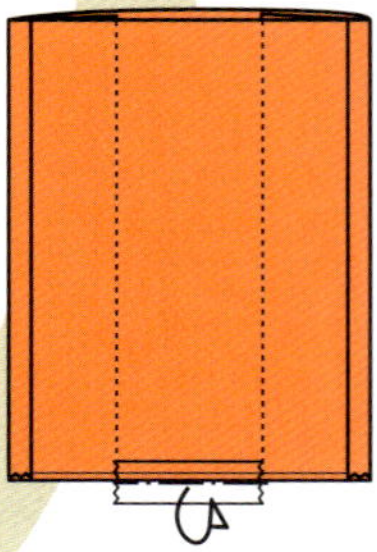

ちゅうしんの
ぶぶんに
セロハン
テープをはる

3

とっての
ぶぶんを
きりおとす

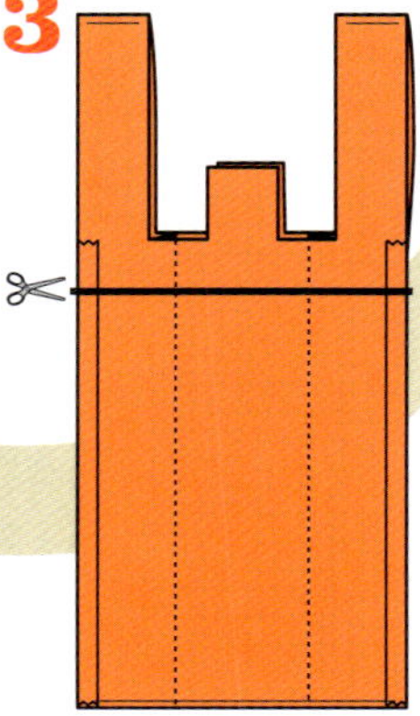

2

りょうがわの
マチが
ひらかないように
セロハンテープで
とめる

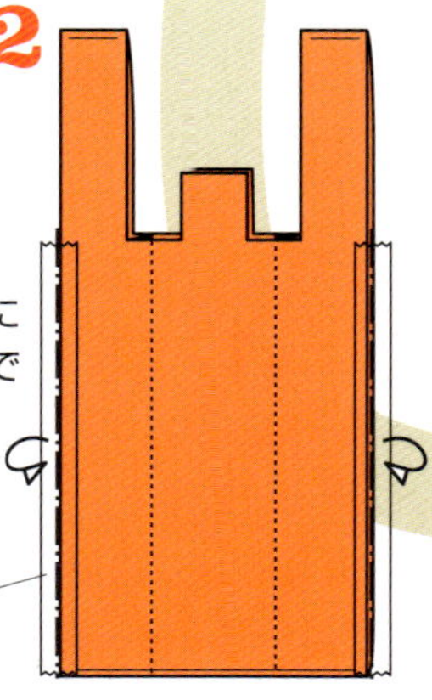

6

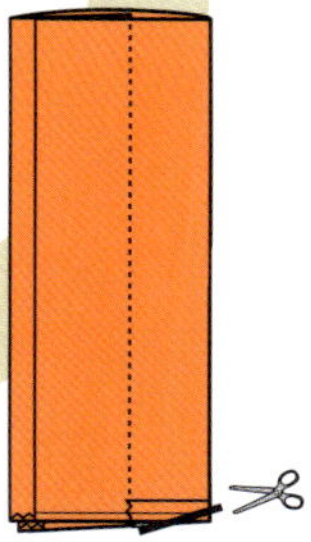

カドをあさく
さんかくに
きりおとす

7

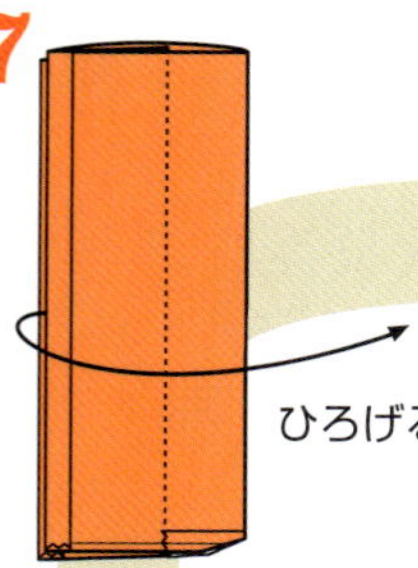

8

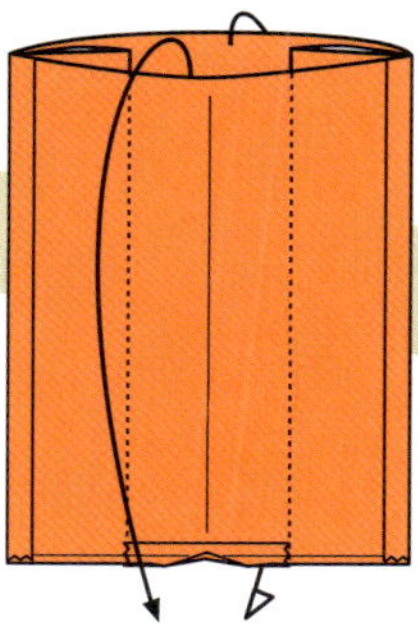

うらがえす

9

りょうめんテープを
カドにはる

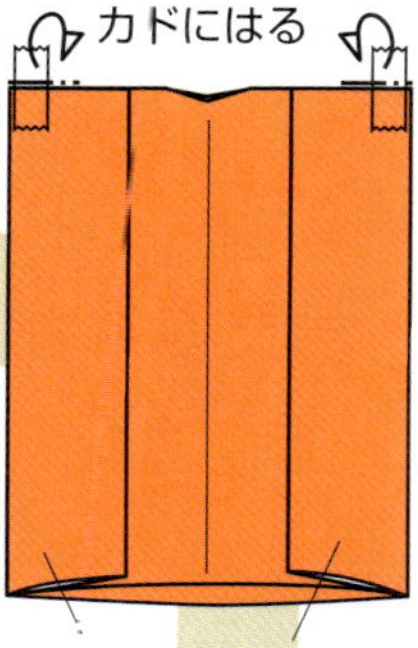

マチのぶぶんが
おなじめんにでる
ようにする

10

りょうがわのカドに
[て]をこていする

11

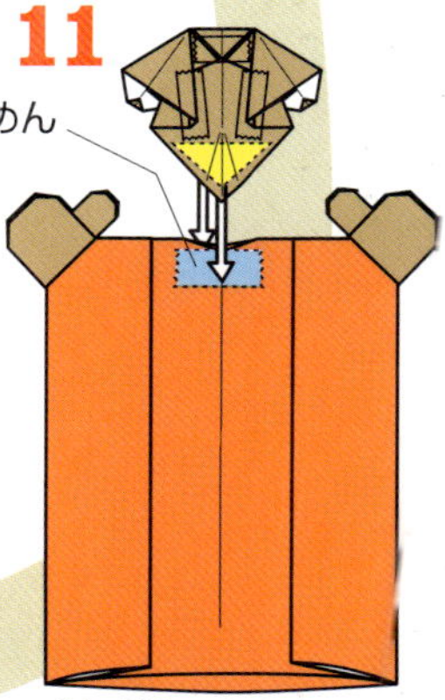

[かお]のすきまで
うえのあなをはさむ
ようにして　　の
ぶぶんのうちがわに
りょうめんテープを
はってこていする

12

セロハンテープで
ほきょうしておくとよい

13

14

できあがり!

へんしん

●からだをかえてみよう

マチがあるばあいは
りょうめんテープで
とめる

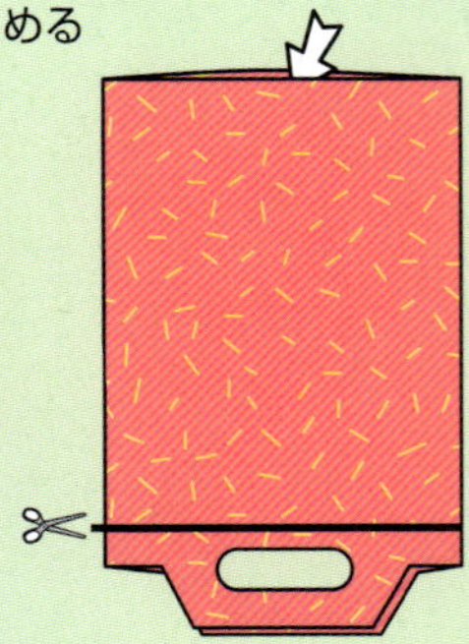

もようつきのふくろは、
そのままおもてを
つかってもいいよ
マチがあるばあいは
りょうめんテープで
ひらかないようにしてね

マチのぶぶんを
てまえにすると
うわぎをきている
ようなすがたになるよ

★★★きせつのぎょうじのおりがみだよ。おって、かざって、たのしもう！

PART

3

きせつ

おしょうがつ

ぽちぶくろ

Handsel Envelope

かんたん　**ふつう**　チャレンジ

おりがみ **1** まい

1

さんかくに
おりすじを
つける

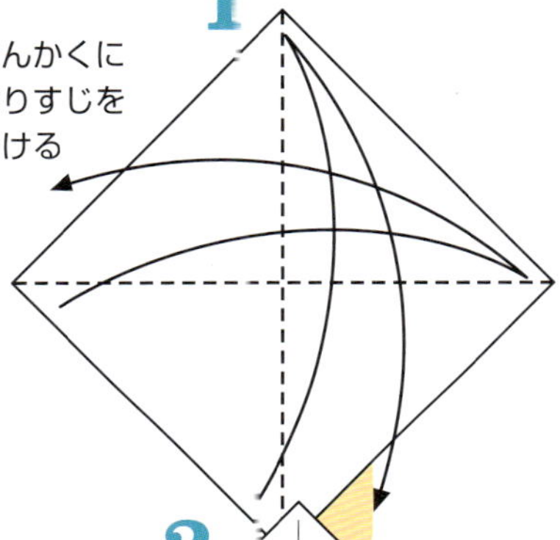

2

カドを
ちゅうしんに
あわせて
おる

おった
おさつは
ここにいれる

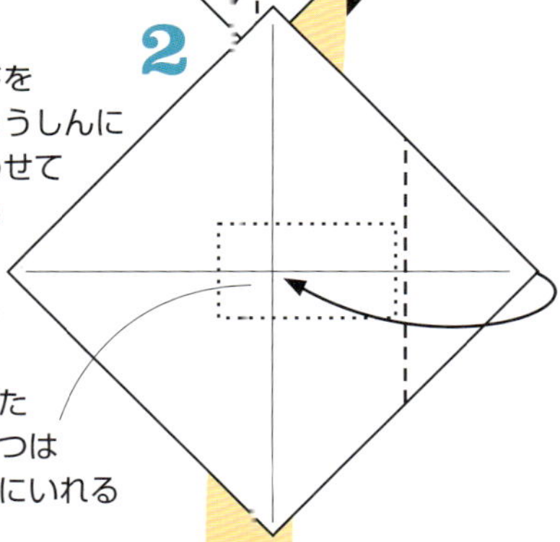

3

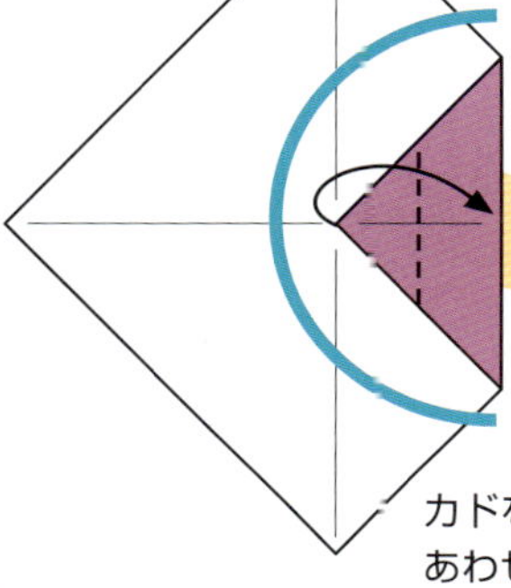

カドをふちに
あわせておる

4

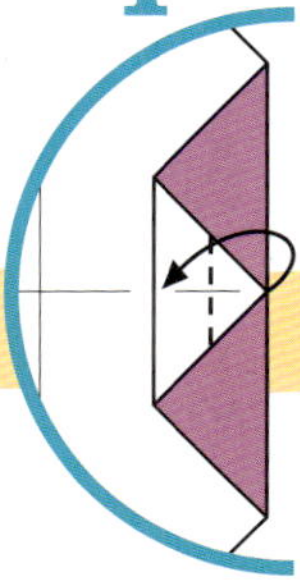

カドをふちに
あわせておる

5

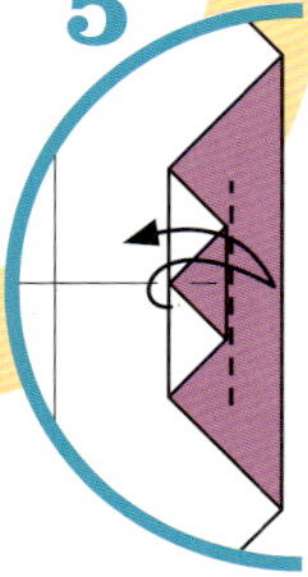

ふちとふちをあわせて
かるくしるしをつける

6

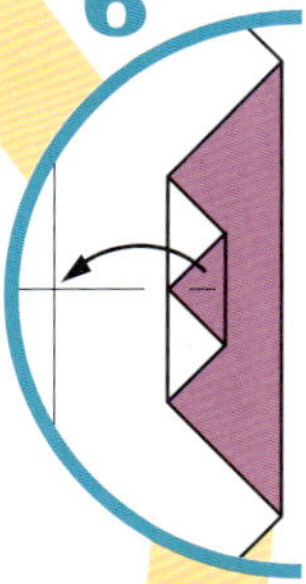

もどす

7

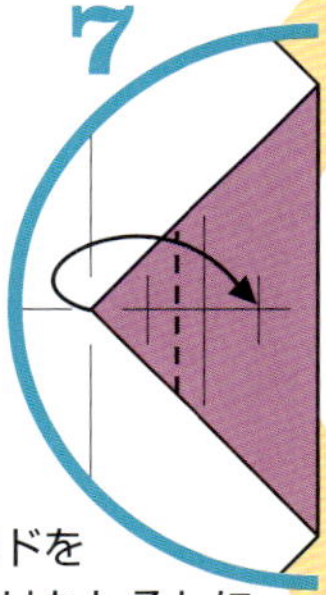

カドを
つけたしるしに
あわせておる

8

ついている
おりすじで
おる

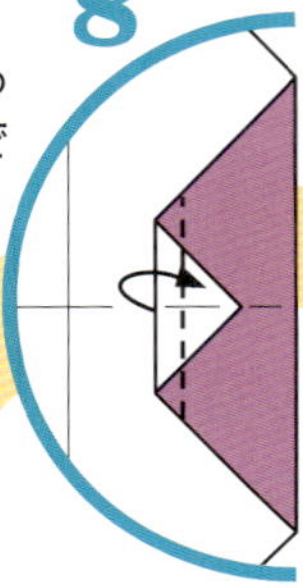

9
10
カドを
ふちに
あわせて
おる
11
ふちとふちを
あわせておる
12
カドを
したのふちの
ところでおる
ありがとう!!
ハイ
お年玉
13
したの
ふちの
ところで
おる
18
できあがり!
17
15
16
14
カドを
すきまに
おりこむ
ふちを
うしろへおる

おしょうがつ

おりはづる

Folded Wing Crane

かんたん　ふつう　**チャレンジ**

おりがみ **1** まい

〈伝承作品 *Traditional*〉

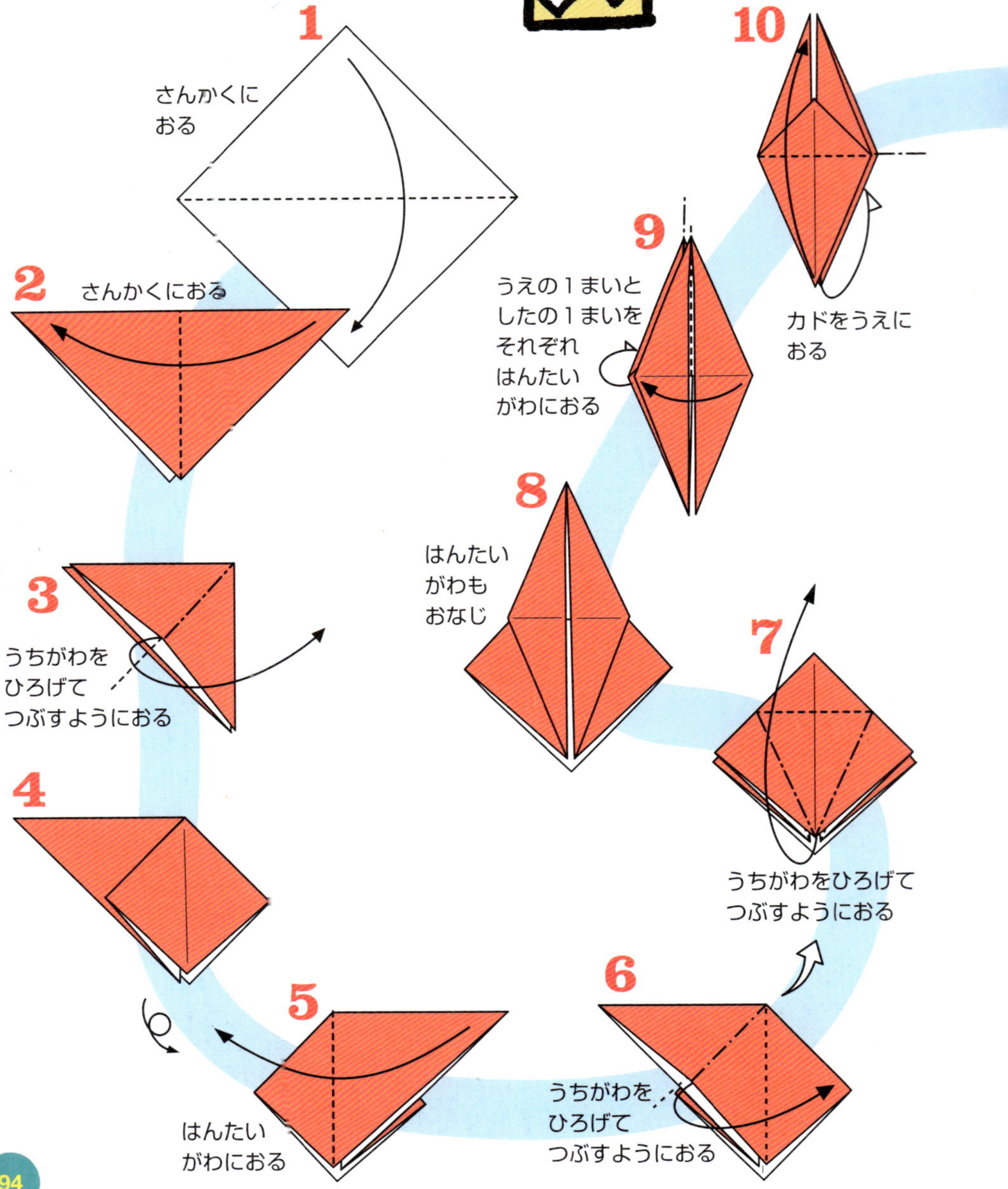

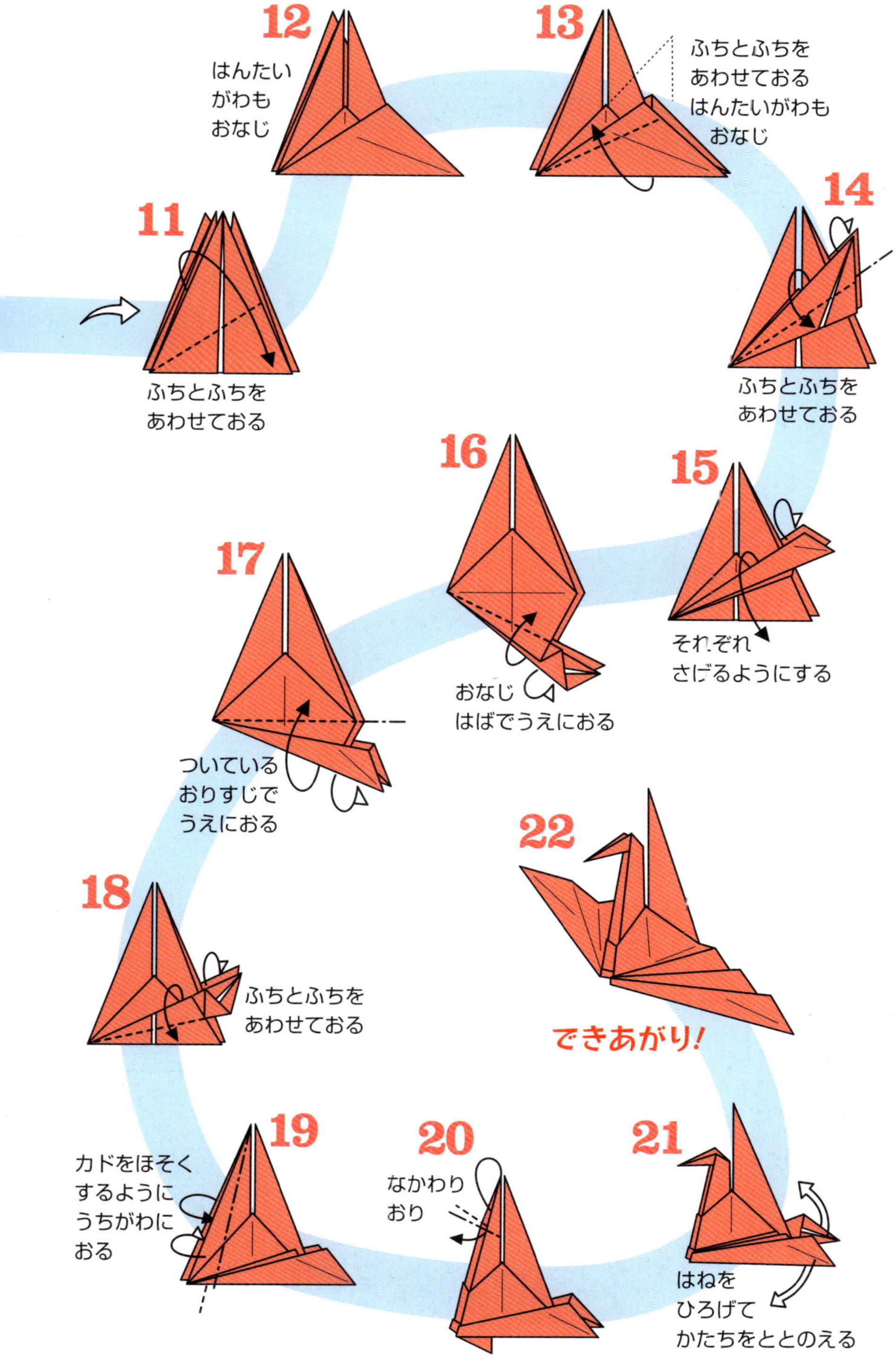
11
ふちとふちを
あわせておる
12
はんたい
がわも
おなじ
13
ふちとふちを
あわせておる
はんたいがわも
おなじ
14
ふちとふちを
あわせておる
15
それぞれ
さげるようにする
16
おなじ
はばでうえにおる
17
ついている
おりすじで
うえにおる
18
ふちとふちを
あわせておる
19
カドをほそく
するように
うちがわに
おる
20
なかわり
おり
21
はねを
ひろげて
かたちをととのえる
22
できあがり!

バレンタインデー

ハートのてがみおり

Heart Letter Paper Folding

おりがみ **1** まい

かんたん　**ふつう**　チャレンジ

1

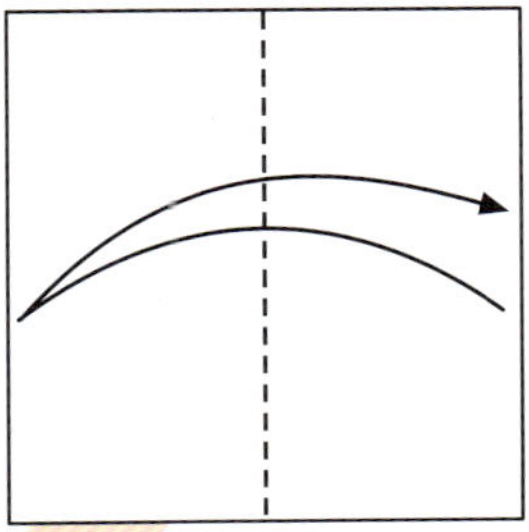

はんぶんに
おりすじを
つける

2

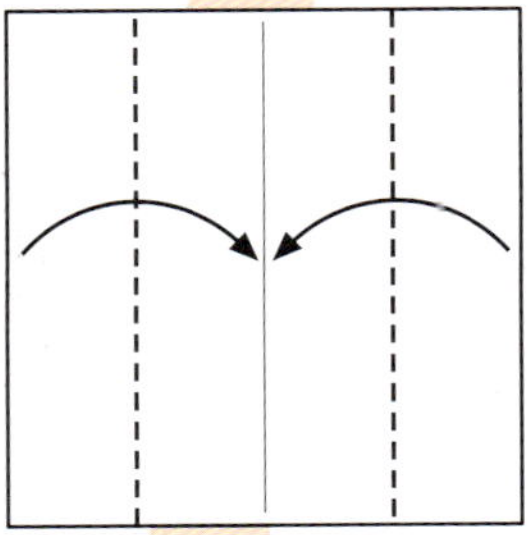

ふちをちゅうしんに
あわせておる

3

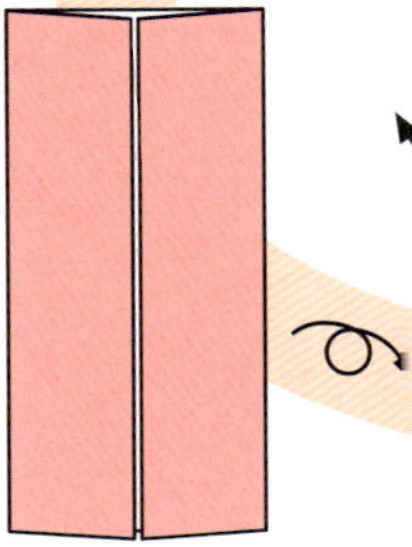

4

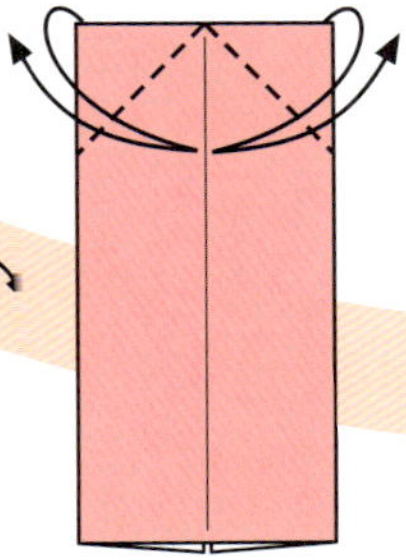

カドをちゅうしんに
あわせておりすじを
つける

5

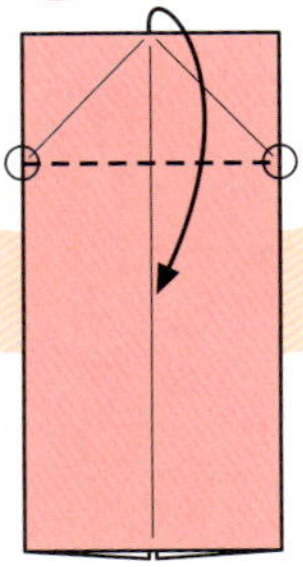

○をむすぶせんでおる

6

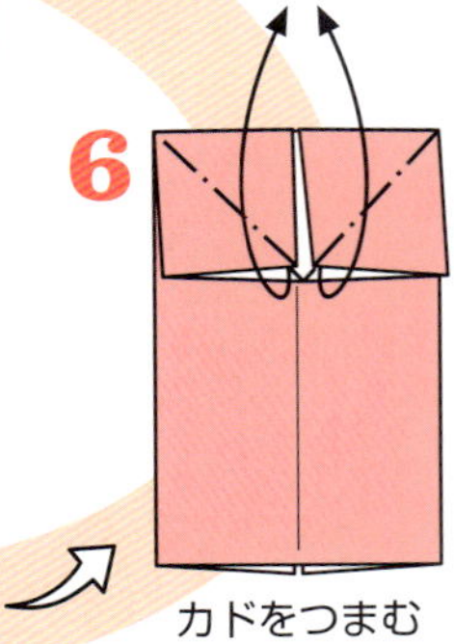

カドをつまむ
ようにおる

7

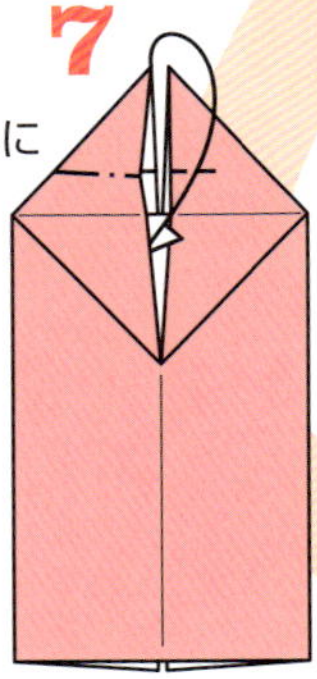

カドを
うちがわに
おる

8

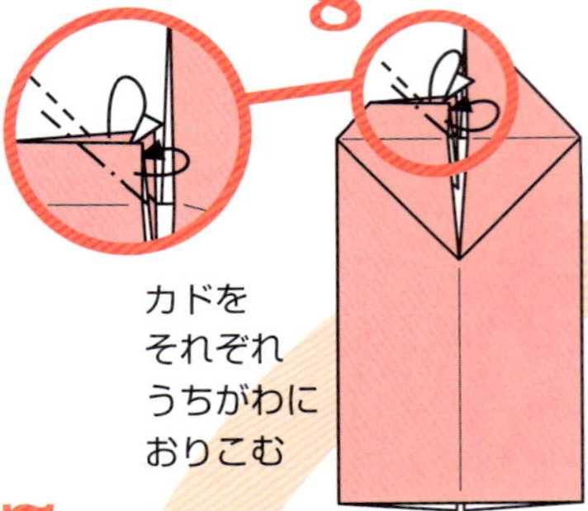

カドを
それぞれ
うちがわに
おりこむ

9
はんたいがわも
7〜8 とおなじ
10
ふちを
おりすじに
あわせて
おる
11
うちがわをひろげて
つぶすようにおる
12
はんたい
がわにおる
13
はんたいがわも
11〜12 とおなじ
14
カドとカドを
むすぶせんでおる
15
ふちとふちを
あわせておる
16
ふちを
うしろのすきまに
おりこんでとめる
17
18
なかにメッセージを
かいてね。ふうとうに
はったり、プレゼントに
つけてもいいよ
できあがり!

ひなまつり

おひなさま

Hina Dolls

おりがみ 4 まい

かんたん　ふつう　チャレンジ

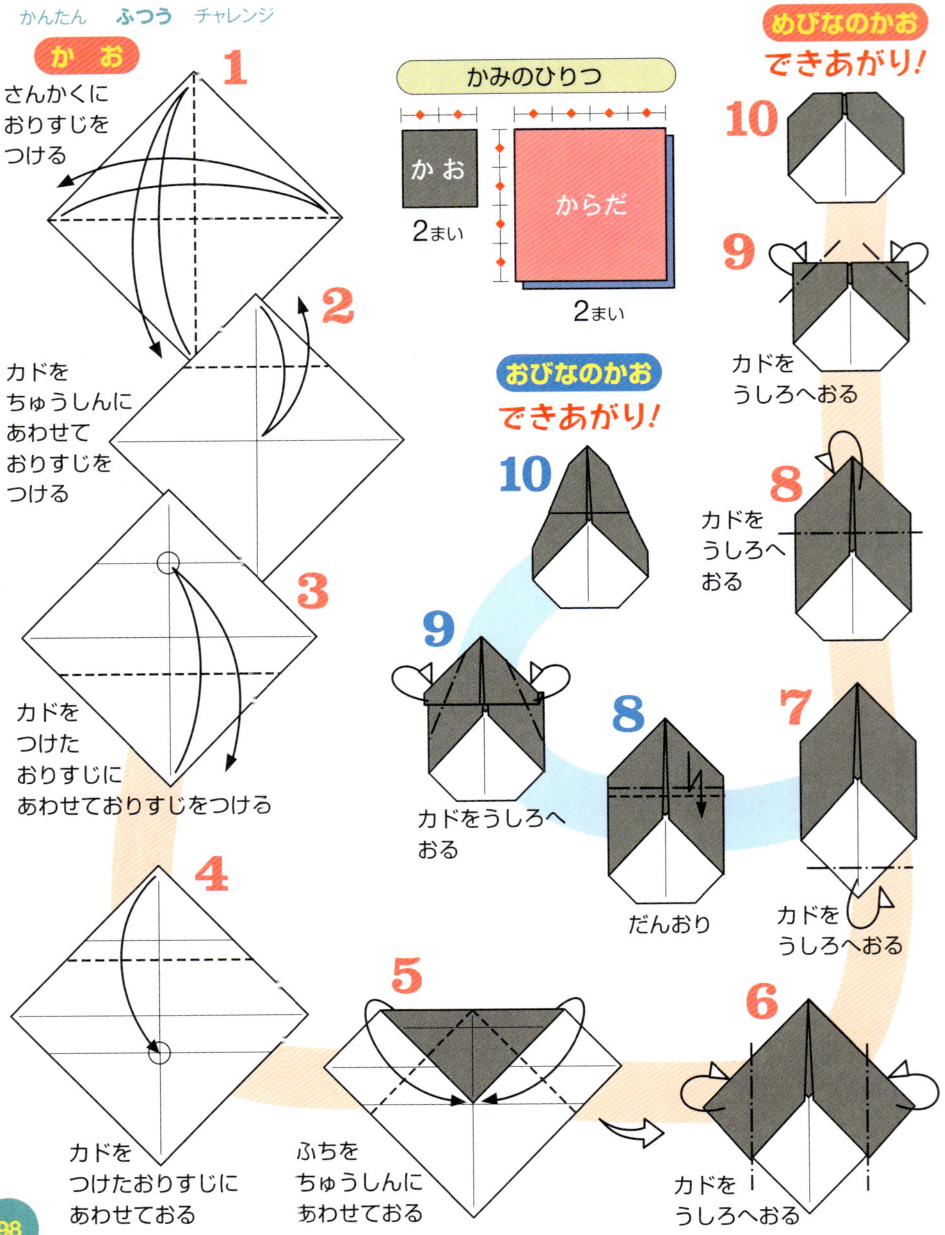

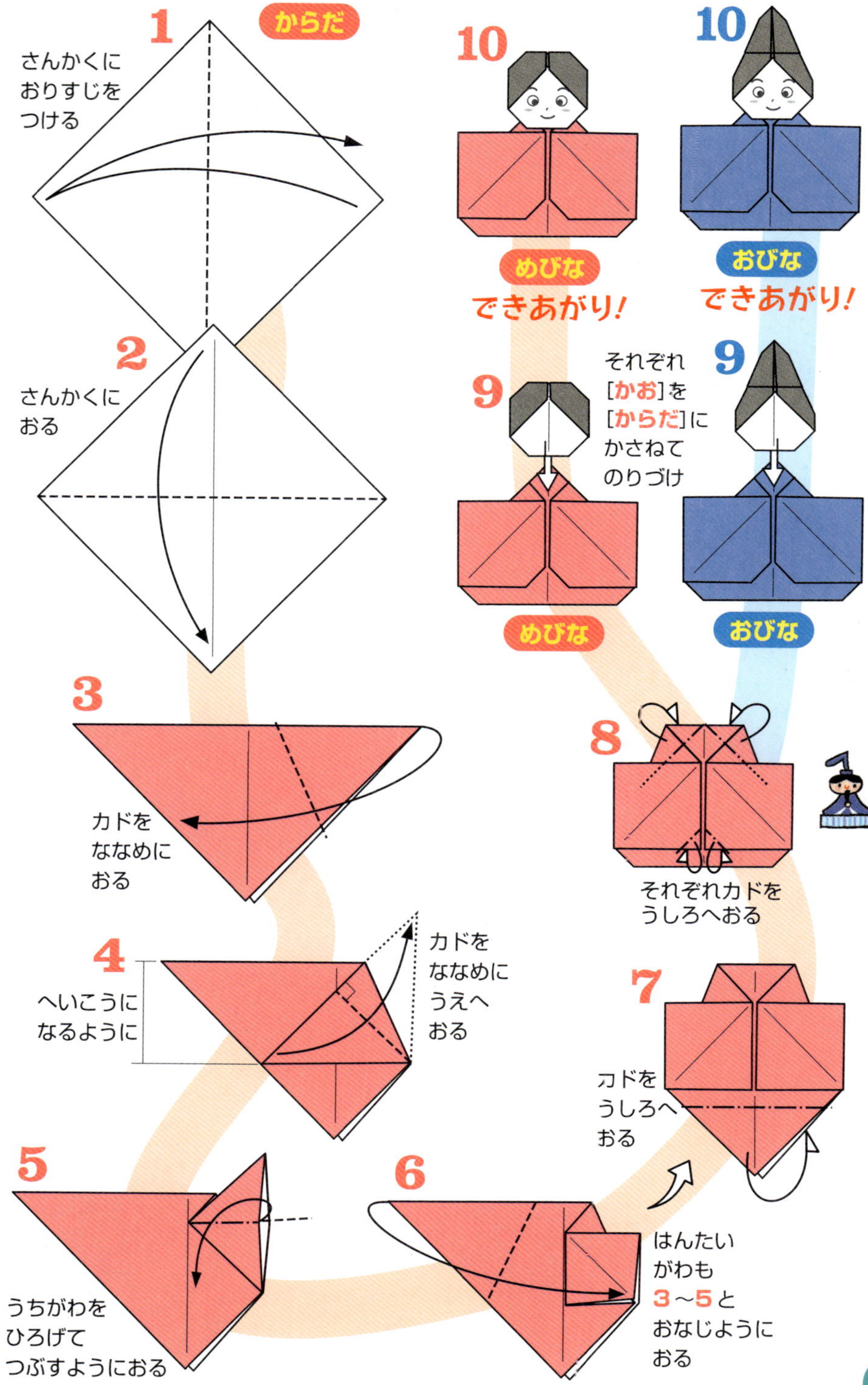
からだ
1
さんかくに
おりすじを
つける
2
さんかくに
おる
3
カドを
ななめに
おる
4
へいこうに
なるように
カドを
ななめに
うえへ
おる
5
うちがわを
ひろげて
つぶすようにおる
6
はんたい
がわも
3～5と
おなじように
おる
7
カドを
うしろへ
おる
8
それぞれカドを
うしろへおる
9
それぞれ
[かお]を
[からだ]に
かさねて
のりづけ
めびな
おびな
10
めびな
できあがり!
おびな
できあがり!

ひなまつり

あしつきさんぼう

Offering Stand With leg

かんたん　ふつう　**チャレンジ**

おりがみ **1** まい

〈伝承作品 *Traditional*〉

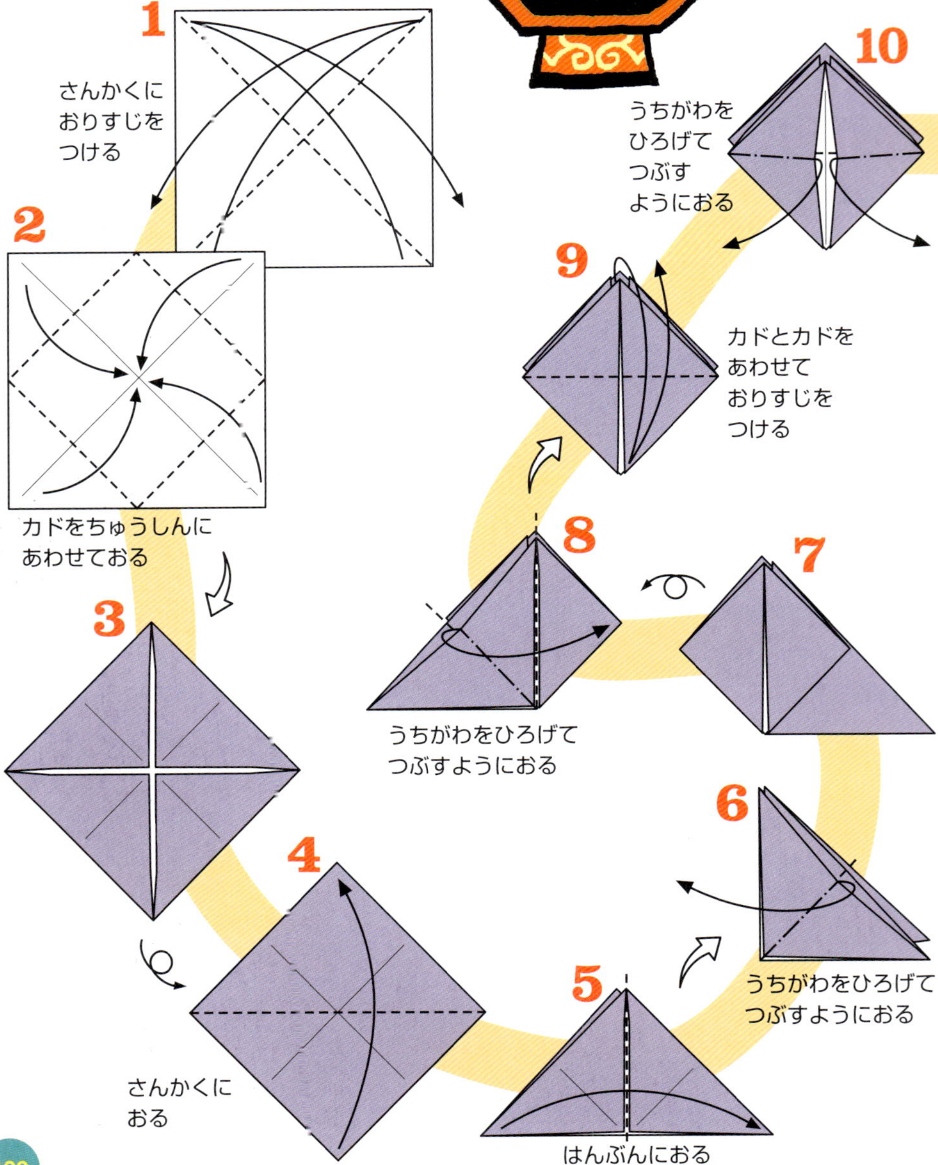

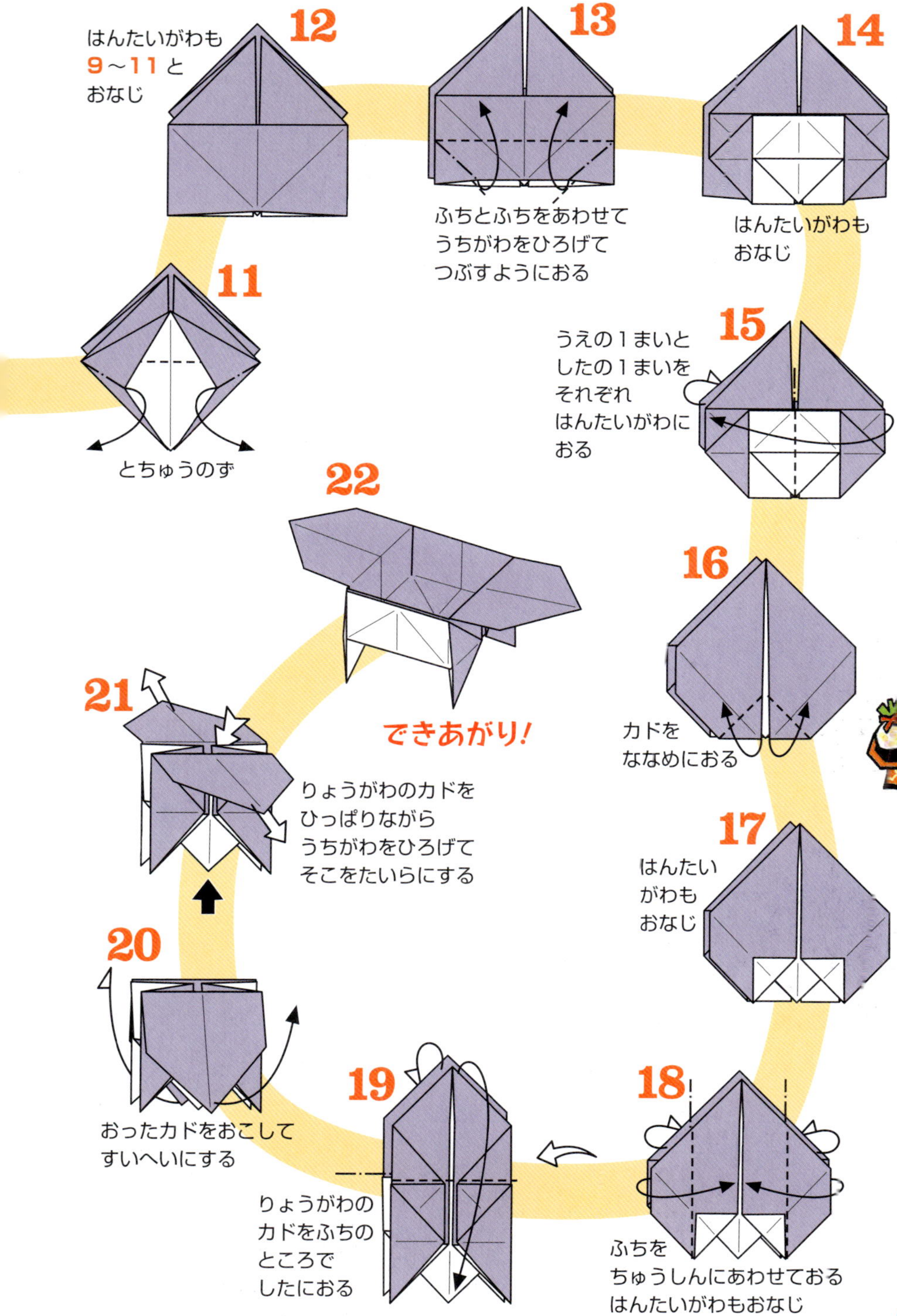
11
とちゅうのず
12
はんたいがわも
9～11と
おなじ
13
ふちとふちをあわせて
うちがわをひろげて
つぶすようにおる
14
はんたいがわも
おなじ
15
うえの1まいと
したの1まいを
それぞれ
はんたいがわに
おる
16
カドを
ななめにおる
17
はんたい
がわも
おなじ
18
ふちを
ちゅうしんにあわせておる
はんたいがわもおなじ
19
りょうがわの
カドをふちの
ところで
したにおる
20
おったカドをおこして
すいへいにする
21
りょうがわのカドを
ひっぱりながら
うちがわをひろげて
そこをたいらにする
22
できあがり!

はははのひ

カーネーションのカード

Carnation Message Card

おりがみ **2** まい

かんたん　ふつう　チャレンジ

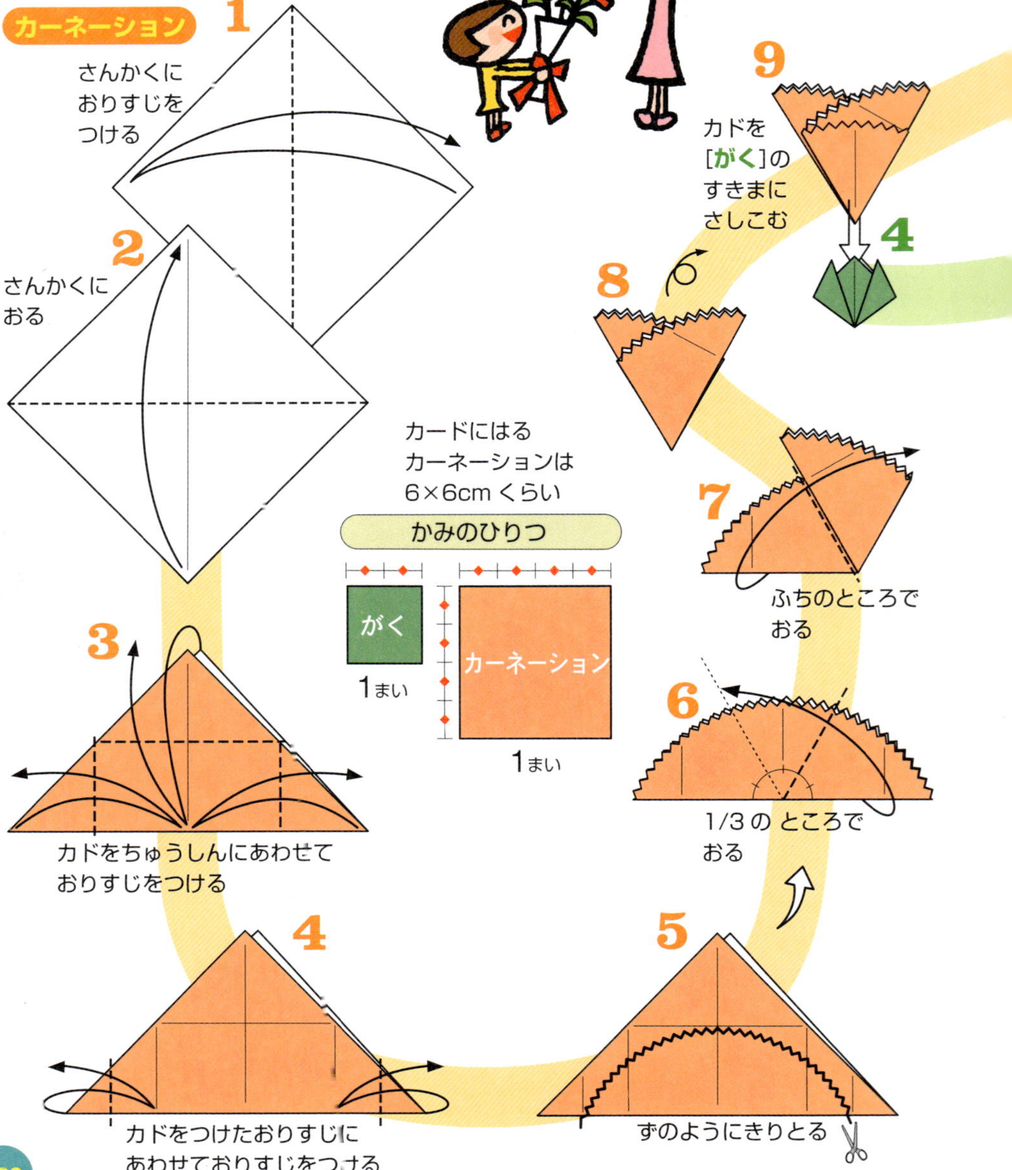

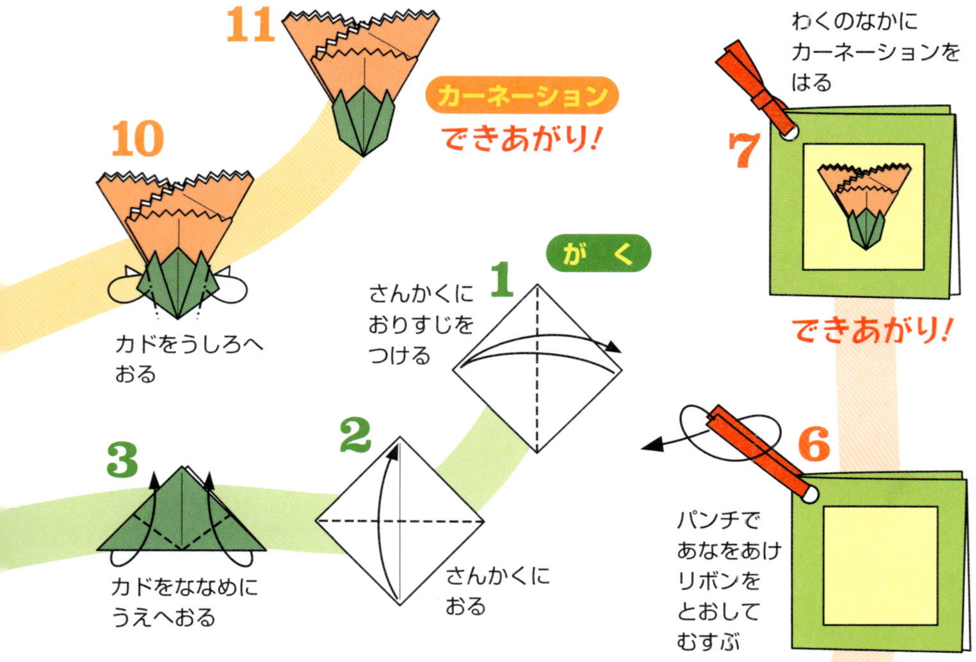

カード 15×15cm のかみをつかう。
あついかみをつかうといいよ

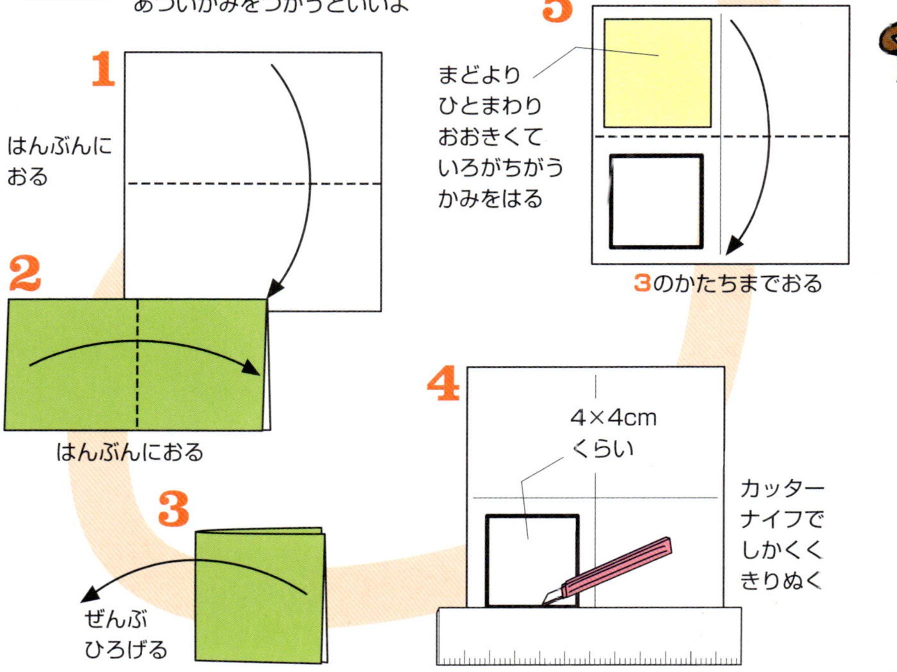

ちちのひ

ネクタイ

Tie

かんたん　ふつう　チャレンジ

おりがみ **2** まい

ネクタイ

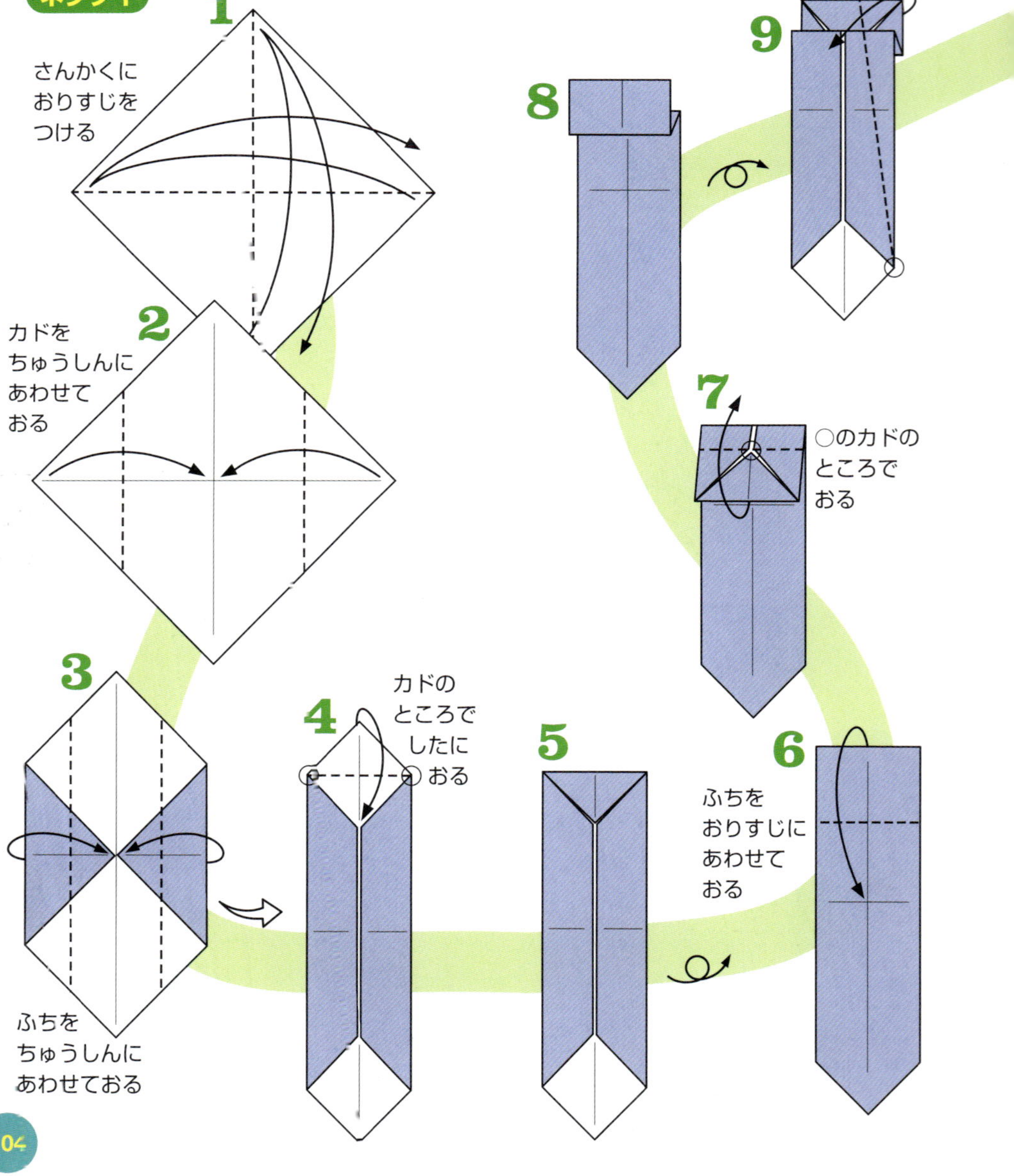

1 さんかくにおりすじをつける

2 カドをちゅうしんにあわせておる

3 ふちをちゅうしんにあわせておる

4 カドのところでしたにおる

5

6 ふちをおりすじにあわせておる

7 ○のカドのところでおる

8

9 カドのところからななめにおる

10
うちがわをひろげて
カドをつまむように
おる

11
はんたいがわも
9～10とおなじ

12

13

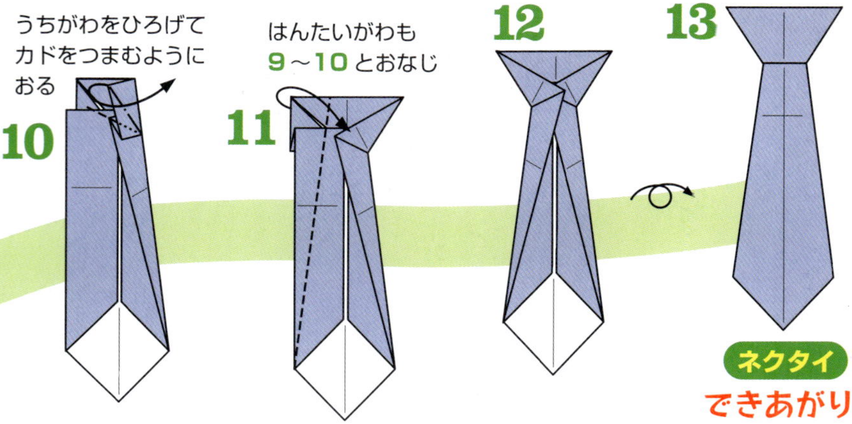

ネクタイ
できあがり！

えり
ネクタイとおなじ
おおきさのかみをつかう

1
はんぶんに
おりすじを
つける

2

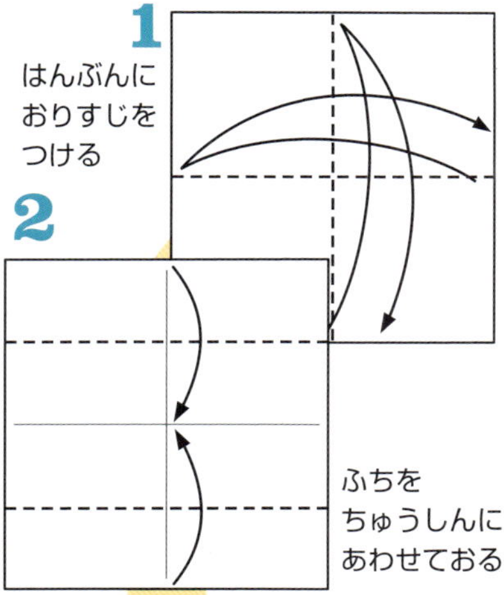

ふちを
ちゅうしんに
あわせておる

3

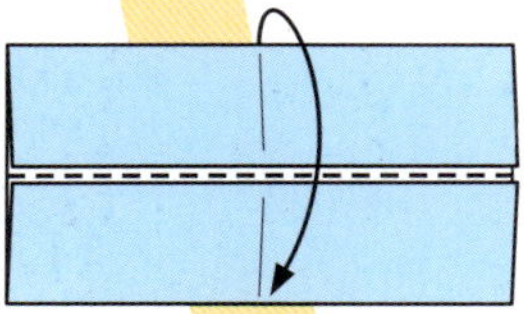

はんぶんにおる

4

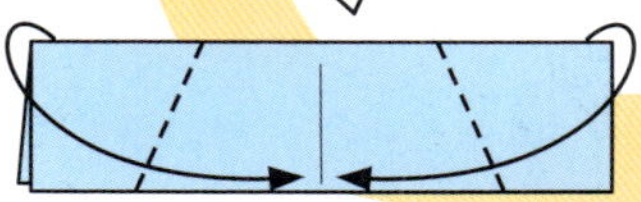

カドをちゅうしんにあわせておる

5

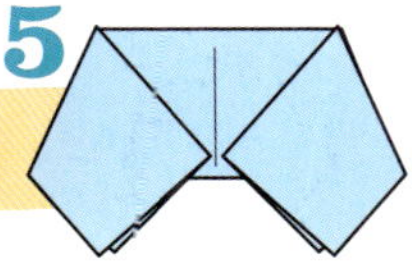

えり
できあがり！

つくろう

●にがおえを かいてはろう

1

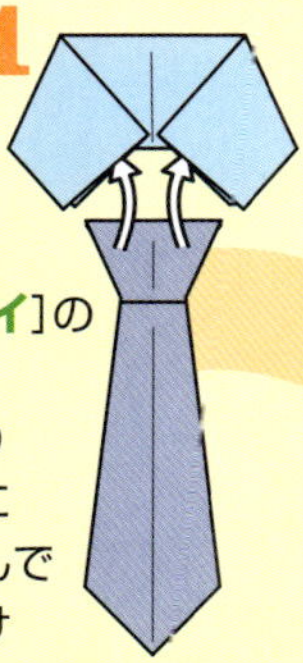

［ネクタイ］の
カドを
［えり］の
すきまに
さしこんで
のりづけ

2

3

にがおえと
くみあわせて
はってみよう

できあがり！

ネクタイ

たなばた

ほしのたんざく

Star Oblong Card

おりがみ 3 まい

かんたん　ふつう　チャレンジ

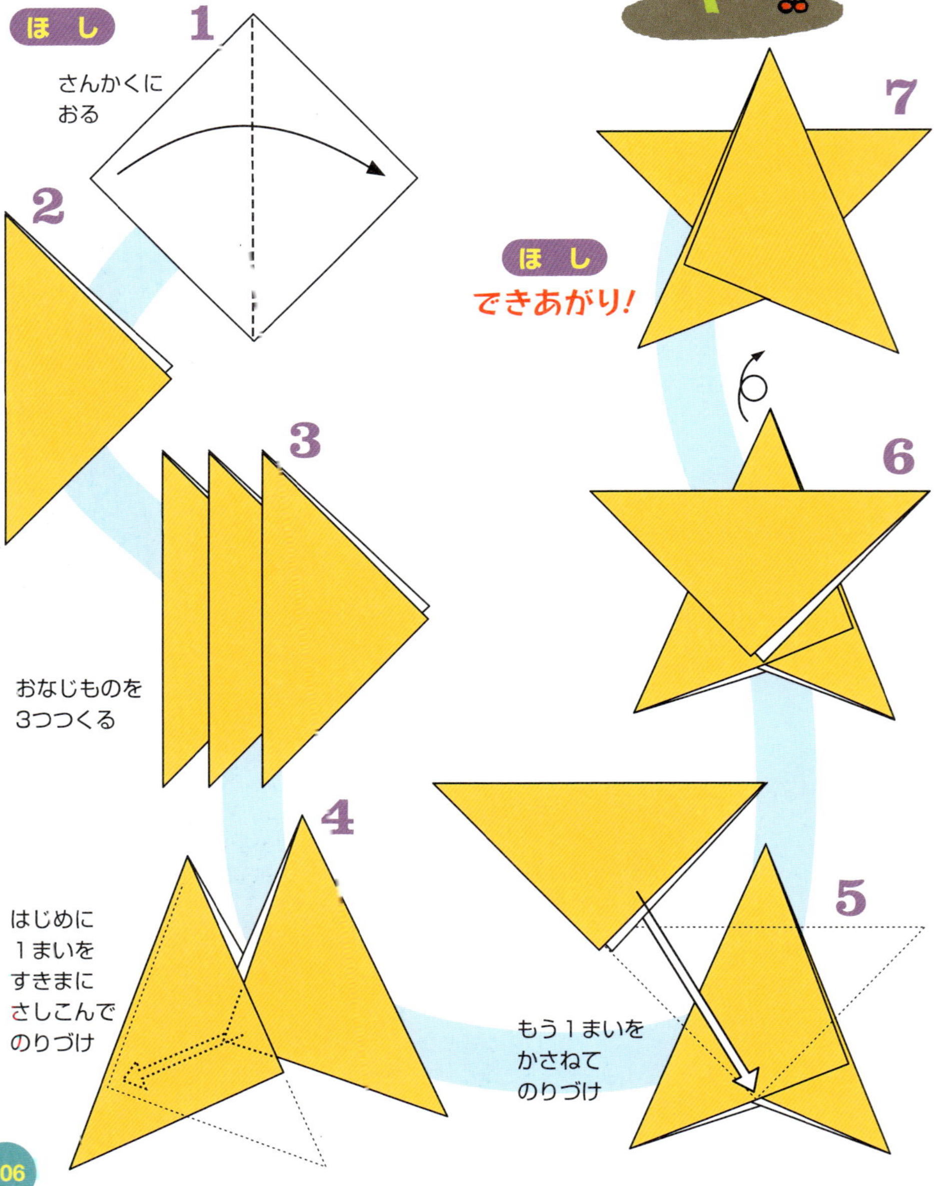

くみたてかた

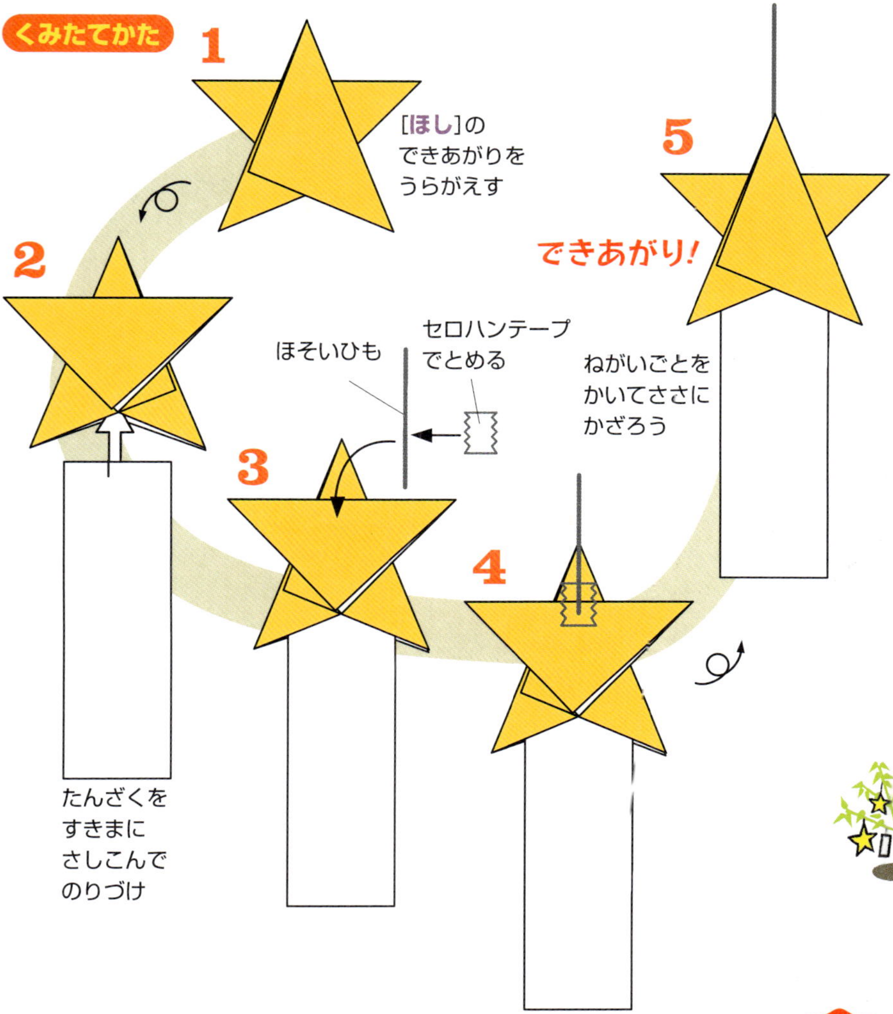

●ほしのカード

つくろう

たなばた
きもの
Kimono

かんたん　ふつう　**チャレンジ**

おりがみ **1** まい

〈伝承作品 *Traditional*〉

1

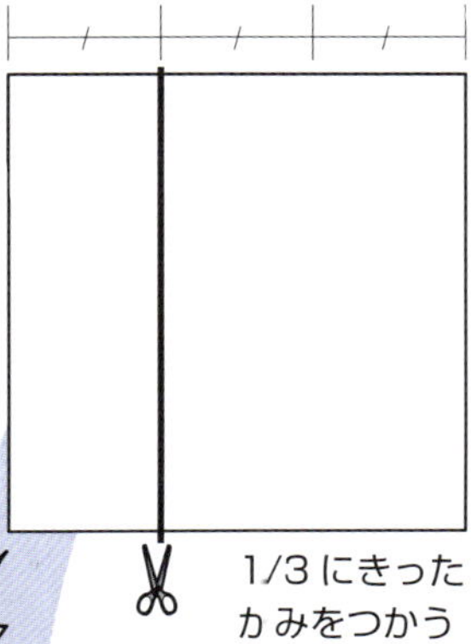

1/3 にきった
かみをつかう

2

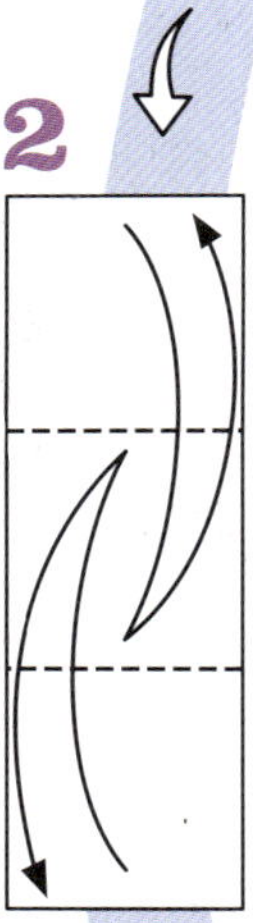

3とうぶんの
おりすじを
つける

3

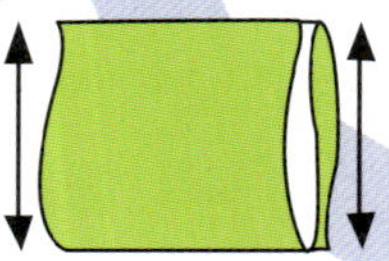

このように
3つおりに
するとよい

4

つけた
おりすじで
うしろへ
おる

5

したのふちを
ほそくまくように
おる

6

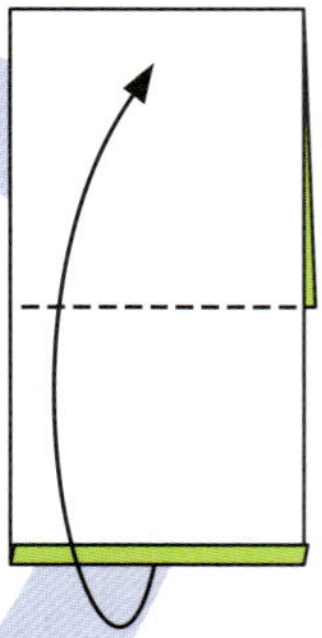

ついている
おりすじで
おる

7

すこし
あける

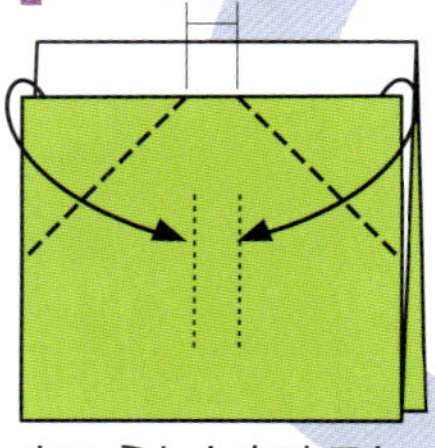

ちゅうしんをすこし
あけておる

8

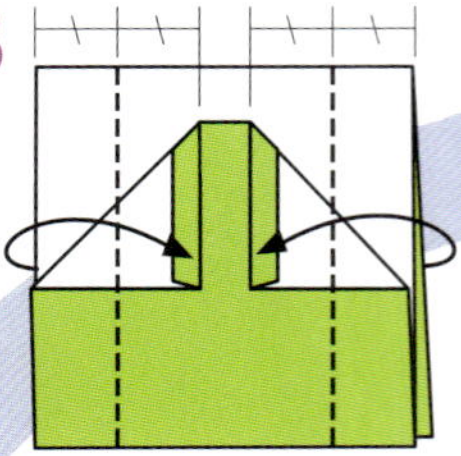

ふちとふちを
あわせておる

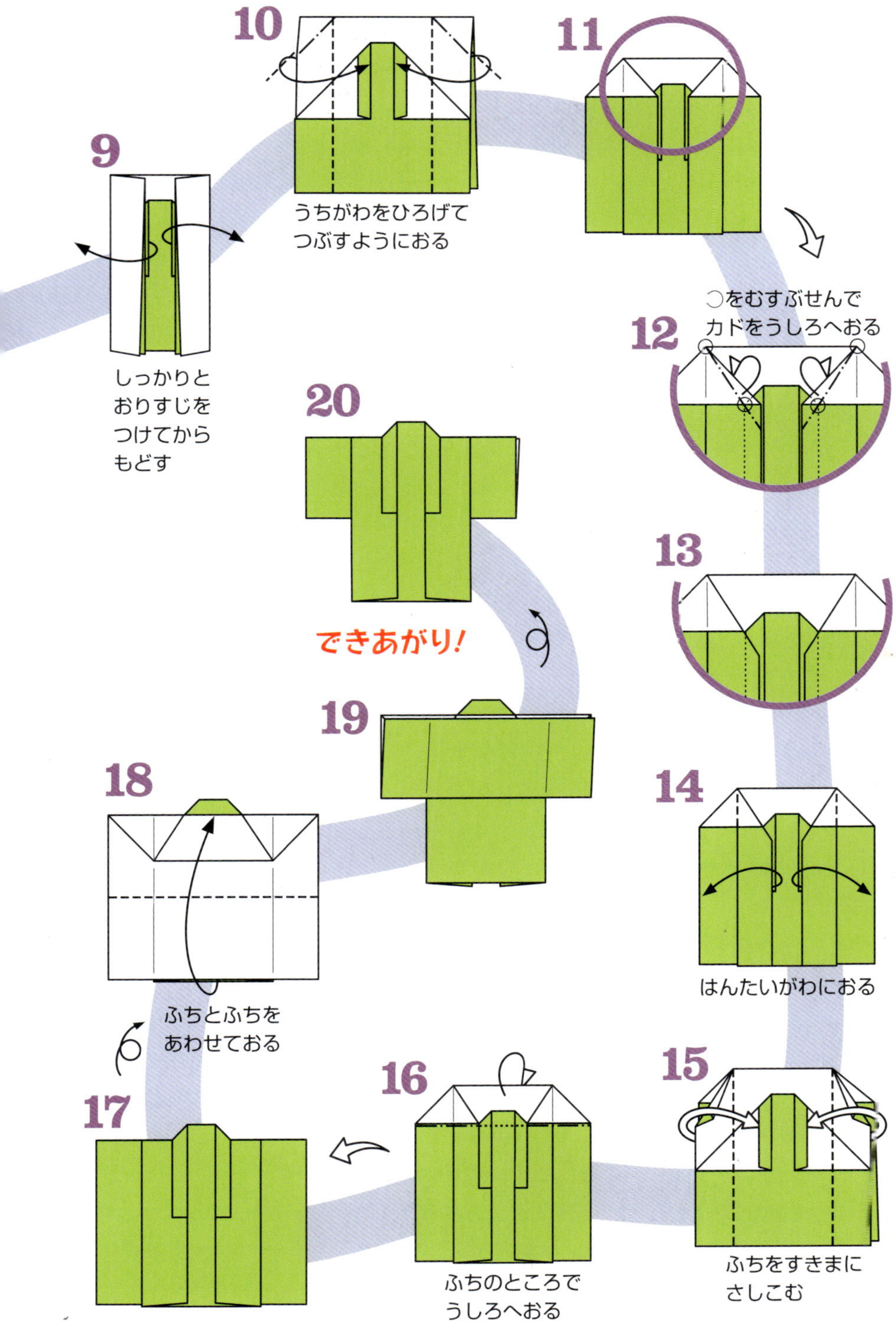
9
しっかりと
おりすじを
つけてから
もどす
10
うちがわをひろげて
つぶすようにおる
11
○をむすぶせんで
カドをうしろへおる
12
13
14
はんたいがわにおる
15
ふちをすきまに
さしこむ
16
ふちのところで
うしろへおる
17
ふちとふちを
あわせておる
18
19
20
できあがり!

クリスマス

てぶくろ

Mitten

かんたん　ふつう　チャレンジ

おりがみ **2** まい

1

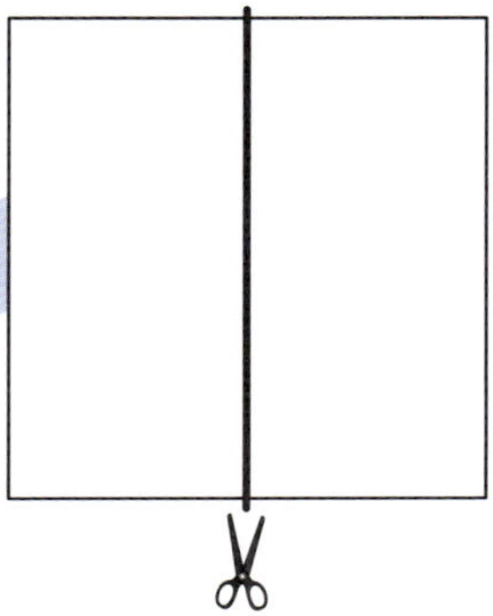

はんぶんにきった
かみをつかう

2

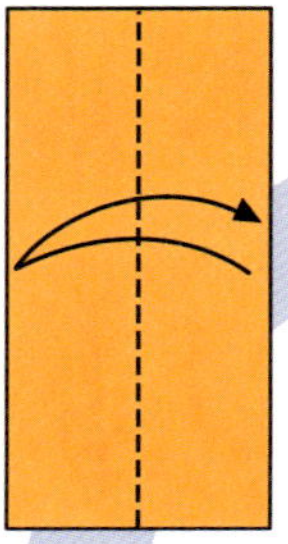

はんぶんに
おりすじをつける

3

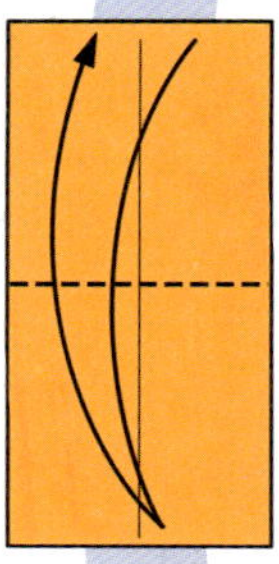

はんぶんに
おりすじを
つける

4

ふちをすこし
うえにおる

5

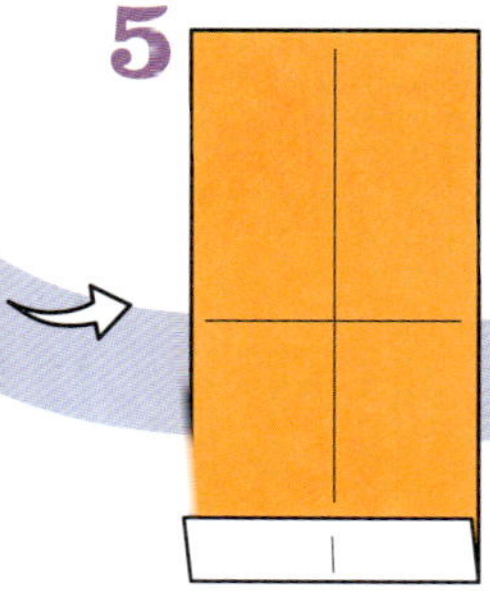

6

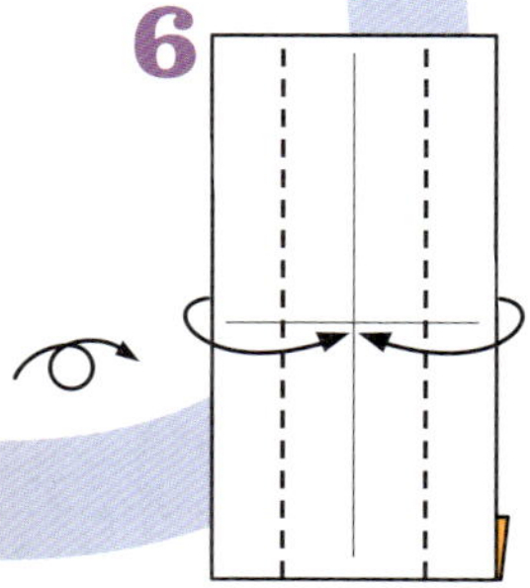

ふちを
ちゅうしんに
あわせておる

7

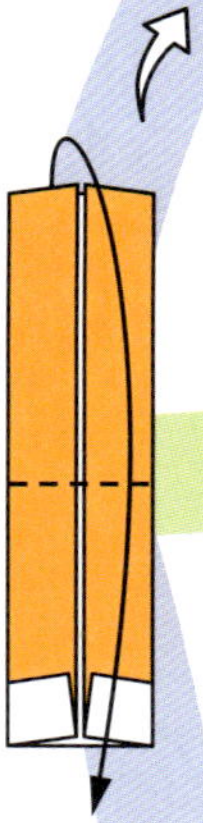

ついている
おりすじで
ふちをしたに
おる

みぎて

8

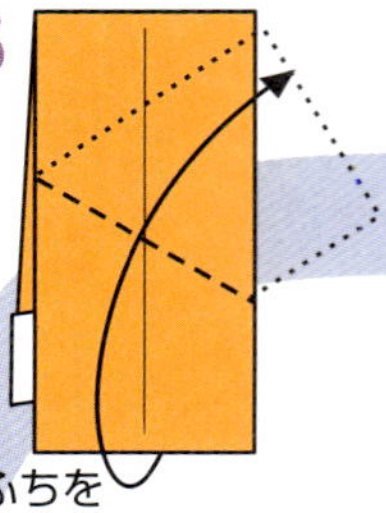

ふちを
ななめにおる

ひだりて

8

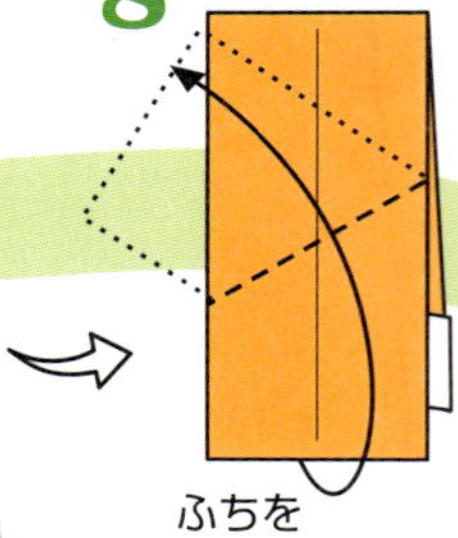

ふちを
ななめにおる

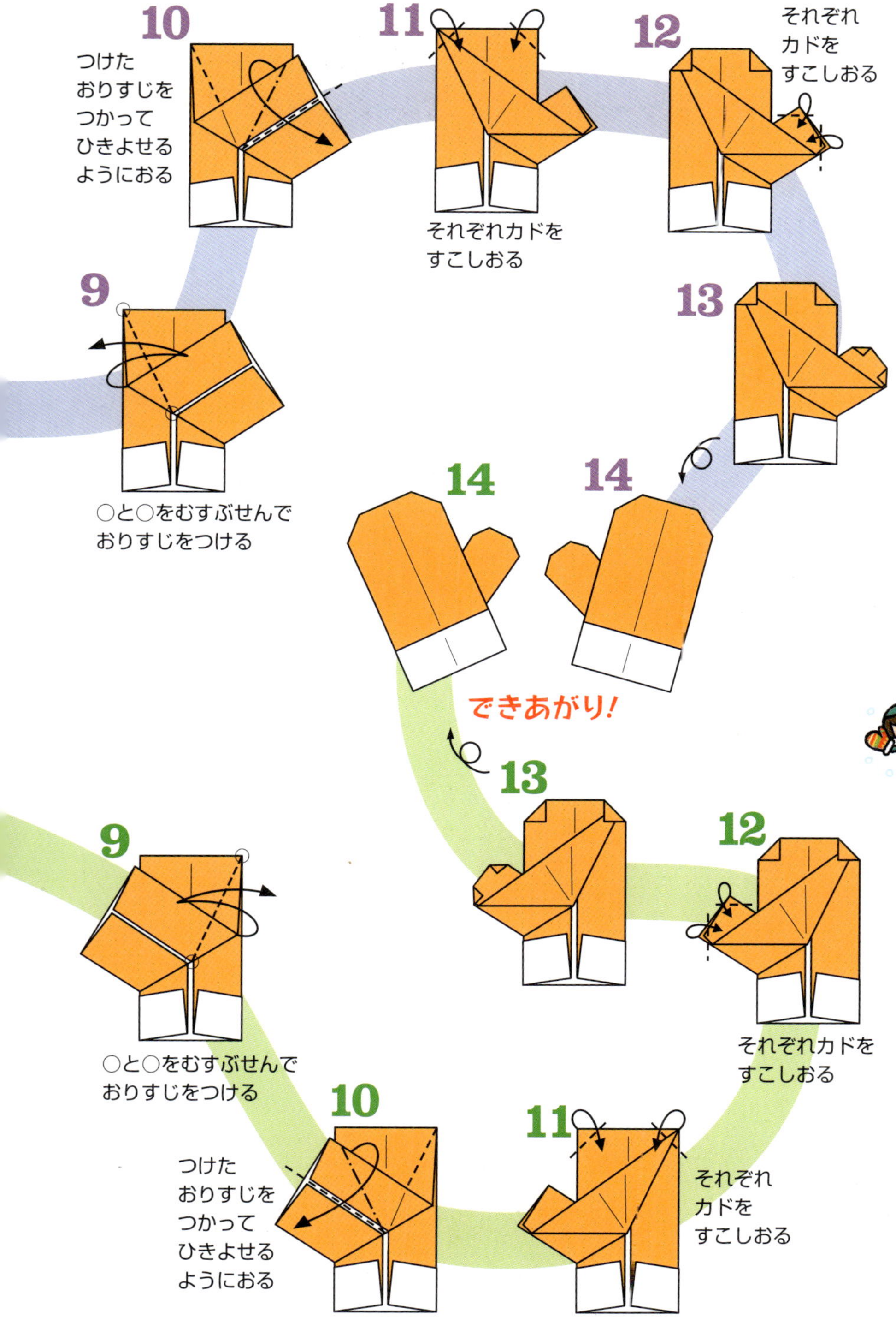
9
○と○をむすぶせんで
おりすじをつける
10
つけた
おりすじを
つかって
ひきよせる
ようにおる
11
それぞれカドを
すこしおる
12
それぞれ
カドを
すこしおる
13
14
14
できあがり!
13
12
それぞれカドを
すこしおる
11
それぞれ
カドを
すこしおる
10
つけた
おりすじを
つかって
ひきよせる
ようにおる
9
○と○をむすぶせんで
おりすじをつける

クリスマス

ベル

Bell

かんたん　ふつう　**チャレンジ**

おりがみ **1** まい

1

さんかくに
おりすじを
つける

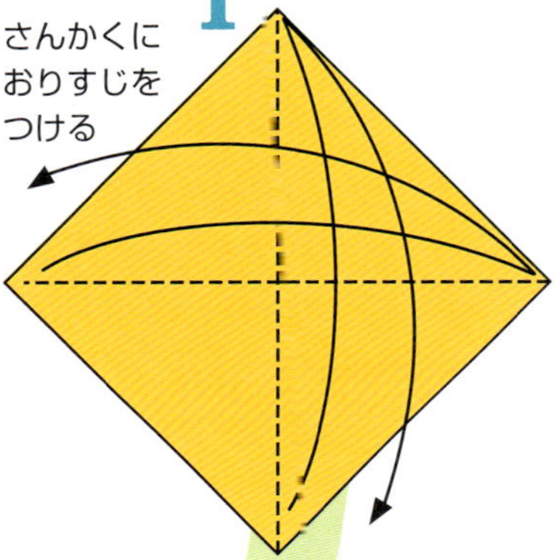

2

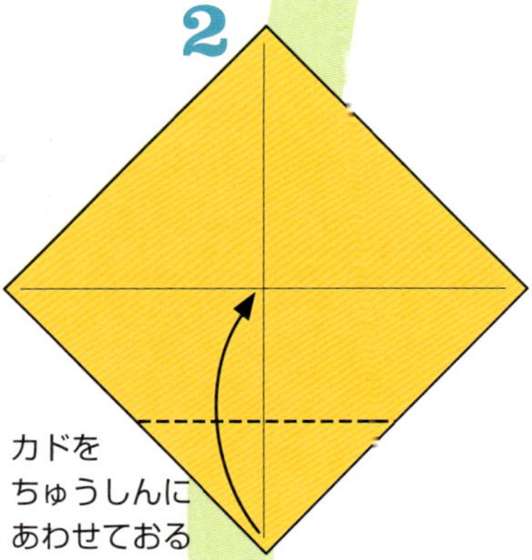

カドを
ちゅうしんに
あわせておる

3

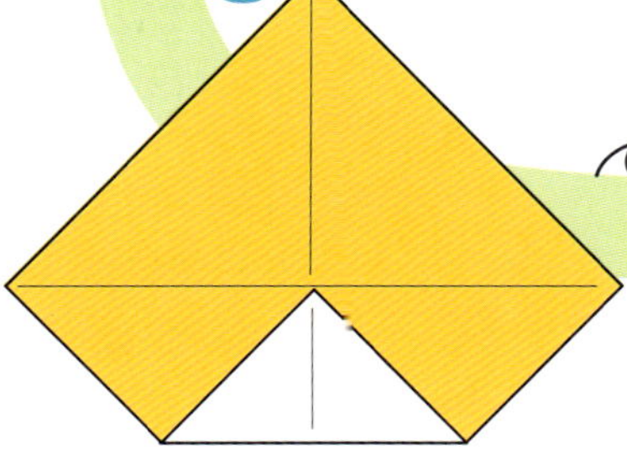

4

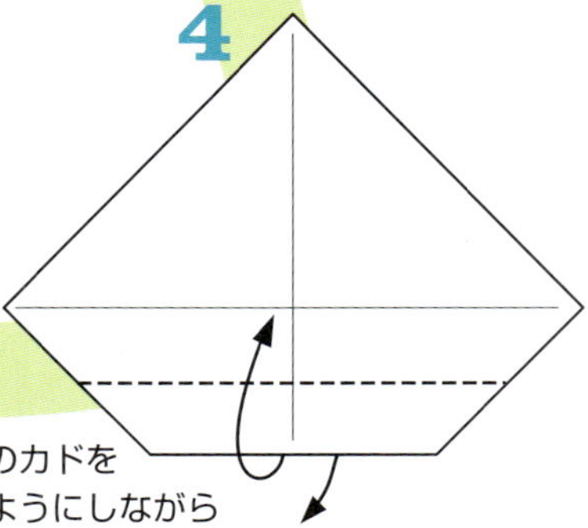

したのカドを
だすようにしながら
ふちをおりすじにあわせておる

5

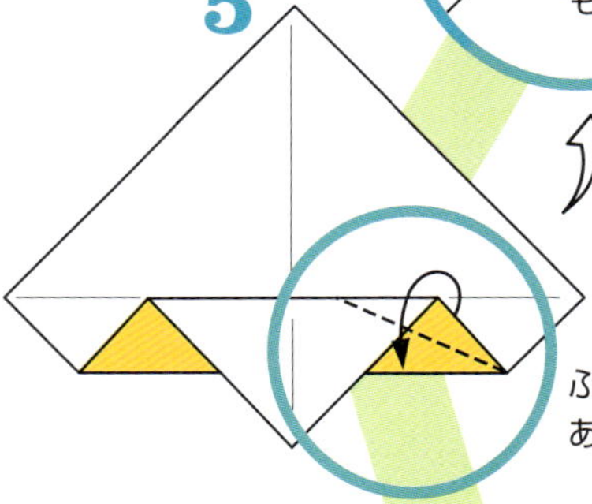

ふちとふちを
あわせておる

6

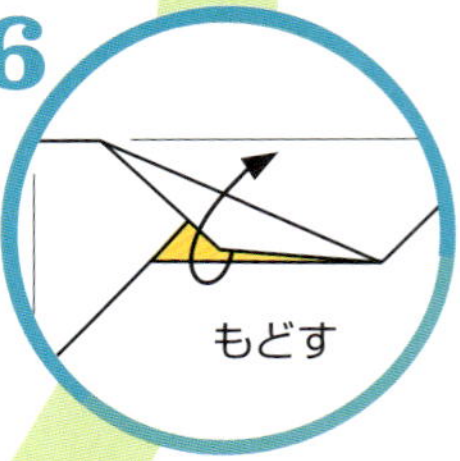

もどす

7

つけた
おりすじを
つかって
ひきよせる
ようにおる

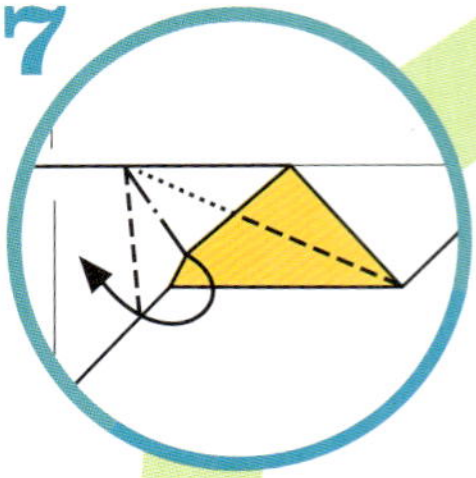

8

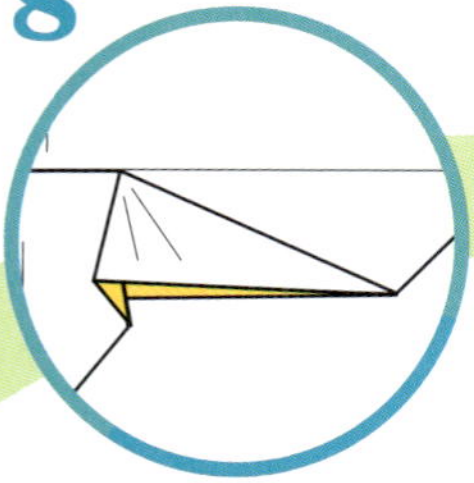

はんたいがわも**5～7**と
おなじようにおる

9

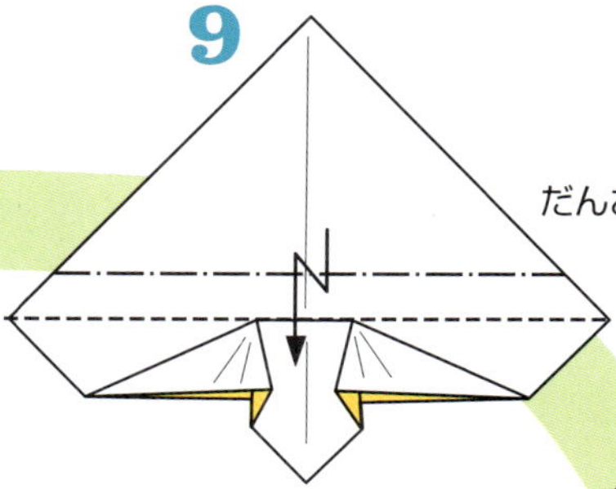

だんおり

10

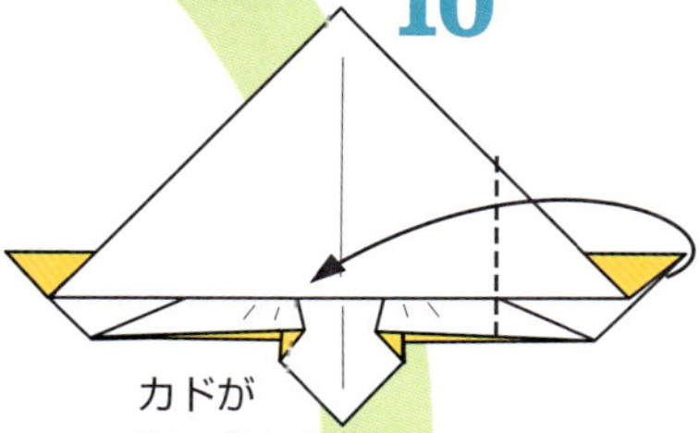

カドが
ちゅうしんより
すこしでるようにおる

11

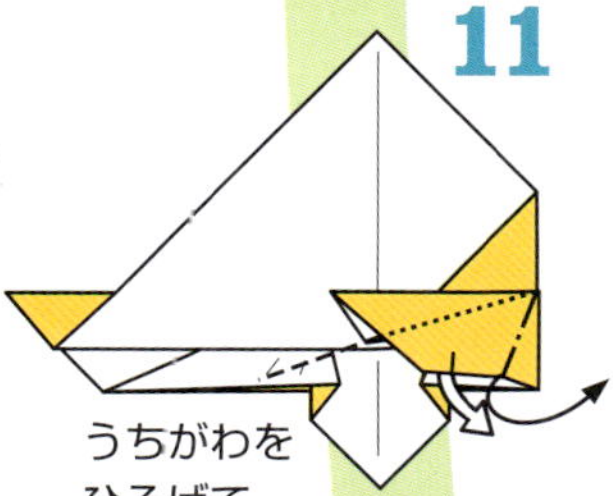

うちがわを
ひろげて
ずらすようにおる

12

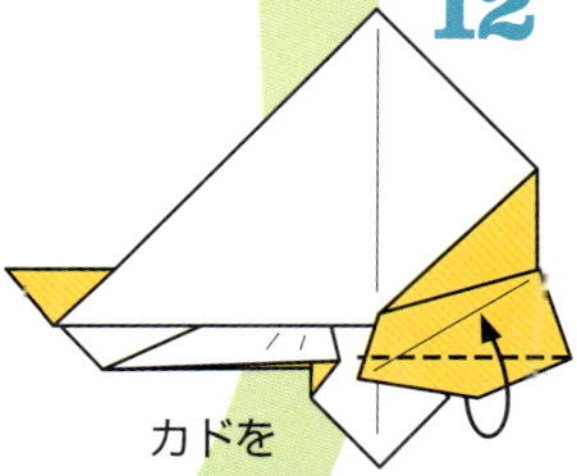

カドを
したのふちのところで
うえにおる

13

はんたいがわも
10～12と
おなじように
おる

14

15

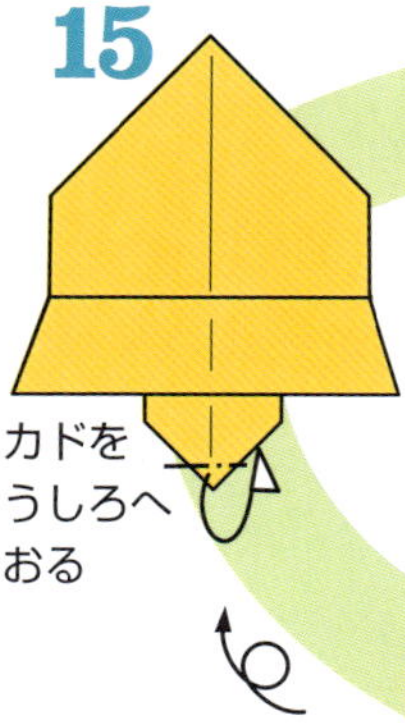

カドを
うしろへ
おる

16

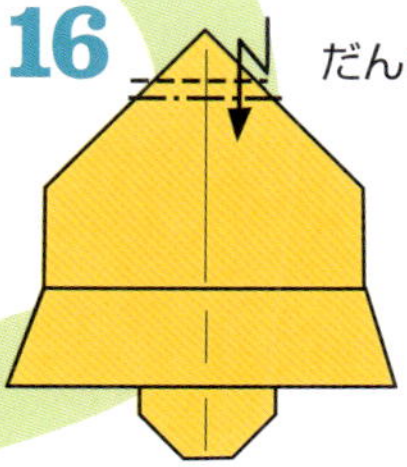

だんおり

17

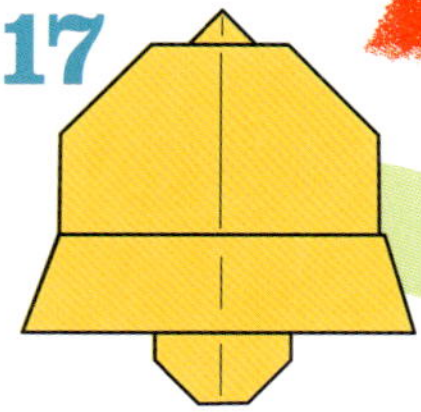

できあがり！

クリスマス
くつした
Christmas Stocking

おりがみ **1** まい

かんたん　ふつう　チャレンジ

1

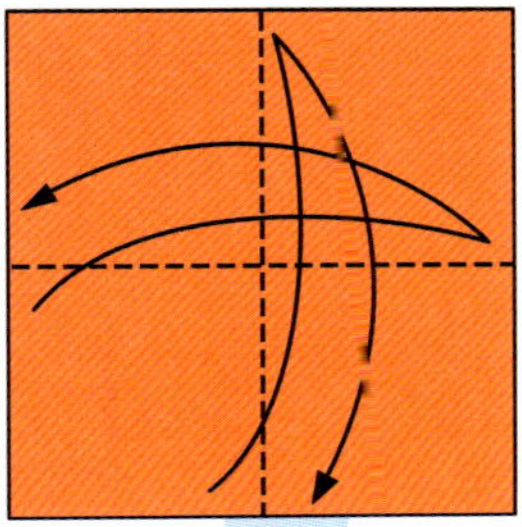

はんぶんにおりすじを
つける

2

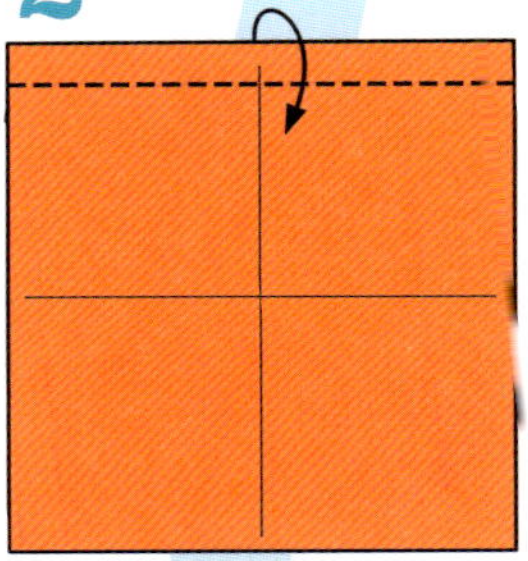

ふちをすこしおる

3

4

ふちをちゅうしんに
あわせておる

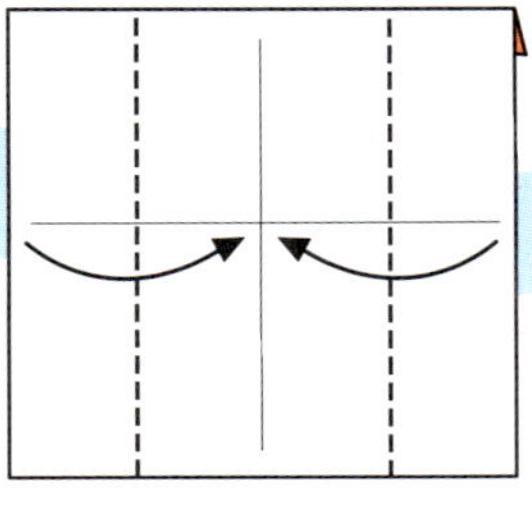

5

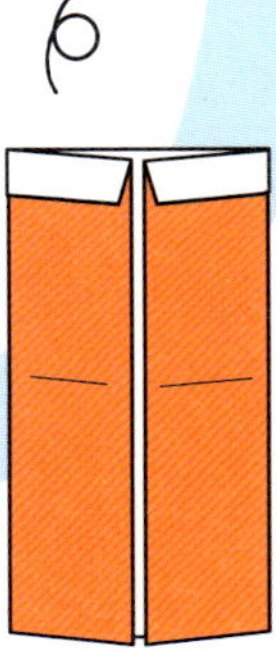

6

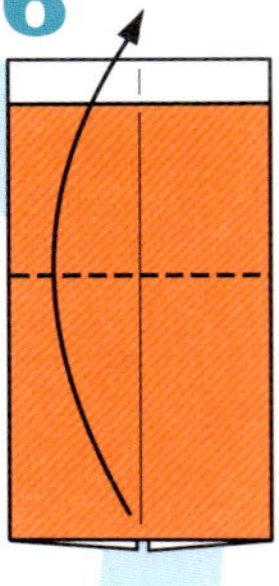

ついている
おりすじで
うえにおる

7

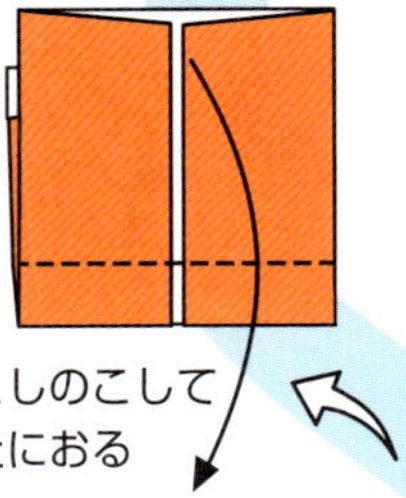

すこしのこして
したにおる

8

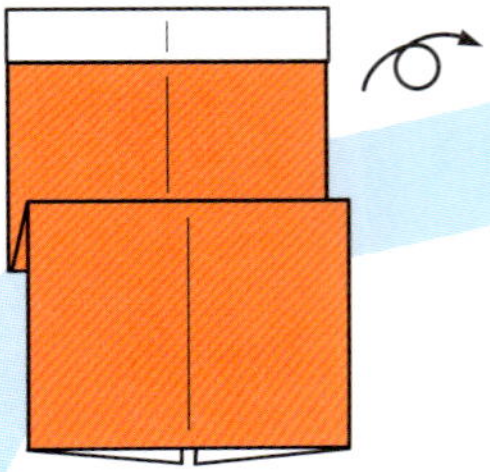

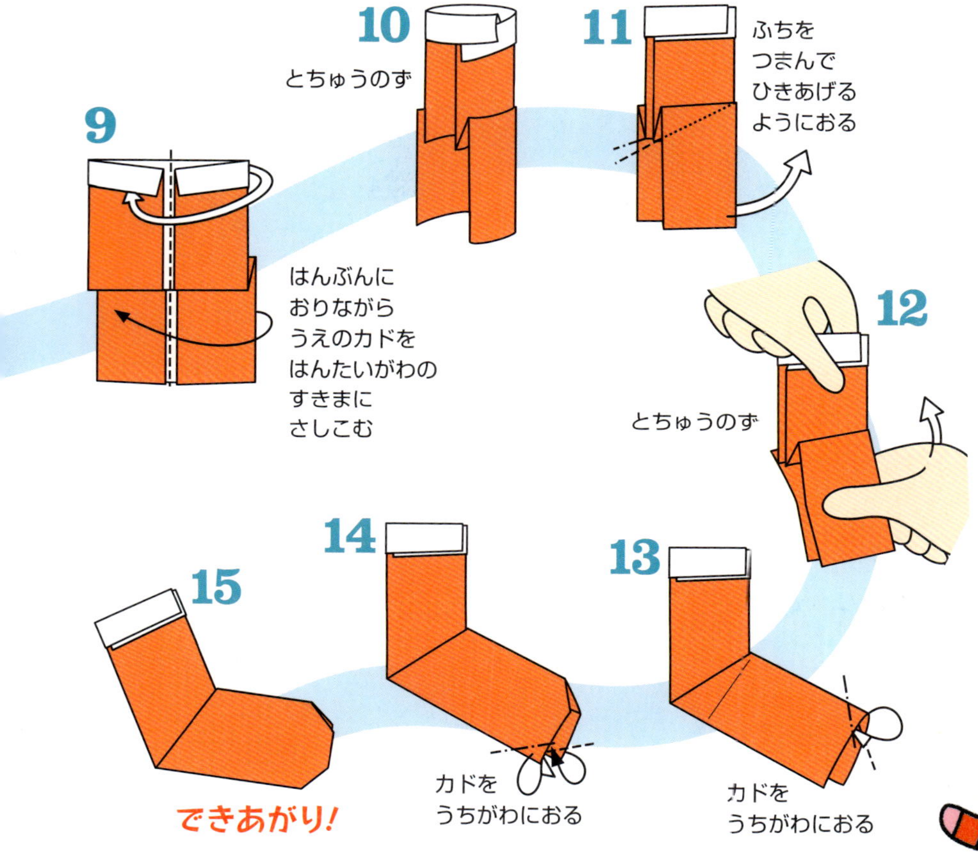

●ツリーにかざるといいよ！

かざろう

オーナメントとしてつかうときは、ずのように、
うえのすきまに、
とりつけるといいよ

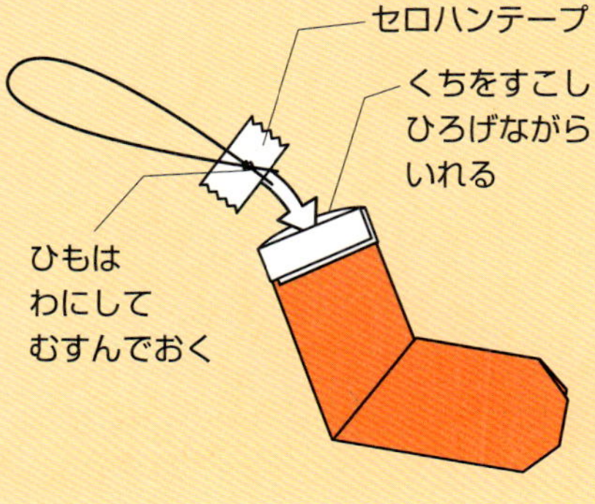

はりがねや
モールなどを
つかっても
いいよ

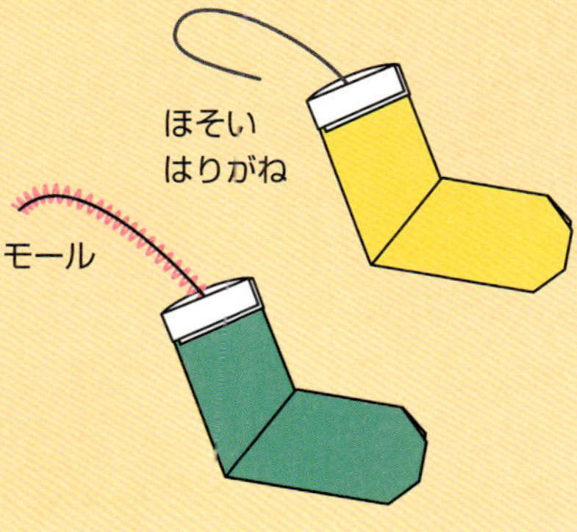

クリスマス

サンタクロース

Santa Claus

おりがみ **2** まい

かんたん **ふつう** チャレンジ

からだ

1 さんかくにおりすじをつける

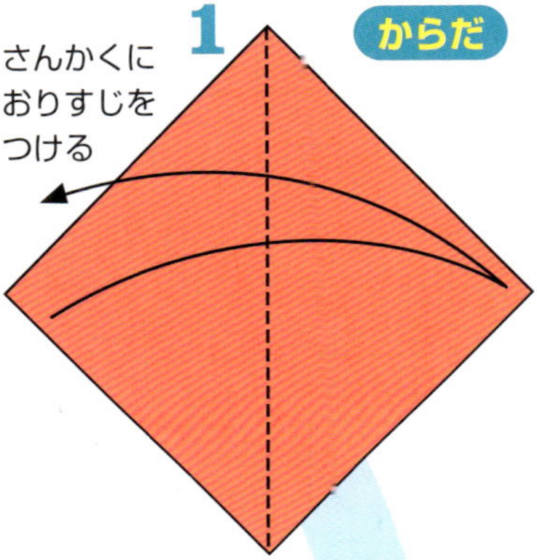

かみのひりつ

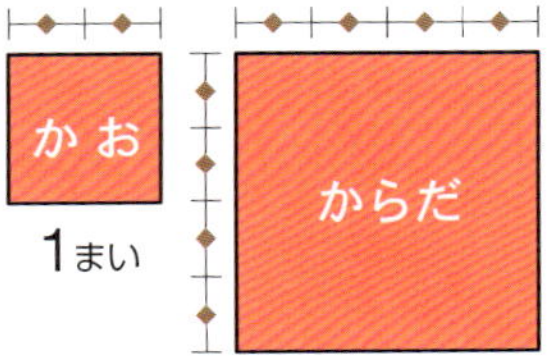

2 カドをすこしおる

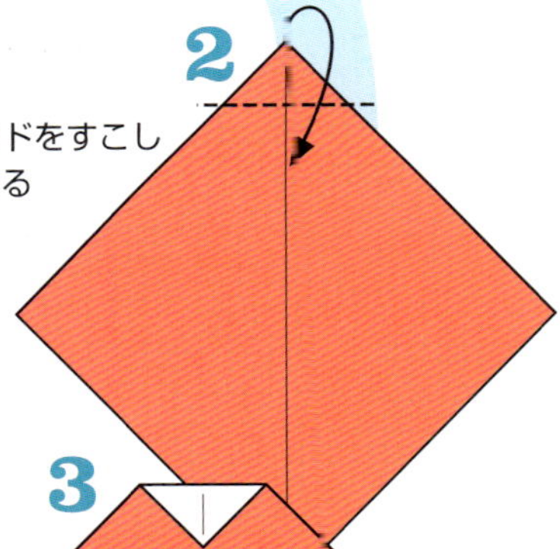

3

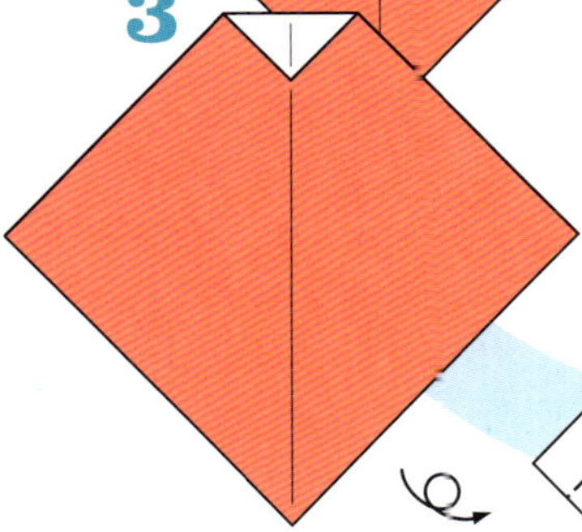

4 ふちをちゅうしんにあわせておる

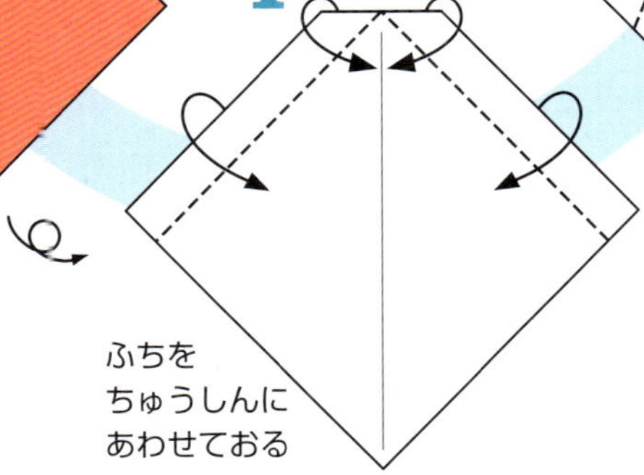

5 ふちをちゅうしんにあわせておる

このぶぶんはうちがわだけおる

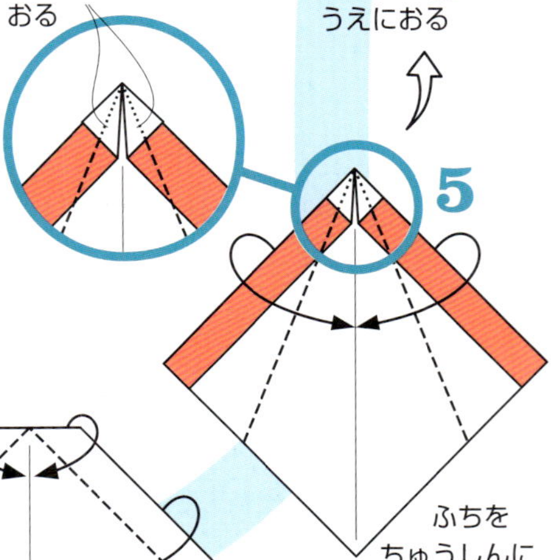

6 カドをうえにおる

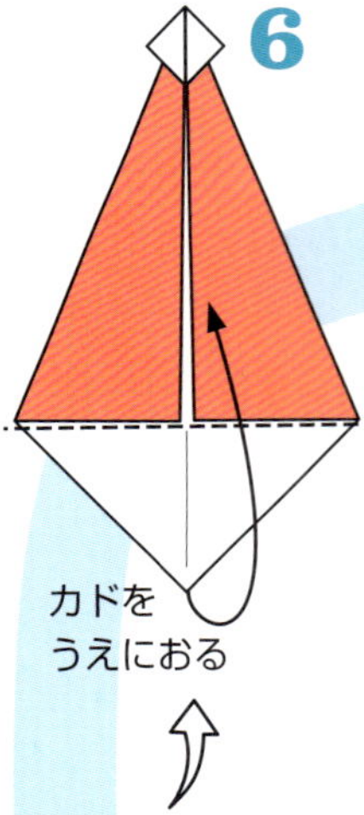

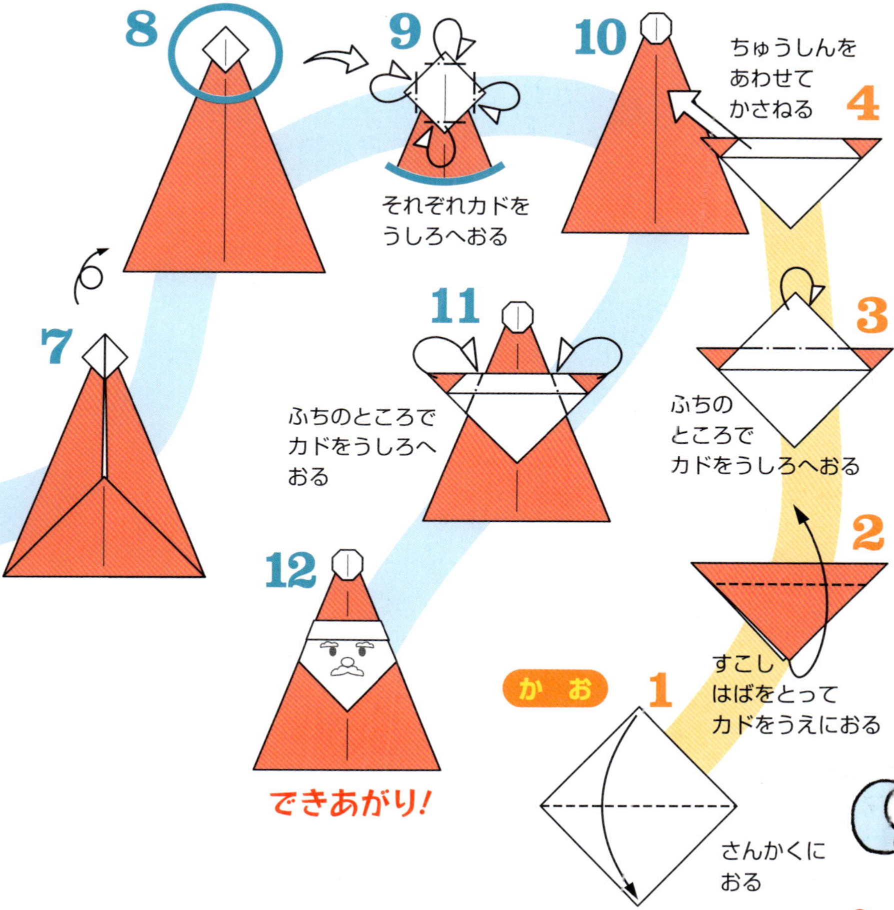

つくろう

●かんたんなサンタクロースだよ！

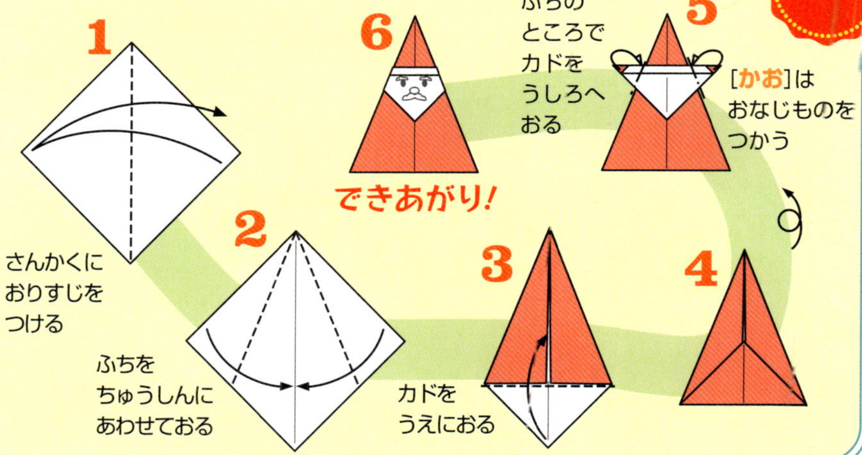

クリスマス
リース
Christmas Wreath

かんたん　ふつう　チャレンジ

おりがみ **8** まい

1

はんぶんに
おりすじを
つける

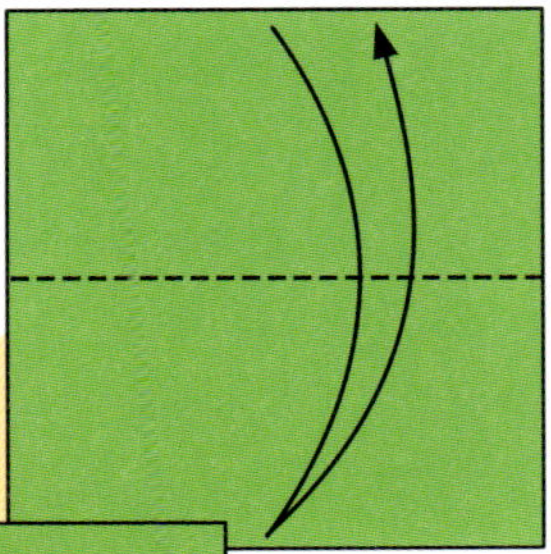

2

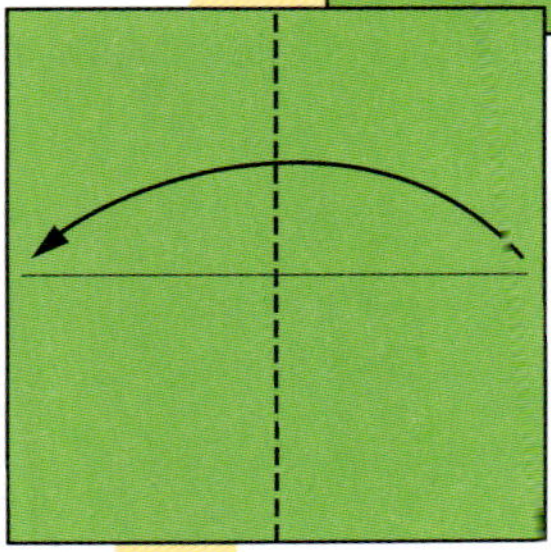

はんぶんにおる

3

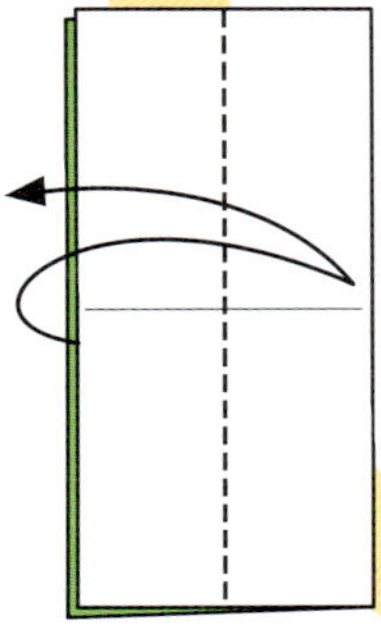

うえの１まいだけ
ふちとふちをあわせて
おりすじをつける

4

うえの１まいだけ
ふちをおりすじに
あわせておる

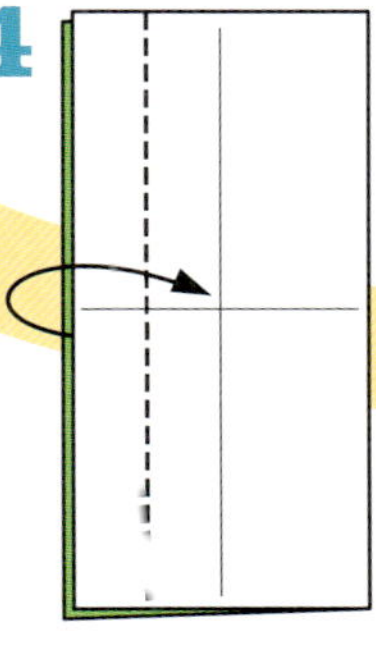

5

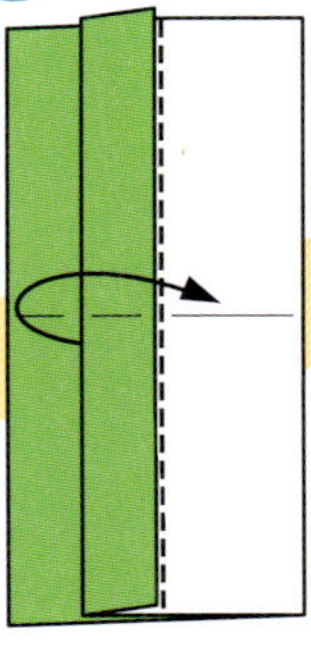

ついている
おりすじで
おる

6

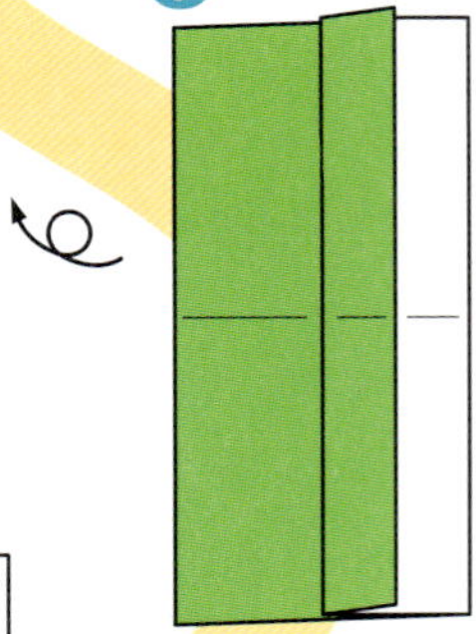

7

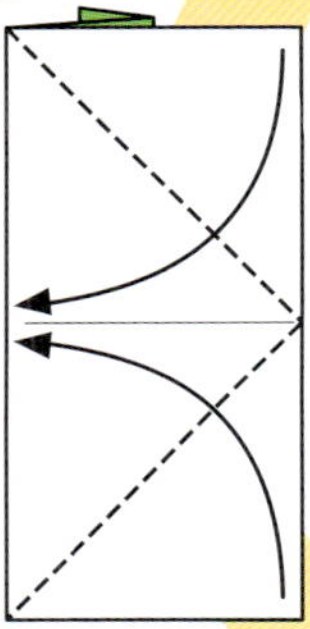

ふちとふちを
あわせておる

8

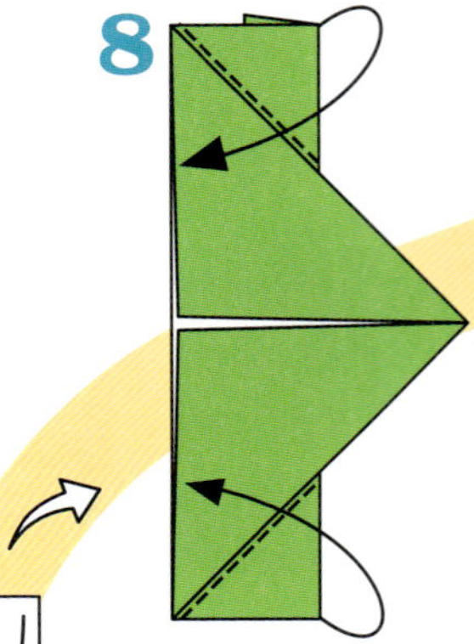

カドをふちの
ところでおる

9

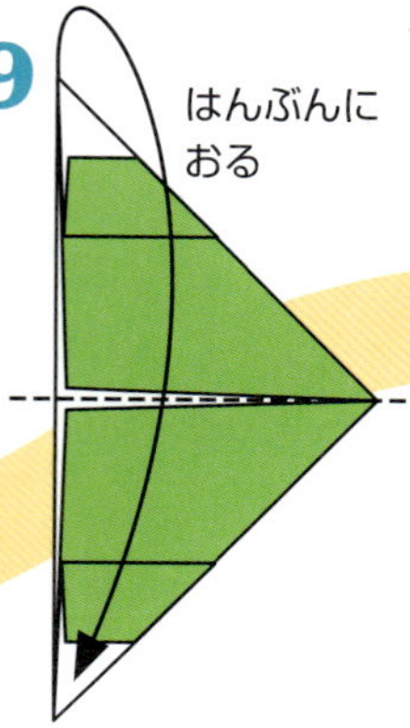

はんぶんに
おる

10

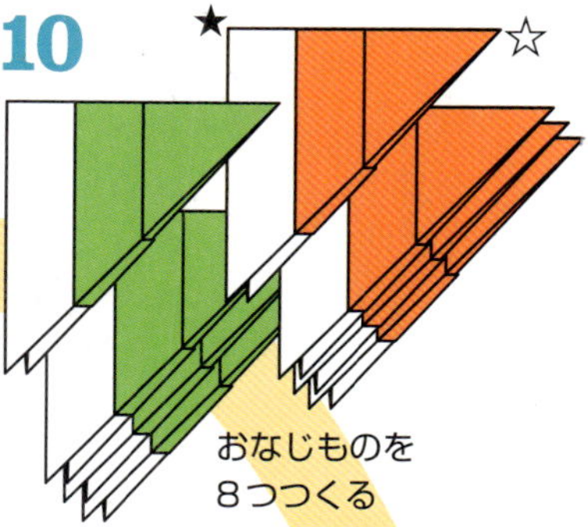

いろちがいで
４つずつつくると
きれいだよ

おなじものを
８つつくる

11

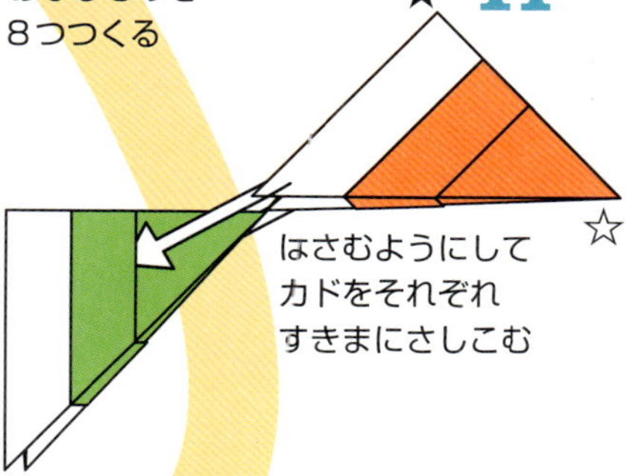

はさむようにして
カドをそれぞれ
すきまにさしこむ

12

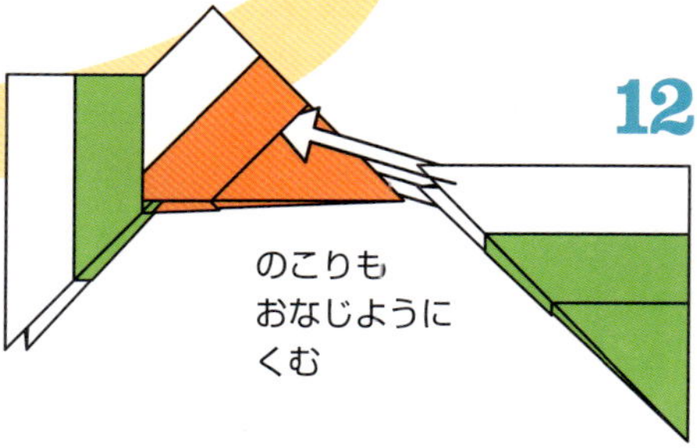

のこりも
おなじように
くむ

13

できあがり！

リース

●いろのくみあわせがたのしいね！

つくろう

りょうめんにいろがついた
かみをつかうときれいだよ

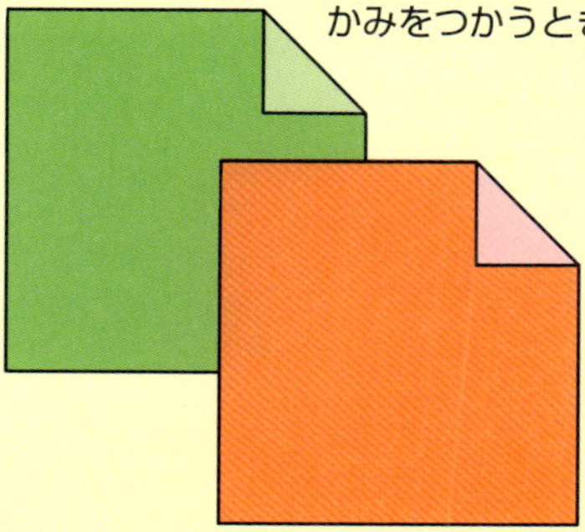

クリスマス
ツリー
Christmas Tree

おりがみ **11** まい

かんたん　**ふつう**　チャレンジ

かみのひりつ は122ページ

はっぱ

1

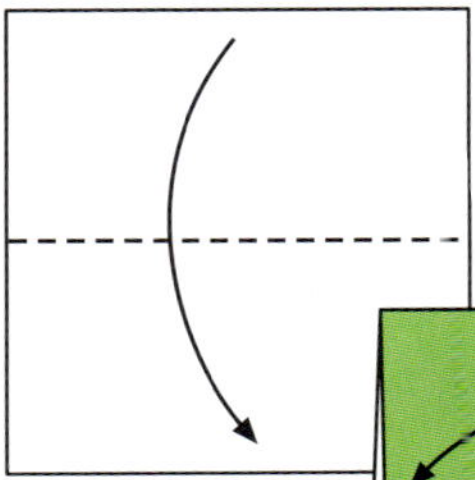

はんぶんにおる

2

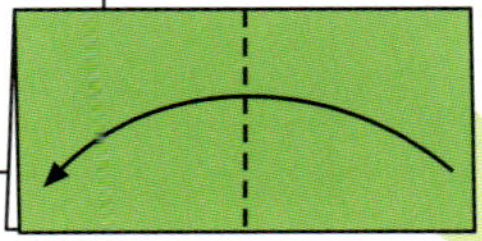

はんぶんにおる

3

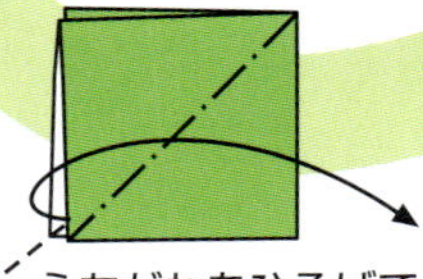

うちがわをひろげて
つぶすようにおる

4

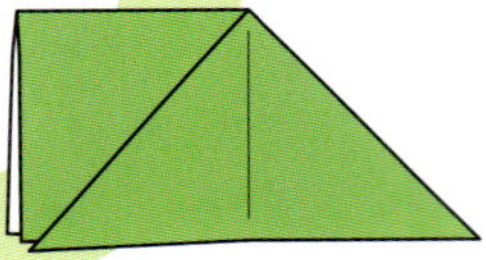

5

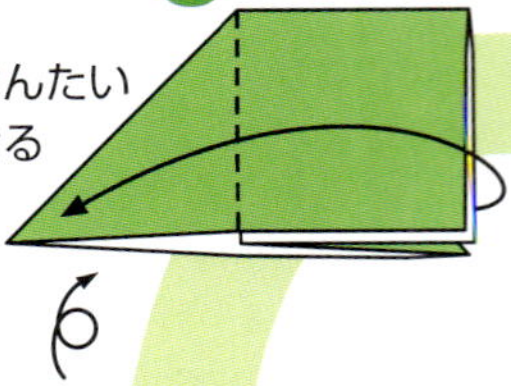

ふちをはんたい
がわにおる

ストッパー

[**はっぱ**] とおなじ
おおきさのかみをつかう

1

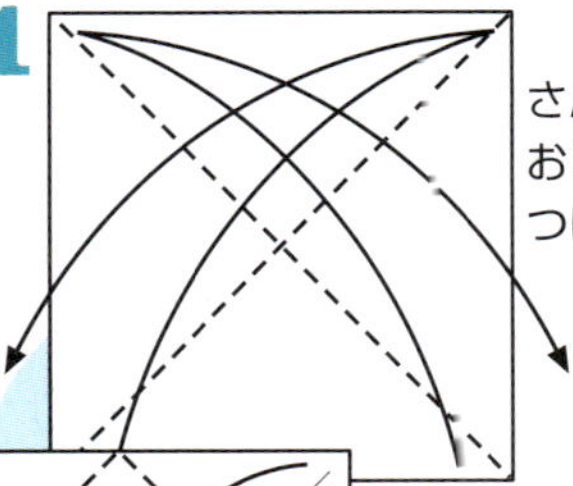

さんかくに
おりすじを
つける

2

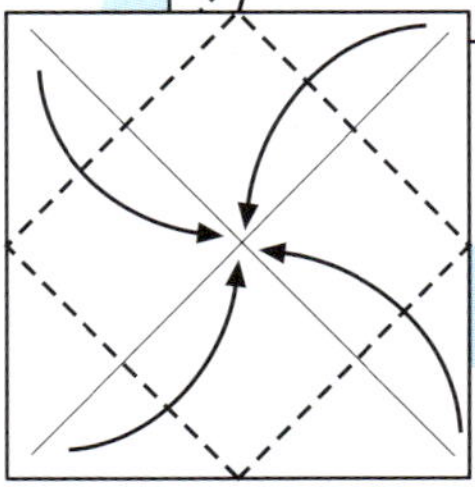

カドをちゅうしんに
あわせておる

3

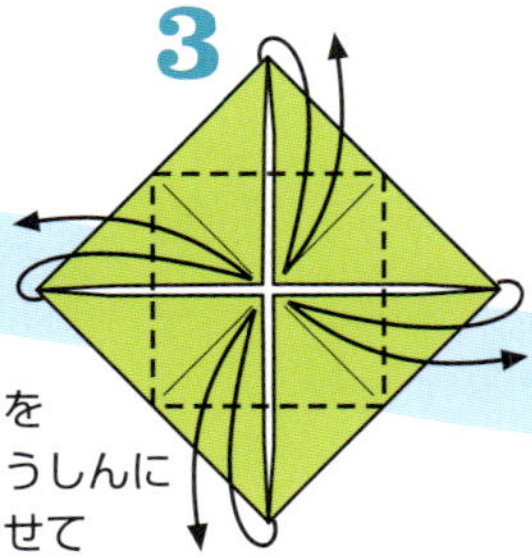

カドを
ちゅうしんに
あわせて
おりすじをつける

4

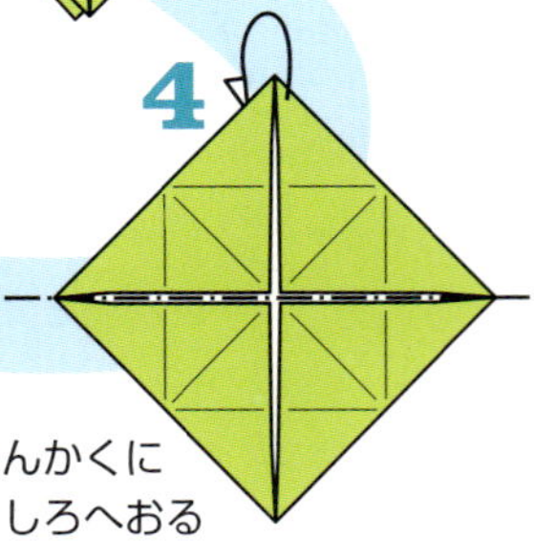

さんかくに
うしろへおる

5

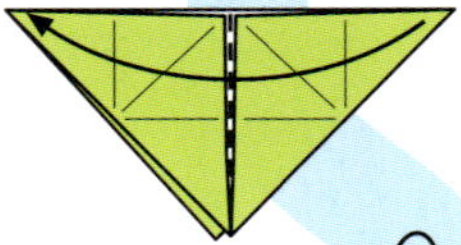

はんぶんにおる

6

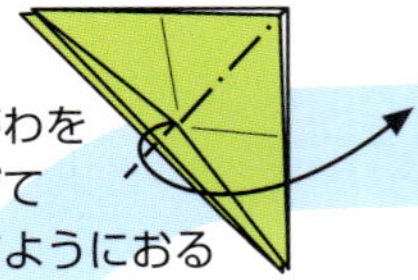

うちがわを
ひろげて
つぶすようにおる

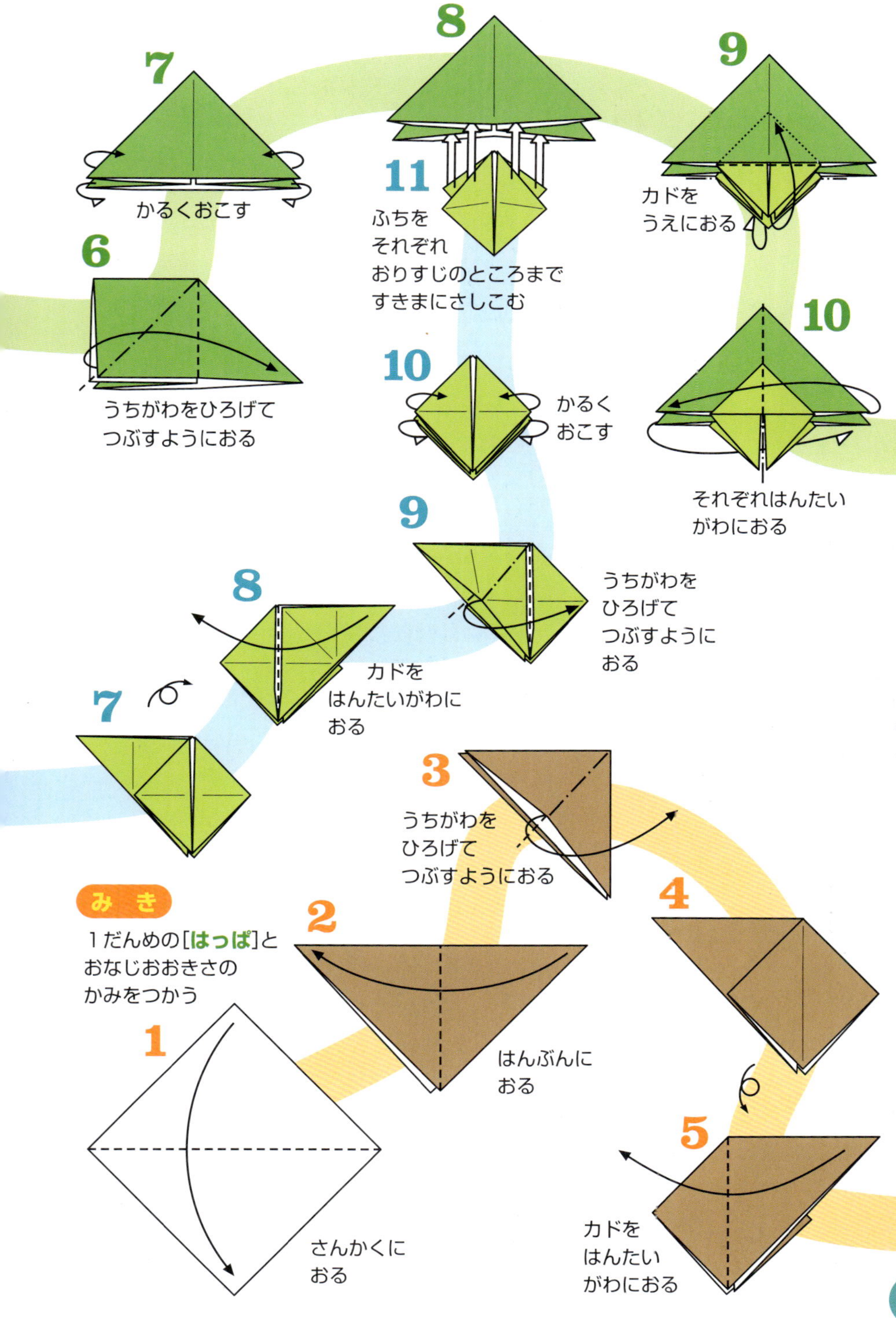
6
うちがわをひろげて
つぶすようにおる
7
かるくおこす
8
9
カドを
うえにおる
10
それぞれはんたい
がわにおる
7
8
カドを
はんたいがわに
おる
9
うちがわを
ひろげて
つぶすように
おる
10
かるく
おこす
11
ふちを
それぞれ
おりすじのところまで
すきまにさしこむ
みき
1だんめの[はっぱ]と
おなじおおきさの
かみをつかう
1
さんかくに
おる
2
はんぶんに
おる
3
うちがわを
ひろげて
つぶすようにおる
4
5
カドを
はんたい
がわにおる

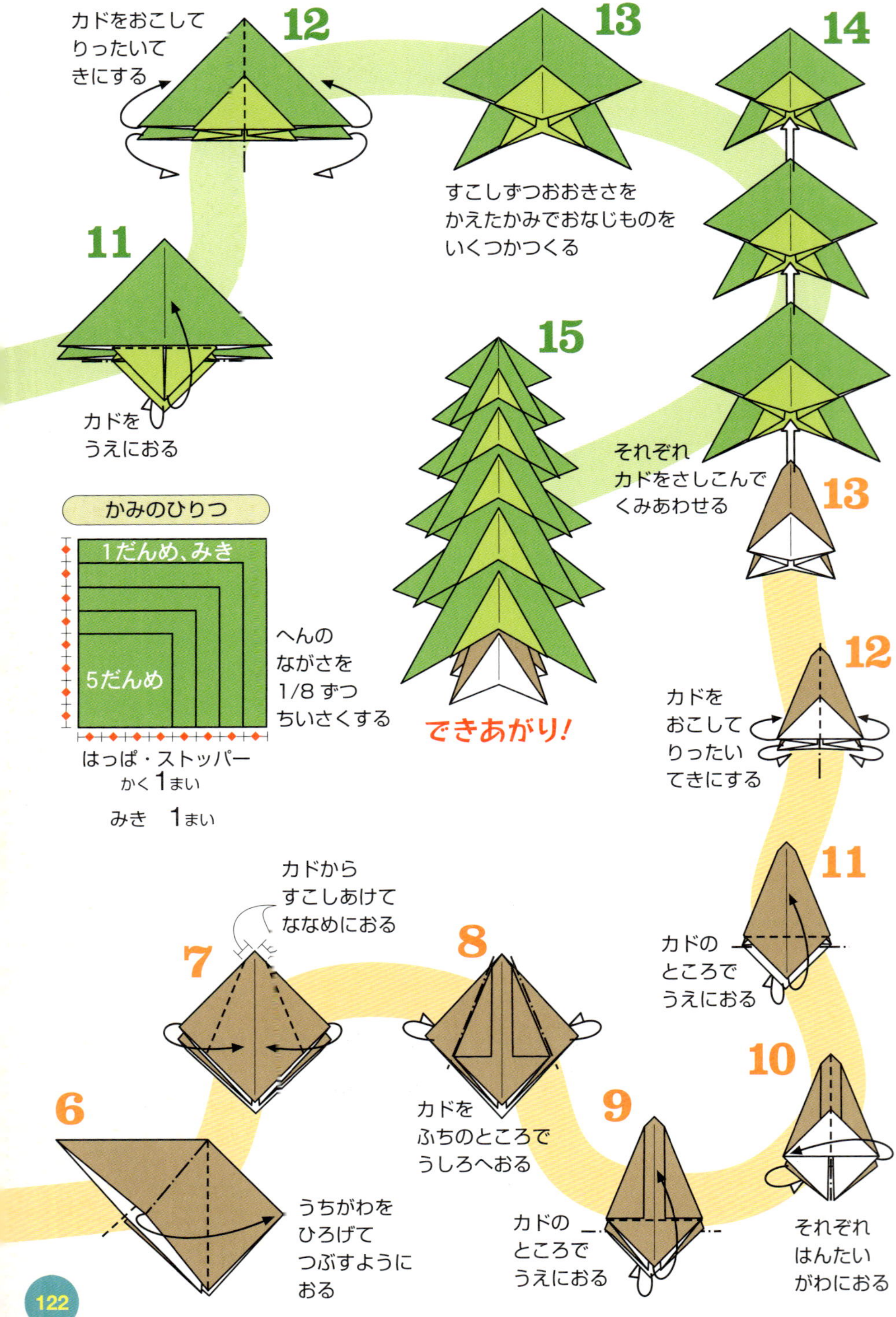
12
カドをおこして
りったいて
きにする
13
すこしずつおおきさを
かえたかみでおなじものを
いくつかつくる
14
11
カドを
うえにおる
15
できあがり!
それぞれ
カドをさしこんで
くみあわせる
13
かみのひりつ
1だんめ、みき
5だんめ
へんの
ながさを
1/8 ずつ
ちいさくする
はっぱ・ストッパー
かく 1まい
みき　1まい
12
カドを
おこして
りったい
てきにする
カドから
すこしあけて
ななめにおる
7
8
11
カドの
ところで
うえにおる
10
カドを
ふちのところで
うしろへおる
9
6
うちがわを
ひろげて
つぶすように
おる
カドの
ところで
うえにおる
それぞれ
はんたい
がわにおる

てがみおりやキレイなはこがいっぱい。ゆびさきゲームもあそぼ！★★★

PART

4

みのまわり

ハートのしおり

Heart Bookmarker

おりがみ **1** まい

かんたん　ふつう　チャレンジ

1

はんぶんに
きったかみを
つかう

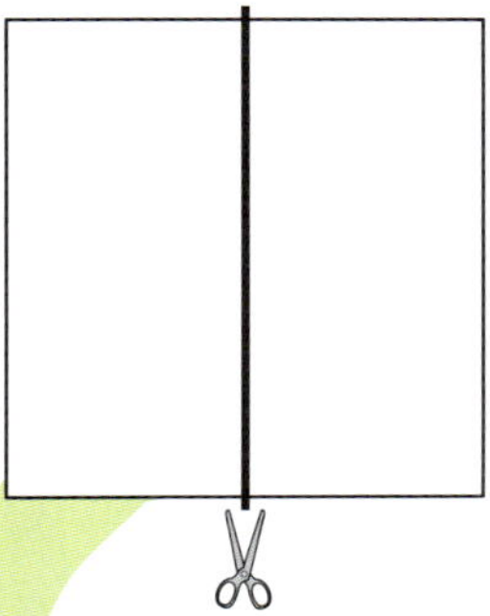

2

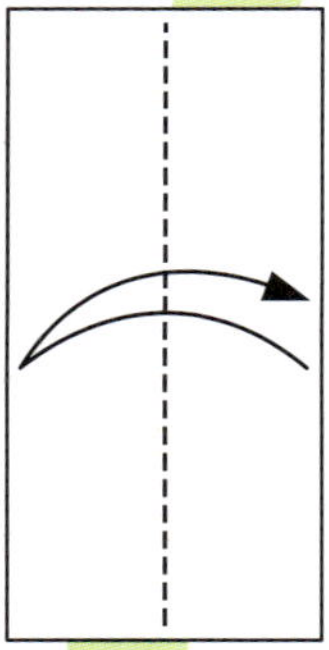

はんぶんに
おりすじを
つける

3

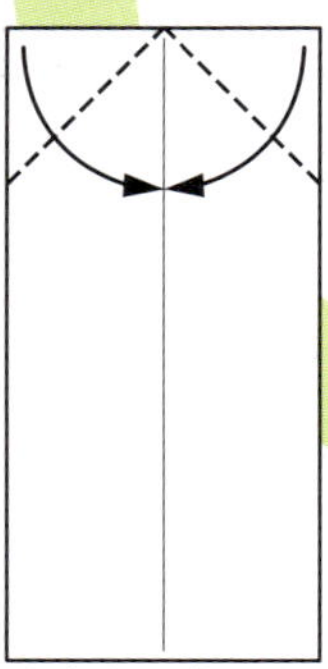

ふちをちゅうしんに
あわせておる

4

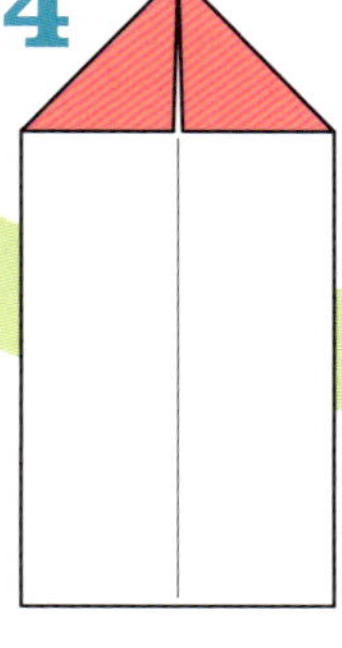

5

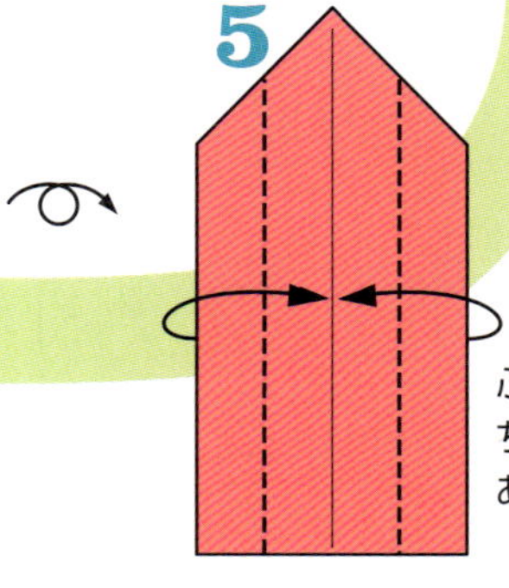

ふちを
ちゅうしんに
あわせておる

6

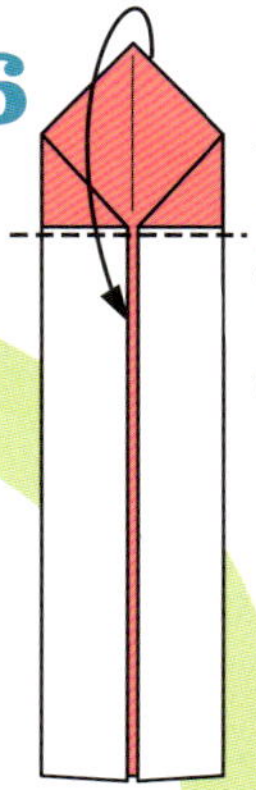

ふちの
ところで
カドを
したに
おる

7

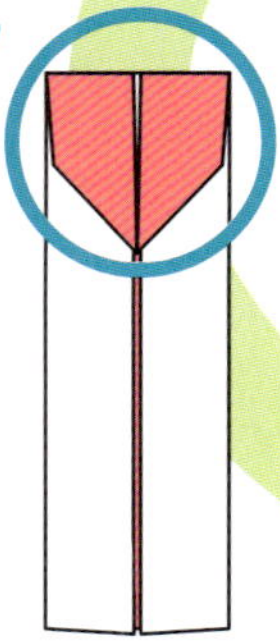

8

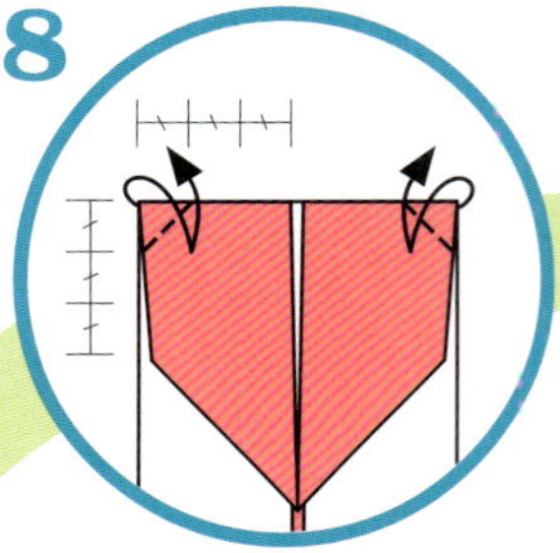

カドから 1/3 のところで
ななめにおりすじを
つける

9

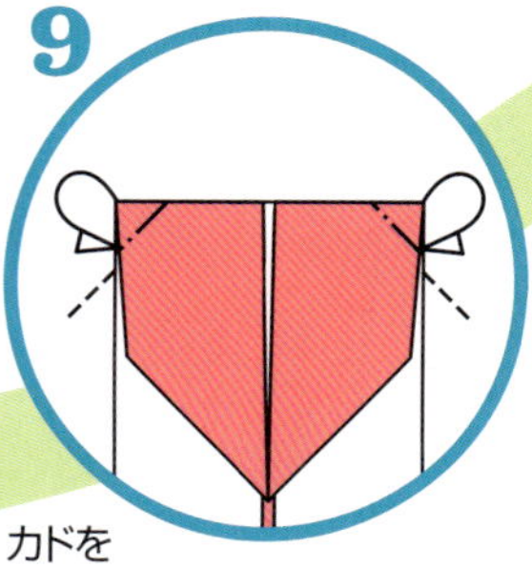

カドを
うちがわに
おりこむ

10

カドをすこし
うちがわにおる

11

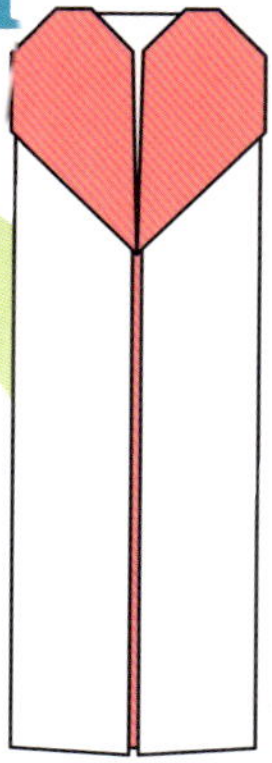

できあがり!

●ほそいしおりもできるよ!

つくろう

1

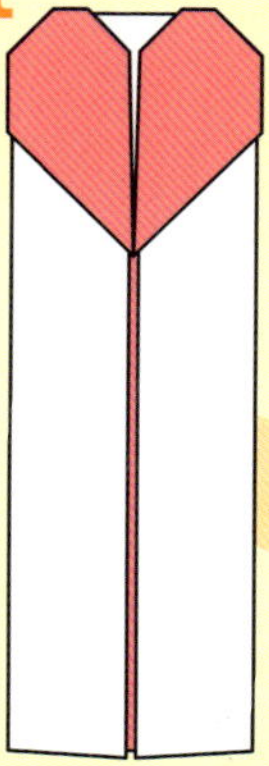

[ハートのしおり]の
できあがりから
はじめる

ふちをカドの
ところでおる

2

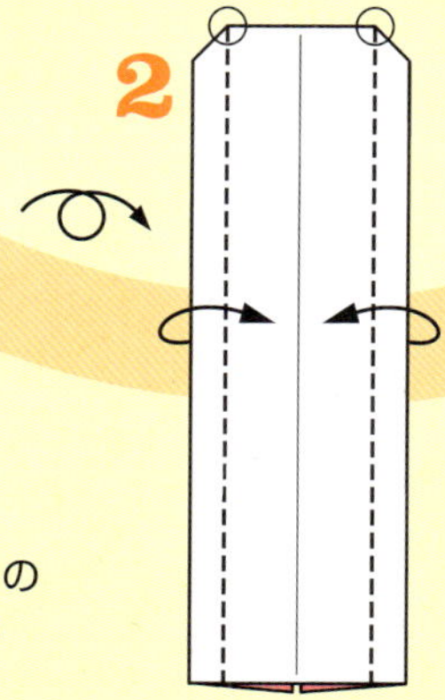

3

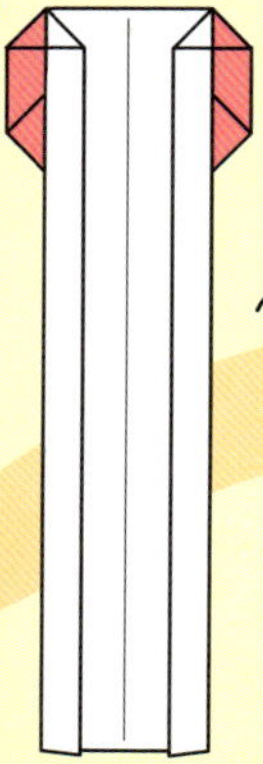

4

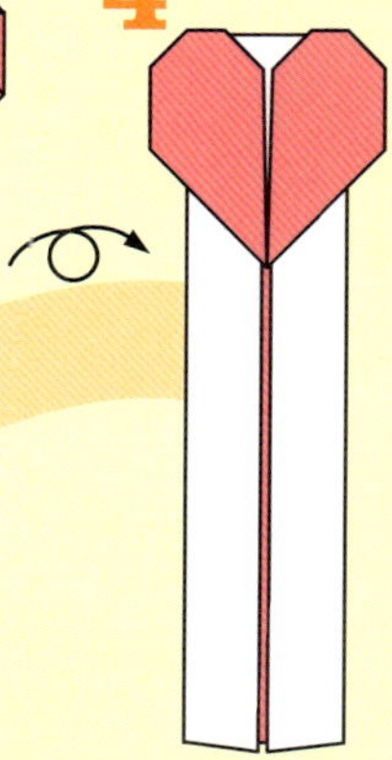

できあがり!

シャツのてがみおり

Shirt Letter Paper Folding

おりがみ **1** まい

かんたん　ふつう　チャレンジ

ちょうほうけいの
かみをつかう

1

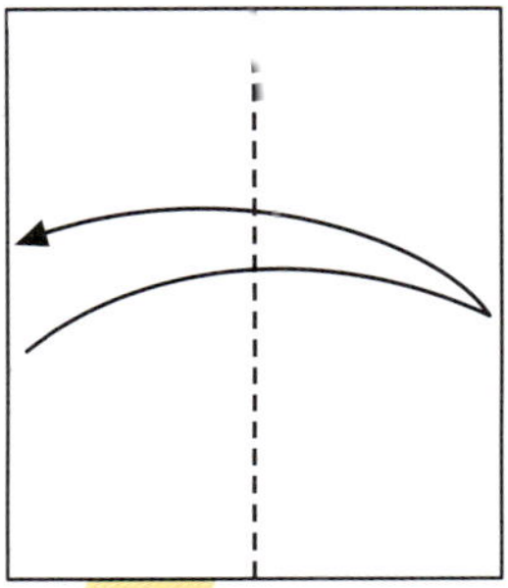

はんぶんに
おりすじを
つける

2

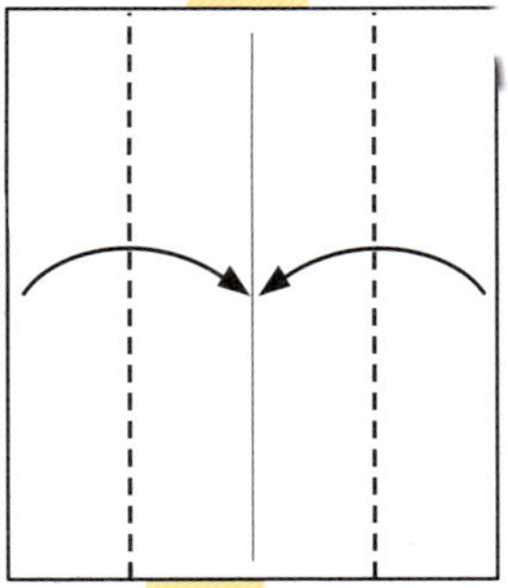

ふちを
ちゅうしんに
あわせておる

3

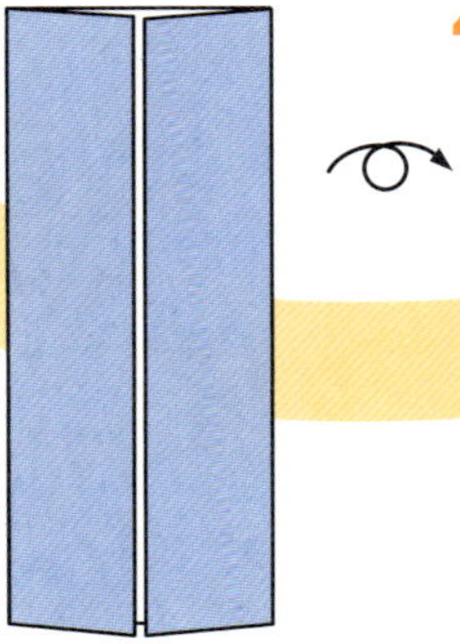

4

ふちをすこし
おる

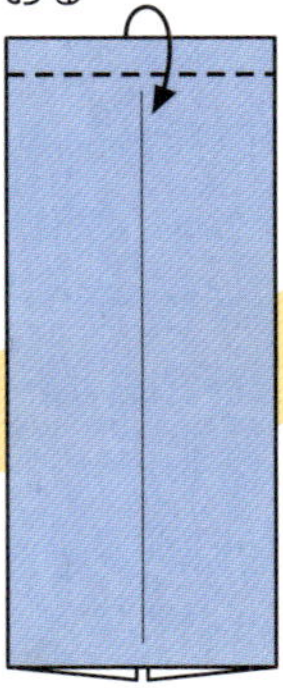

5

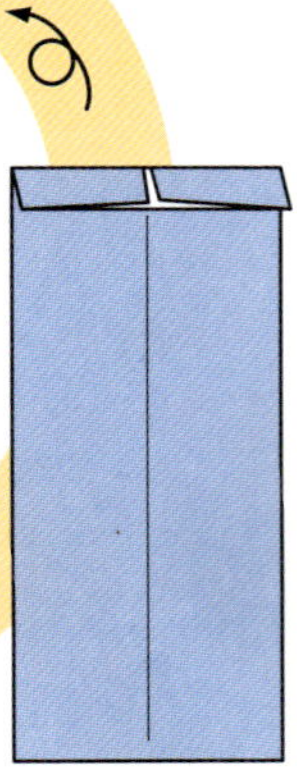

6

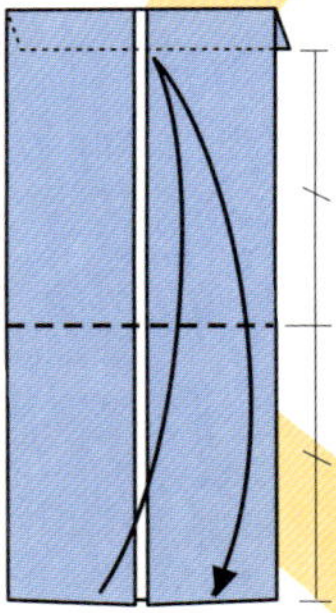

したのふちを
うしろの
ふちのところに
あわせて
おりすじを
つける

7

カドを
6でつけた
おりすじの
ところから
ひろげる
ようにおる

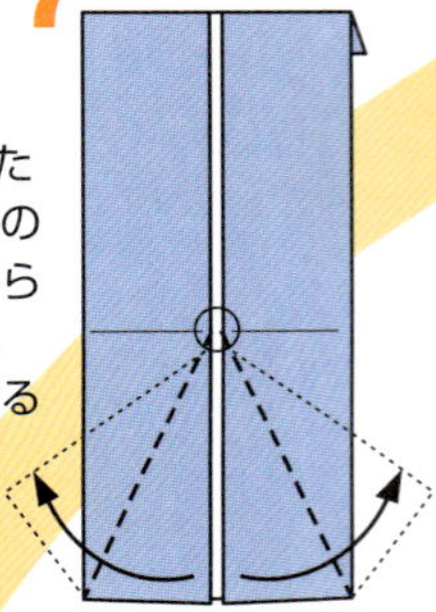

8

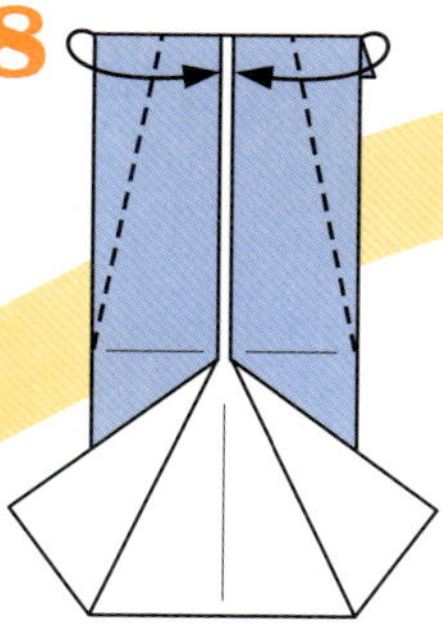

カドをちゅうしんに
あわせてななめにおる

9

ついているおりすじで
ふちをえりのしたに
さしこむようにおる

10

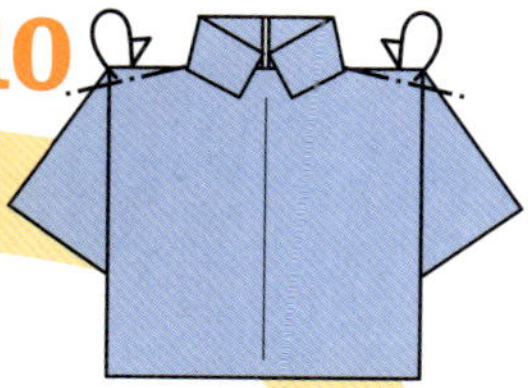

カドをななめに
うしろへおる

11

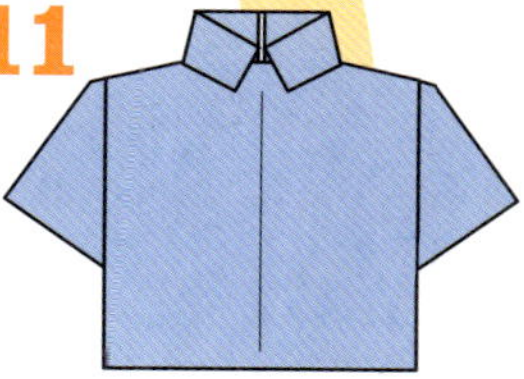

できあがり!

へんしん

●つかいかたは いろいろあるよ!

びんせんにメッセージを
かいてからおれば
そのままてがみになるよ

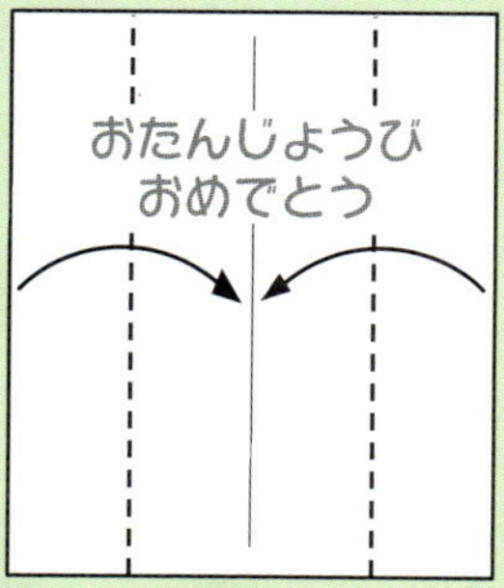

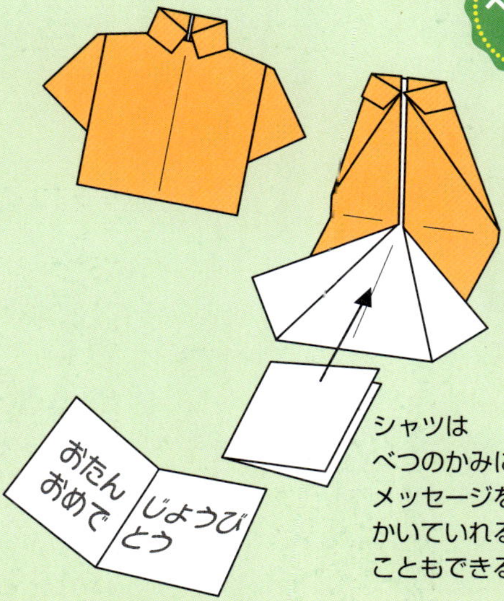

シャツは
べつのかみに
メッセージを
かいていれる
こともできるよ

ほしのてがみおり

Star Letter Paper Folding

おりがみ **1** まい

かんたん　**ふつう**　チャレンジ

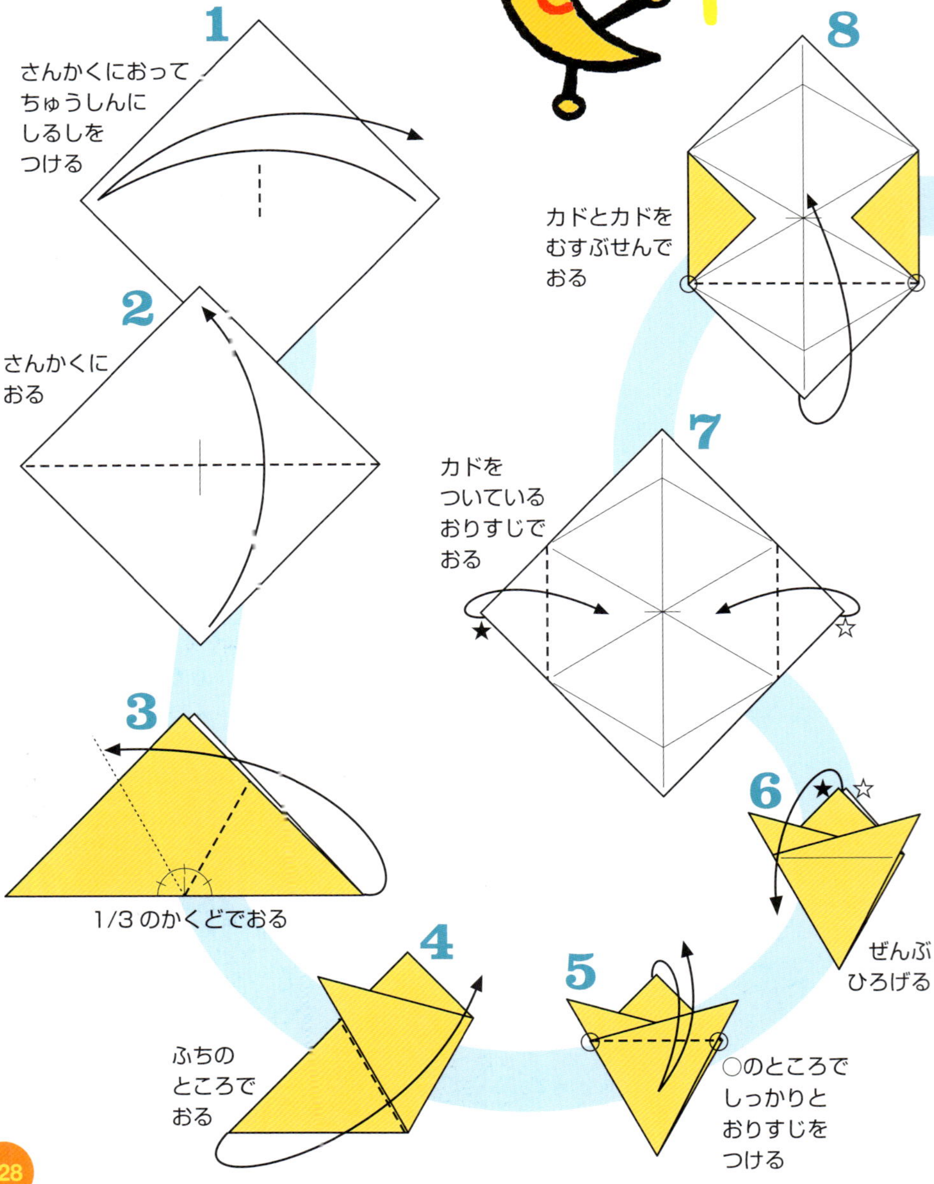

9

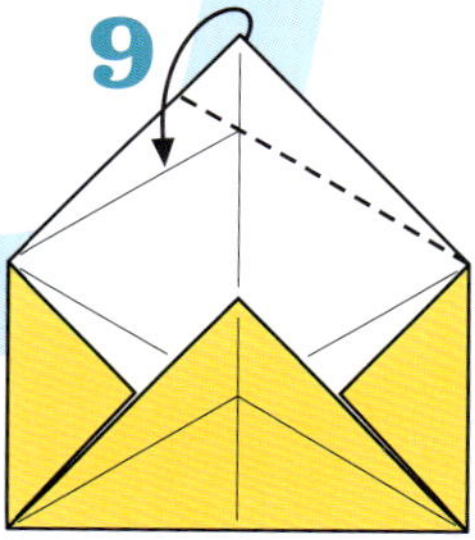

カドを
ついている
おりすじで
おる

10

カドをついている
おりすじでおる

11

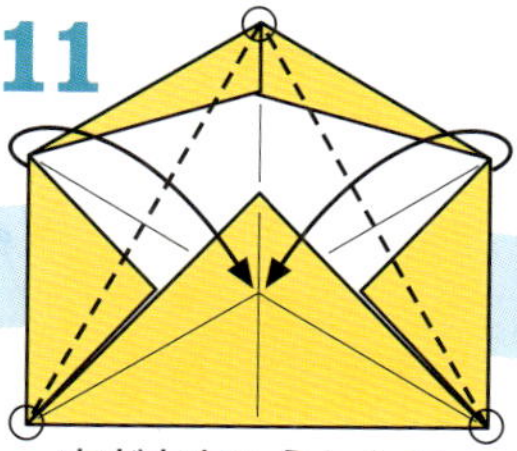

カドをちゅうしんに
あわせておる

12

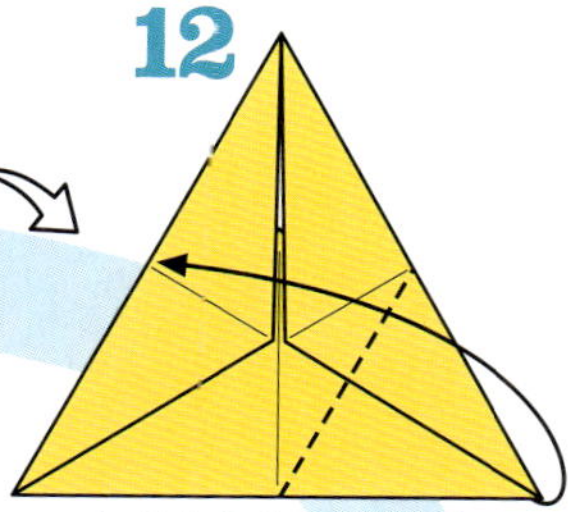

カドをふちにあわせて
おる

13

カドを
ちゅうしんの
ところで
おる

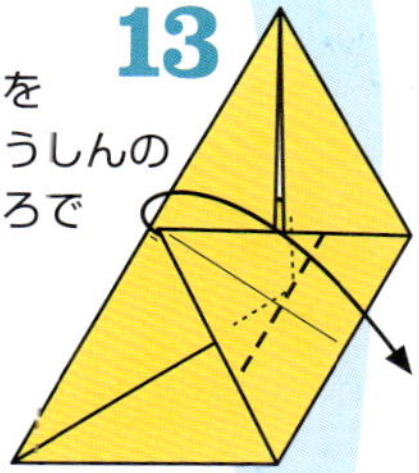

14

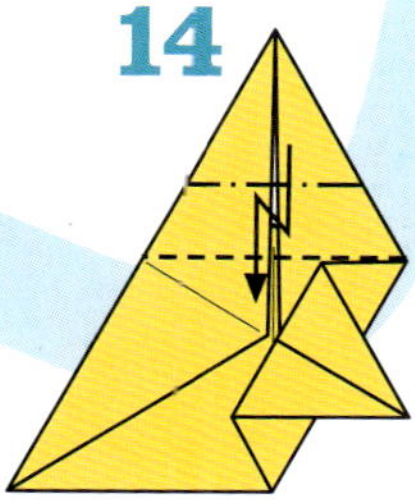

12～13と
おなじようにおる

15

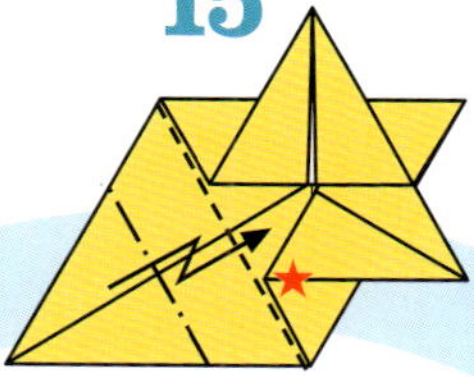

12～13と
おなじように
おる

16

したの★の
カドをうえに
だす

17

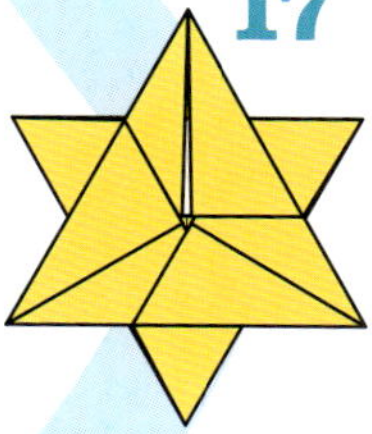

18

できあがり！

カードにしてもいいよ！

へんしん

メッセージを
なかにかいて
プレゼントにそえたり
しょうたいじょうに
したりしてもいいね

ふうとう

Envelope

かんたん　ふつう　チャレンジ

おりがみ **1** まい

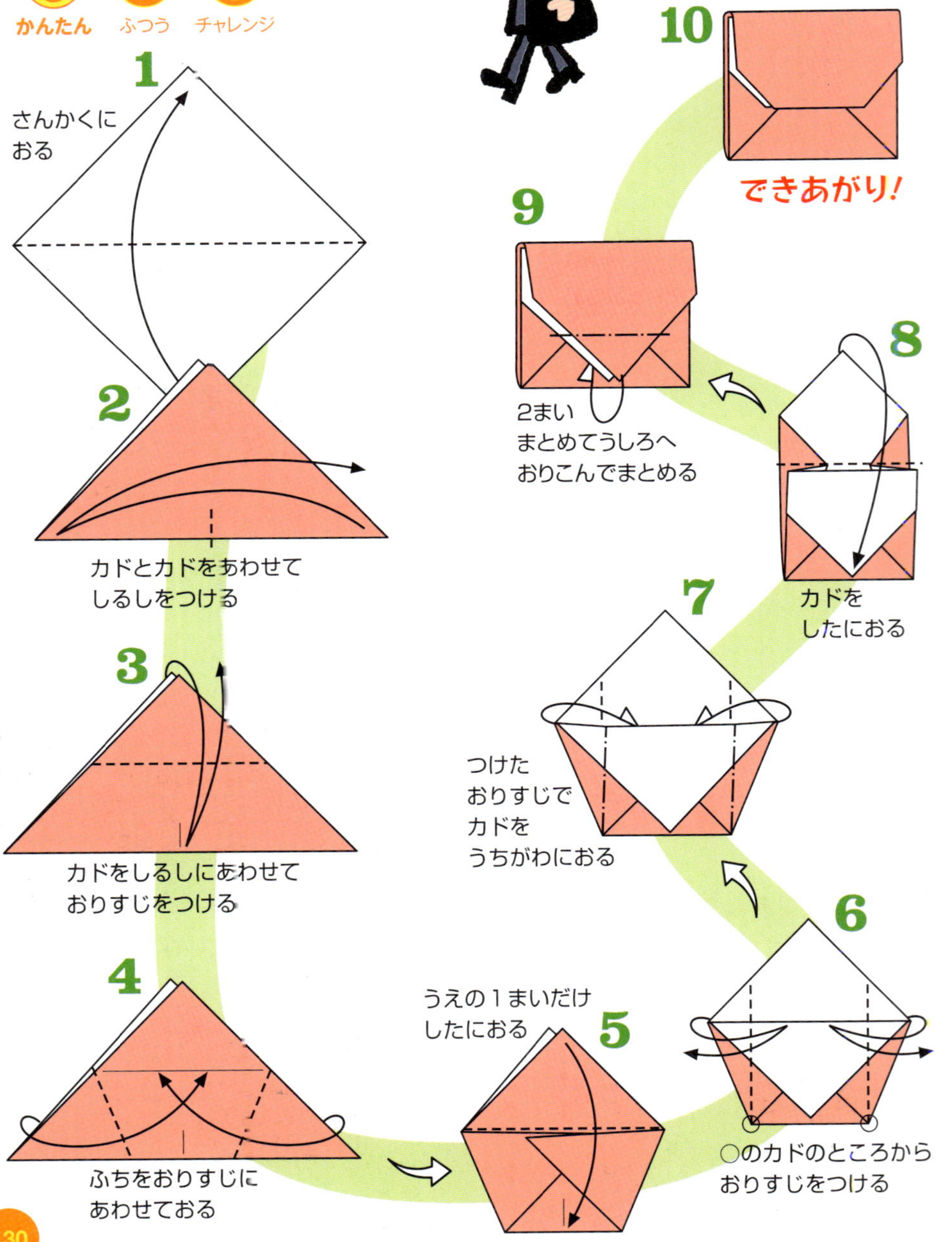

キャンディトレイ

Candy Shaped Tray

おりがみ **1** まい

かんたん　ふつう　**チャレンジ**

1

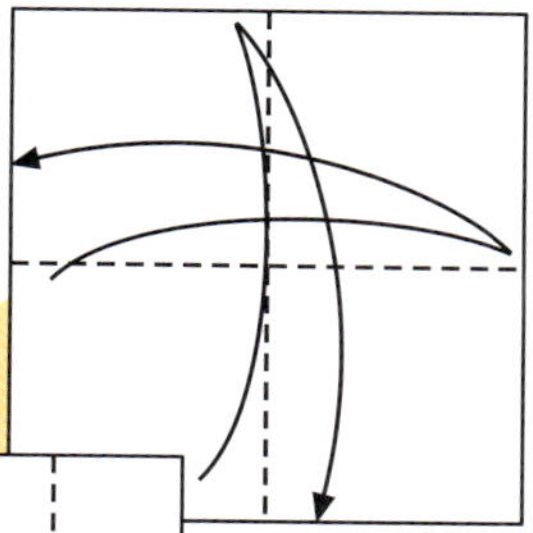

はんぶんに
おりすじを
つける

2

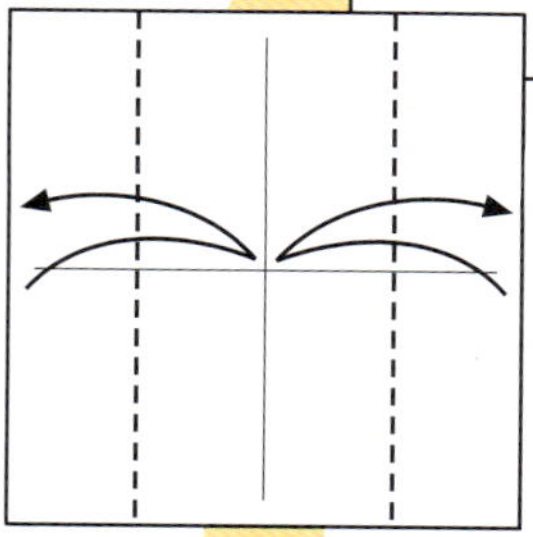

ふちをちゅうしんにあわせて
おりすじをつける

3

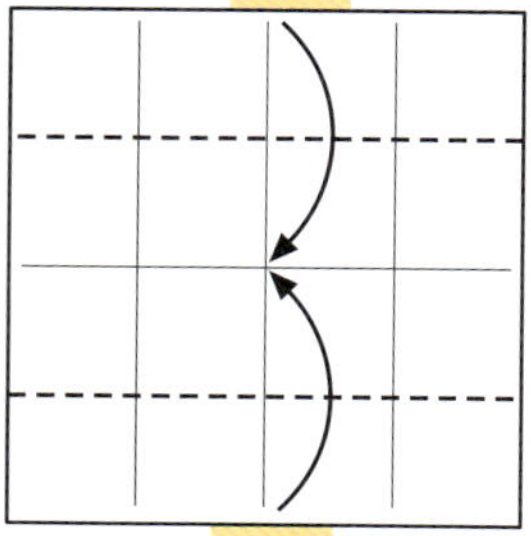

ふちをちゅうしんに
あわせておる

4

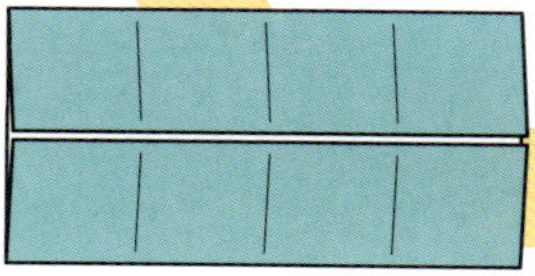

5

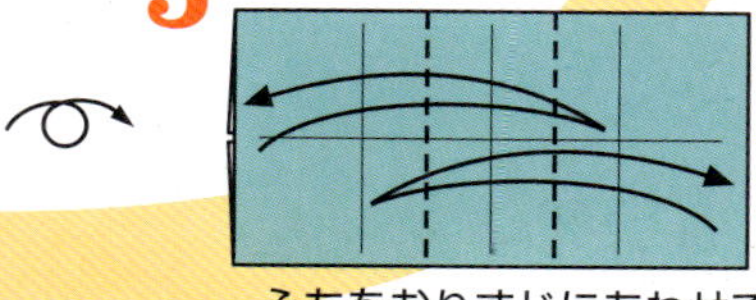

ふちをおりすじにあわせて
おりすじをつける

6

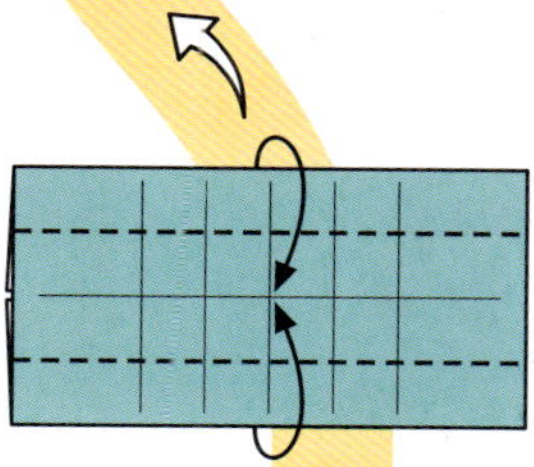

ふちをちゅうしんに
あわせておる

7

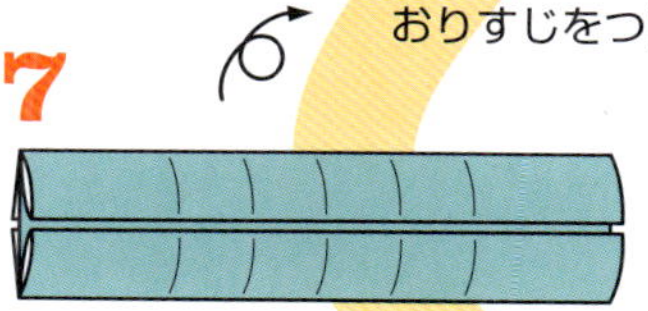

8

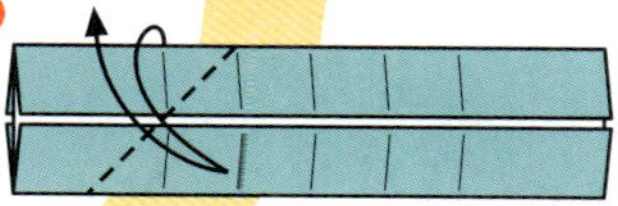

ふちをおりすじにあわせて
おりすじをつける

9

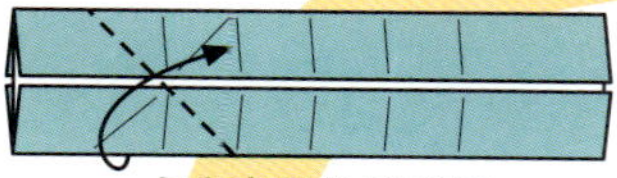

ふちをおりすじに
あわせておる

10

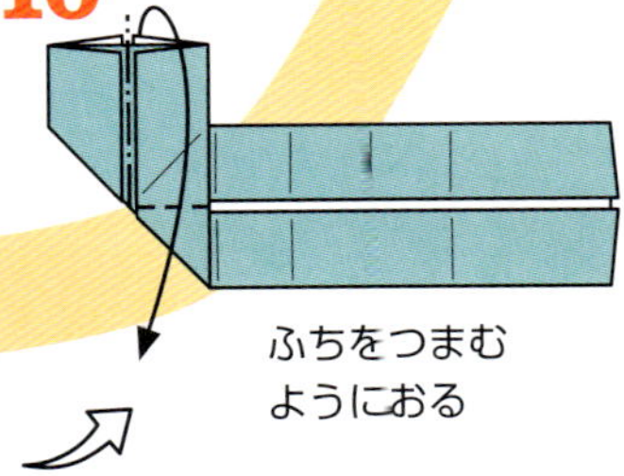

ふちをつまむ
ようにおる

11

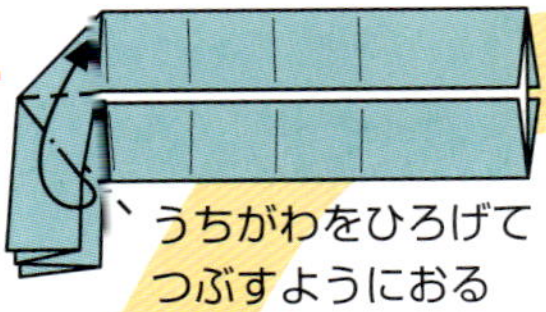

うちがわをひろげて
つぶすようにおる

12

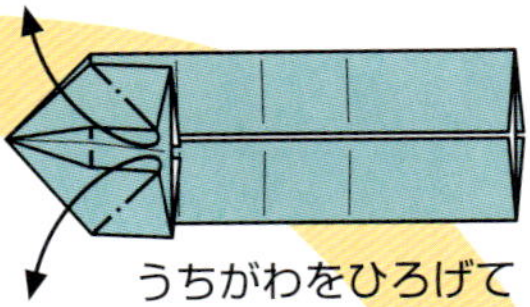

うちがわをひろげて
つぶすようにおる

13

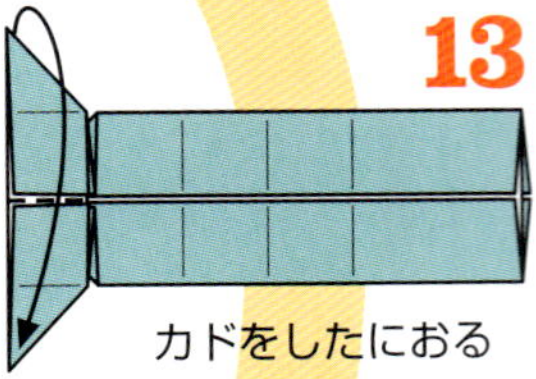

カドをしたにおる

14

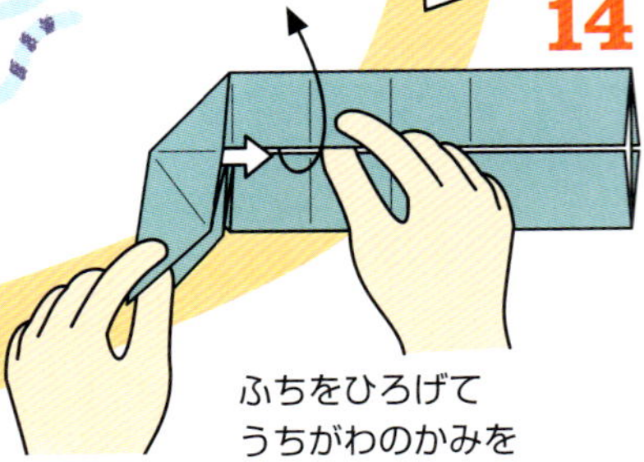

ふちをひろげて
うちがわのかみを
ひきだす

15

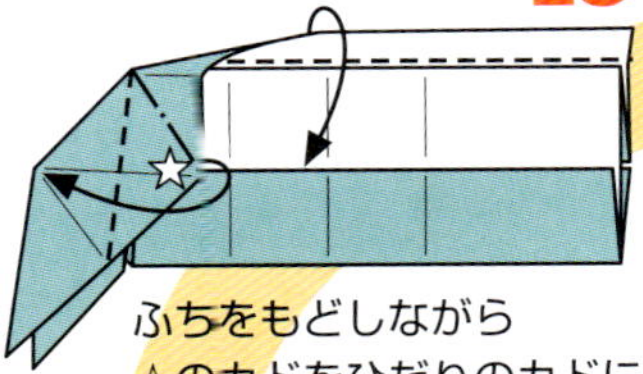

ふちをもどしながら
☆のカドをひだりのカドに
あわせておる

16

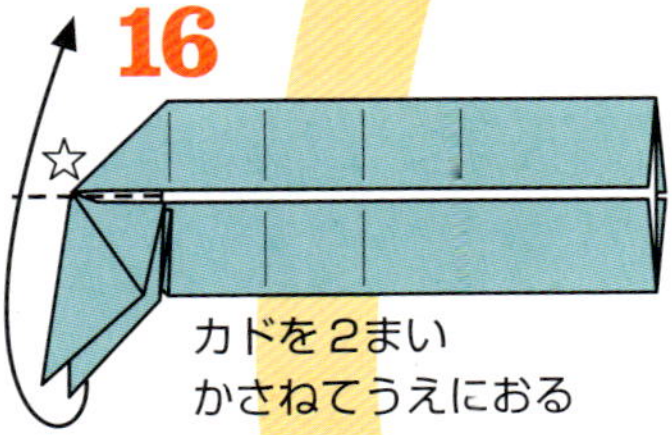

カドを２まい
かさねてうえにおる

17

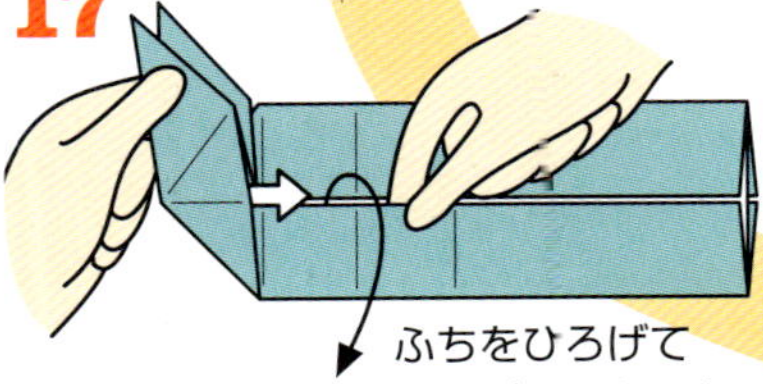

ふちをひろげて
うちがわのかみを
ひきだす

18

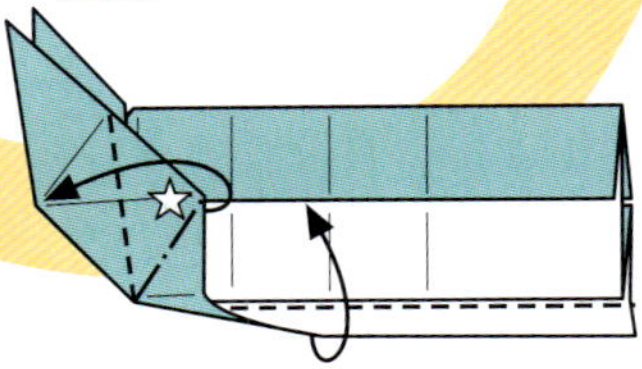

ふちを
もどしながら
☆のカドを
ひだりのカドに
あわせておる

19

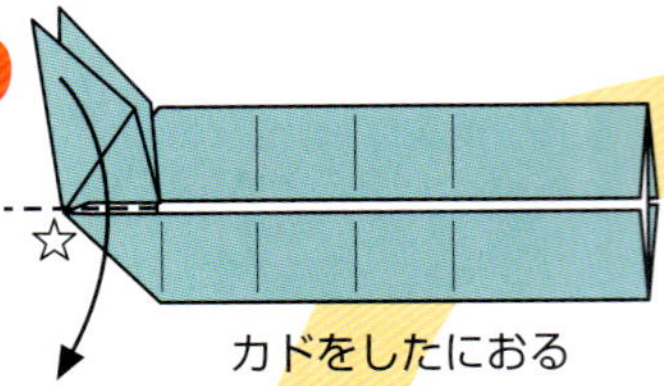

カドをしたにおる

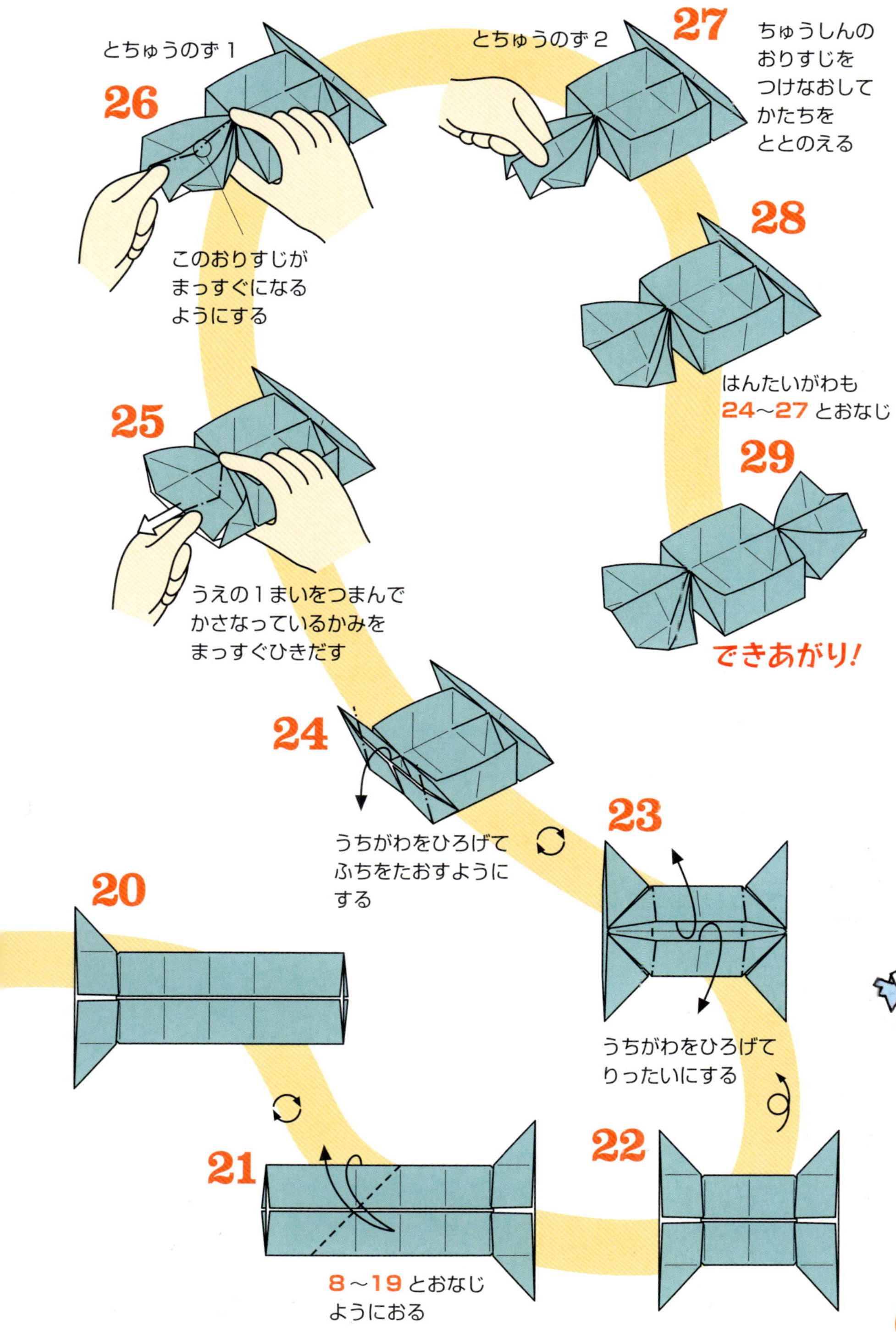
20
21
8～19 とおなじ
ようにおる
22
23
うちがわをひろげて
りったいにする
24
うちがわをひろげて
ふちをたおすように
する
25
うえの１まいをつまんで
かさなっているかみを
まっすぐひきだす
26
とちゅうのず１
このおりすじが
まっすぐになる
ようにする
27
とちゅうのず２
ちゅうしんの
おりすじを
つけなおして
かたちを
ととのえる
28
はんたいがわも
24～27 とおなじ
29
できあがり!

かんたんこざら

Easy Small Plate

かんたん **ふつう** チャレンジ

おりがみ **1** まい

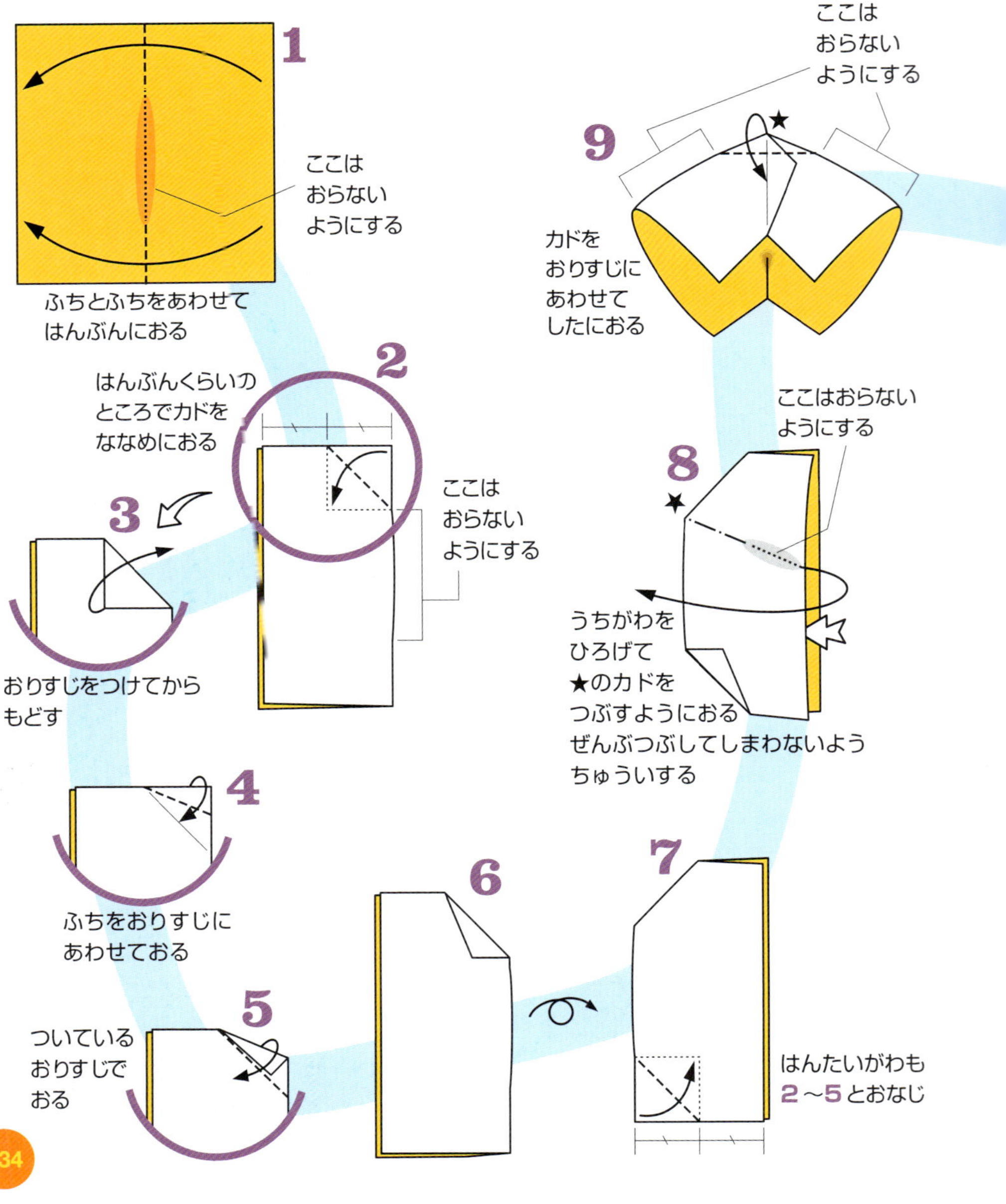

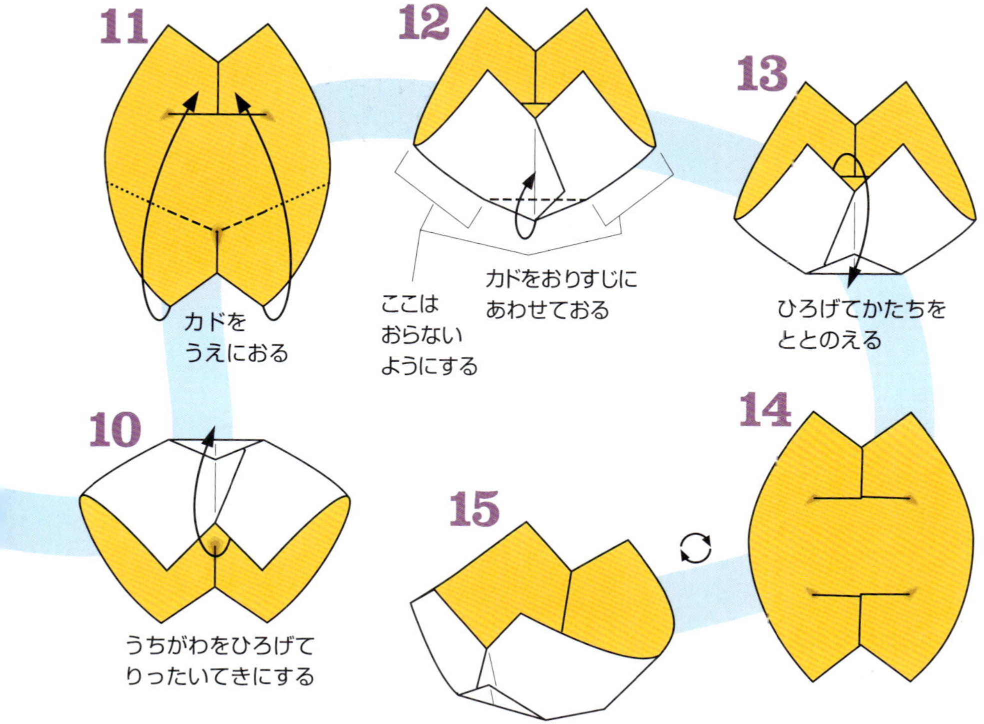

できあがり!

●バスケットにもなるよ

あつでのかみをつかっておると
しっかりしたバスケットができるよ

つくろう

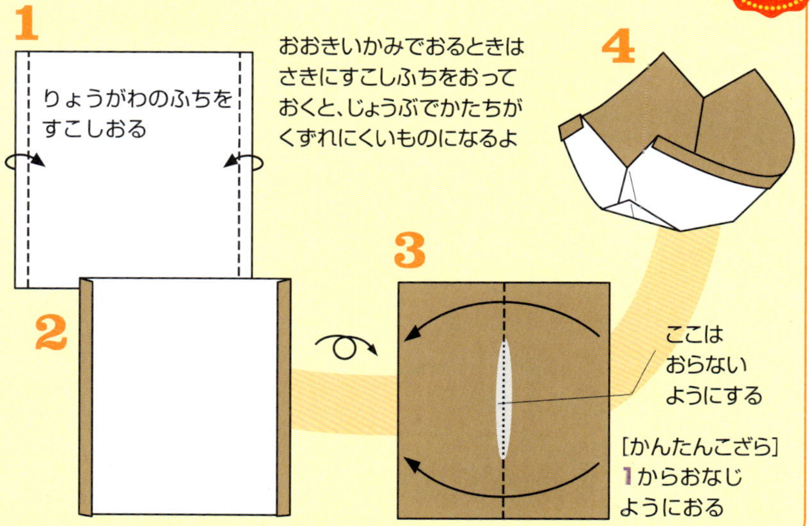

トイボックス

Toy Box

かんたん　**ふつう**　チャレンジ

おりがみ **1** まい

ちょうほうけいの
かみをつかう

1

はんぶんに
おる

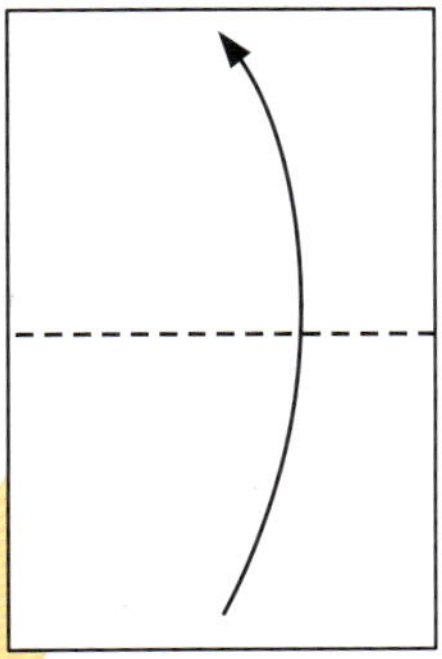

2

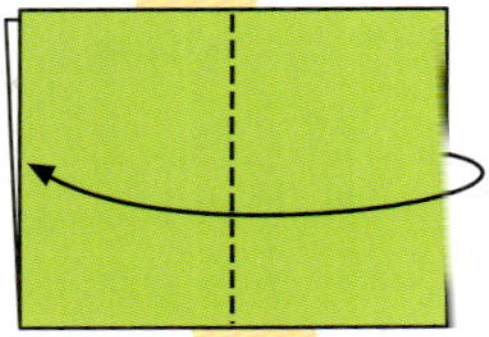

はんぶんにおる

3

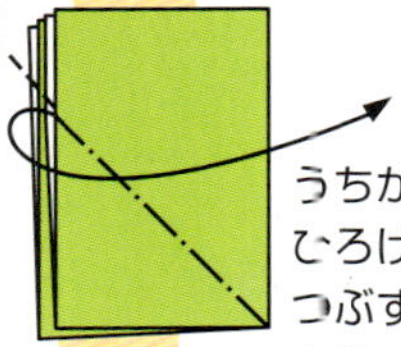

うちがわを
ひろげて
つぶすように
おる

4

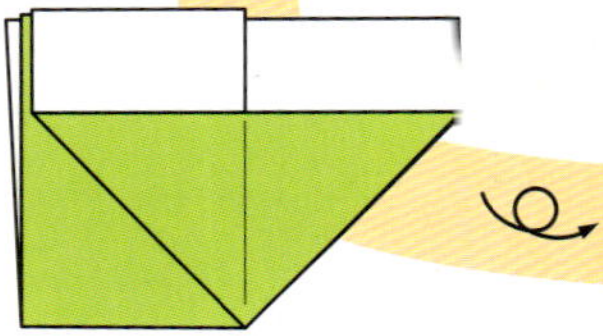

5

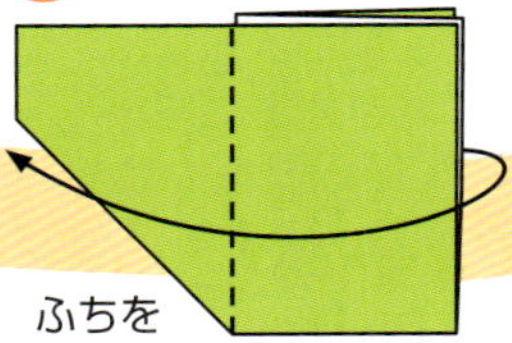

ふちを
はんたいがわにおる

6

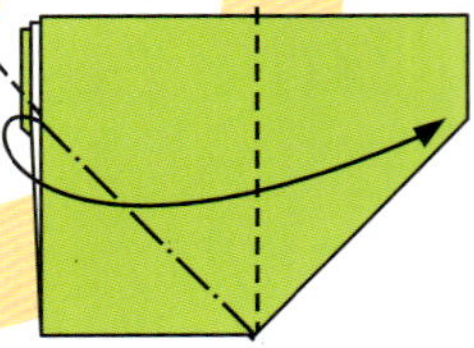

うちがわをひろげて
つぶすようにおる

7

うえの1まいと
したの1まいを
それぞれはんたい
がわにおる

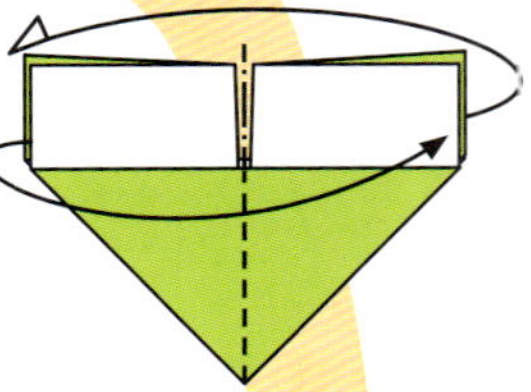

8

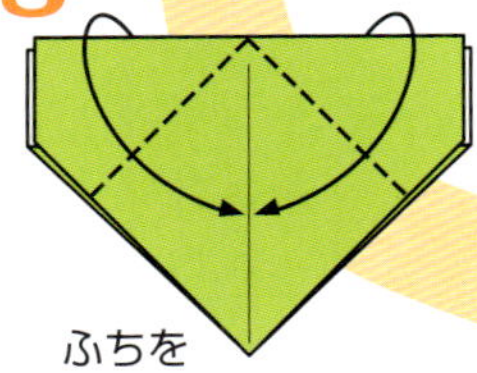

ふちを
ちゅうしんに
あわせておる

9

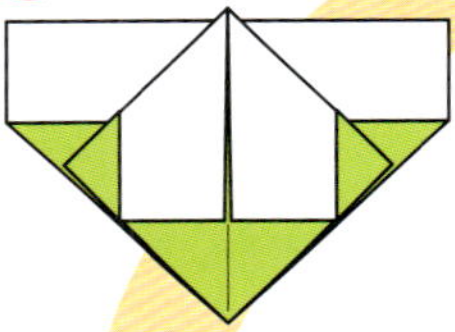

10

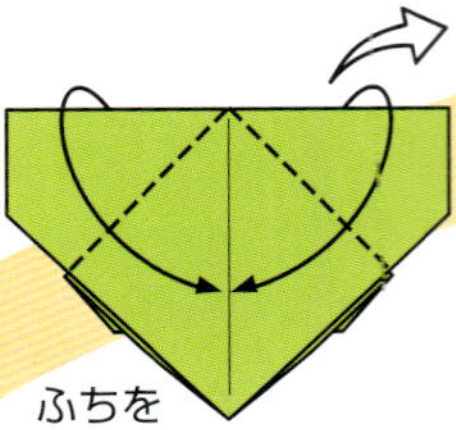

ふちを
ちゅうしんに
あわせておる

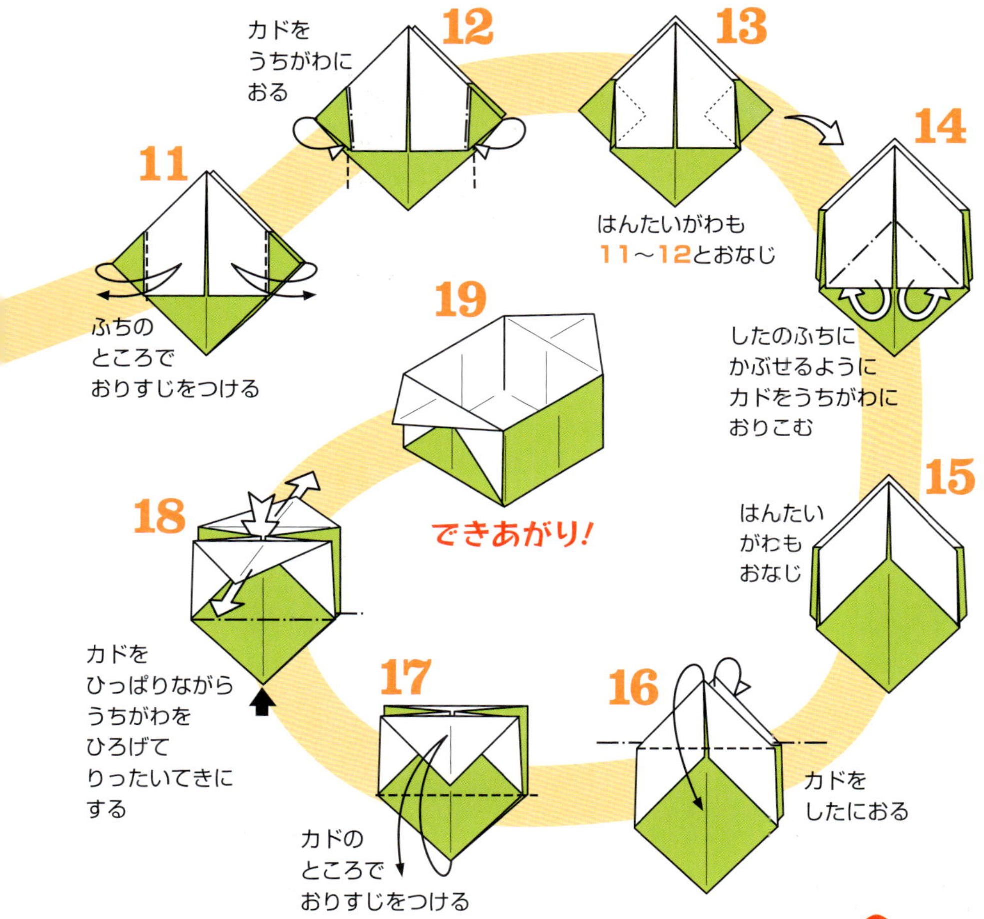

●たかさのちがうはこができるよ！

つくろう

いろいろなひりつのちょうほうけいの
かみでおってね

4:3のひりつのかみでおると
せのたかいいれものになる

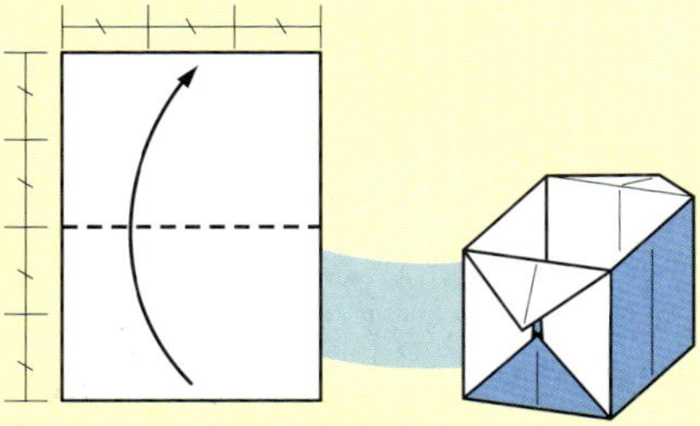

3:2のひりつの
かみでおると
せのひくい
いれものになる

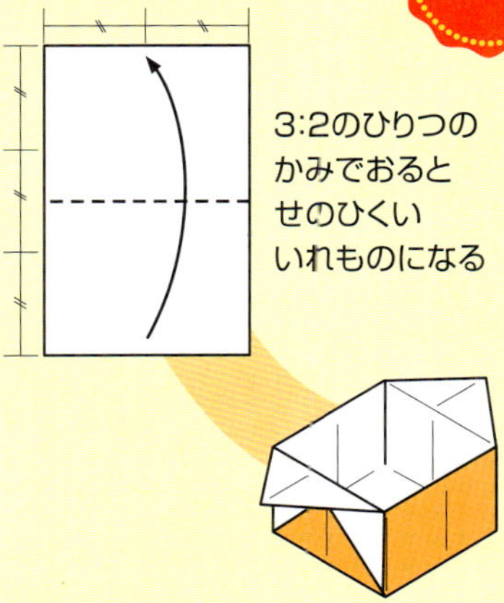

ハウスボックス

House Shaped Box

おりがみ **6** まい

かんたん　ふつう　**チャレンジ**

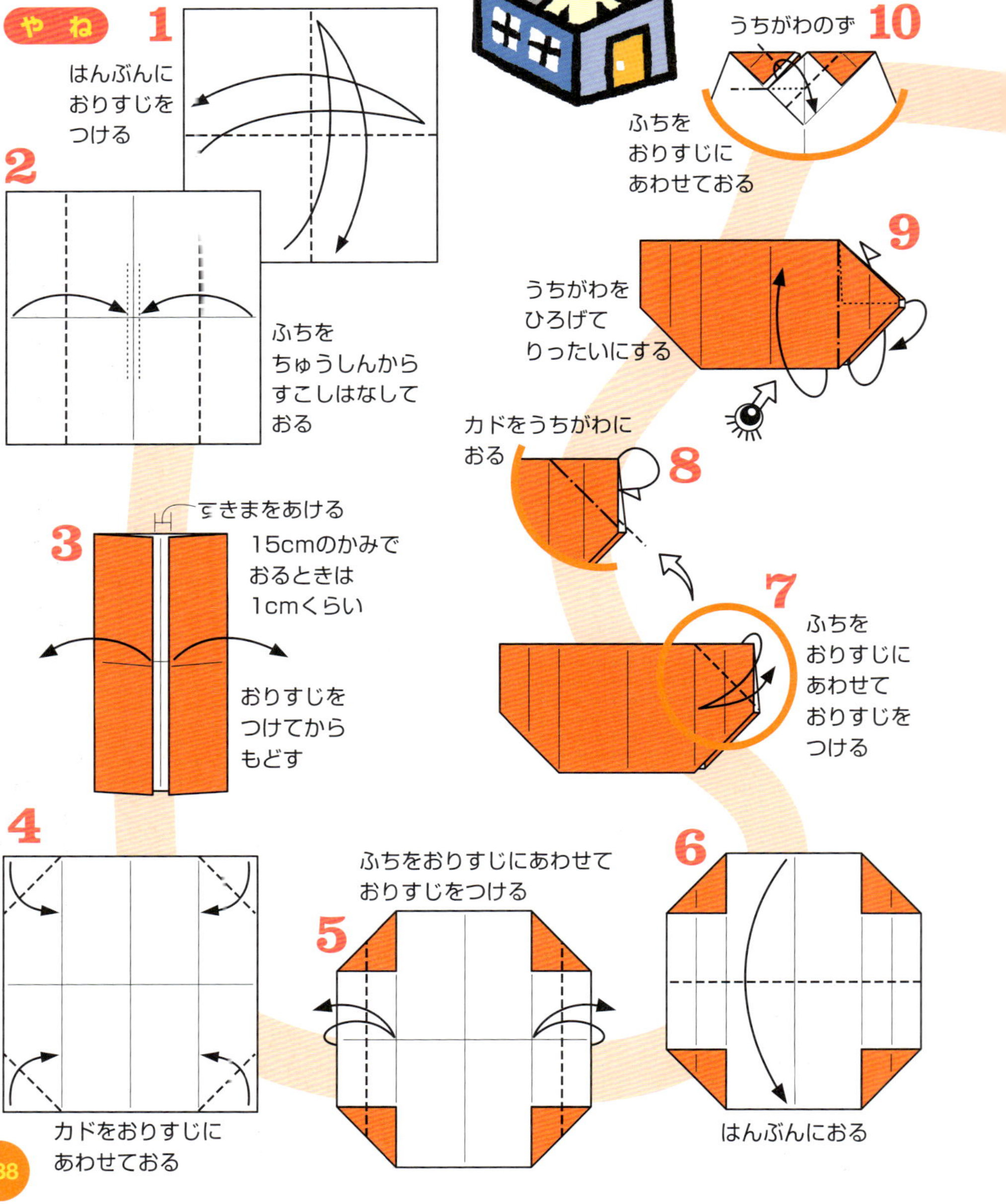

11

おきあがってきた
ふちもおりすじに
あわせておる

12

このカドが
ういてくるときは
のりづけする

はんたいがわも
7～11とおなじ

13

やね
できあがり！

かべ 1

1

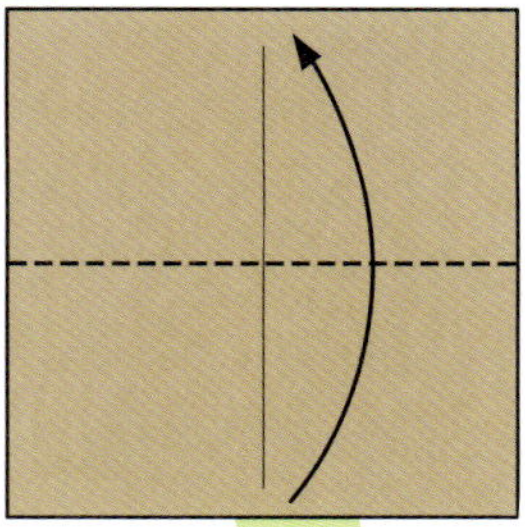

たてにはんぶんに
おりすじを
つけてから
はんぶんにおる

2

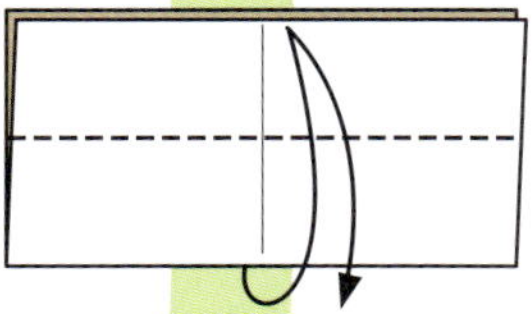

はんぶんに
おりすじを
つける

3

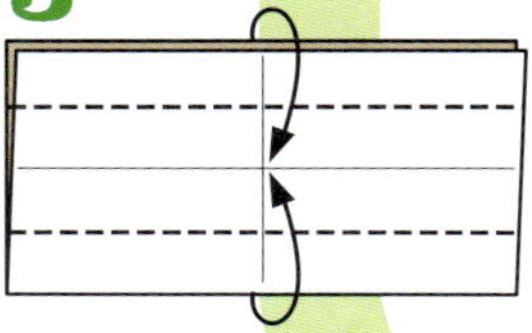

ふちを
ちゅうしんに
あわせておる

4

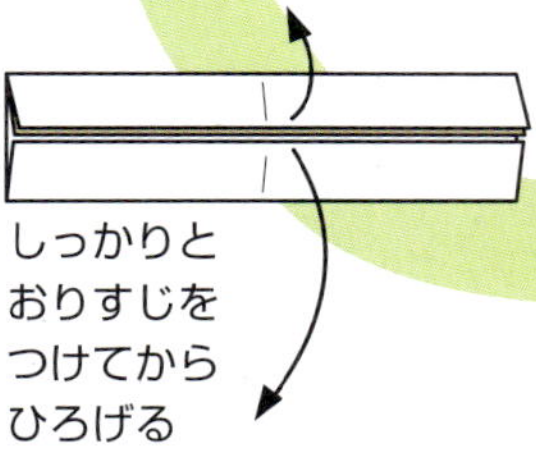

しっかりと
おりすじを
つけてから
ひろげる

5

1ばんうえの
おりすじで
ふちをしたにおる

6

うえから2ばんめの
おりすじで
ふちを
したにおる

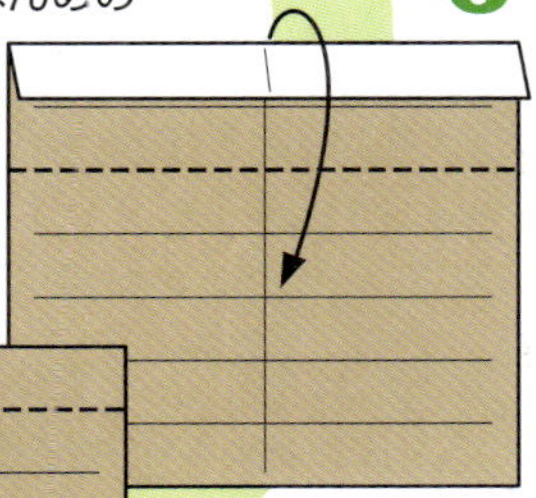

7

1ばんしたの
おりすじで
ふちを
うしろへおる

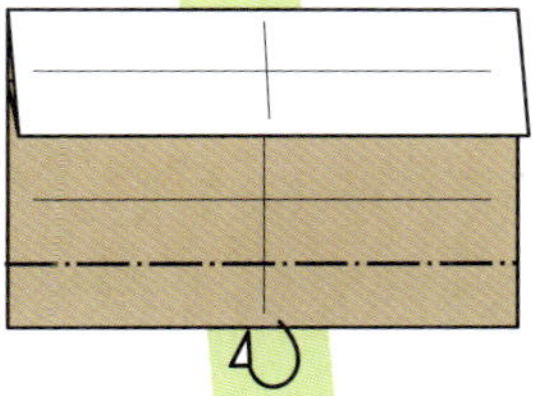

8

ちゅうしんの
おりすじで
ふちを
うしろへおる

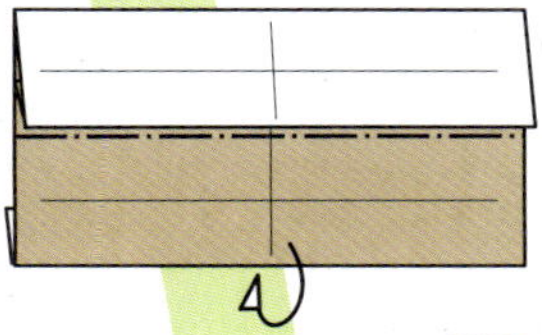

9

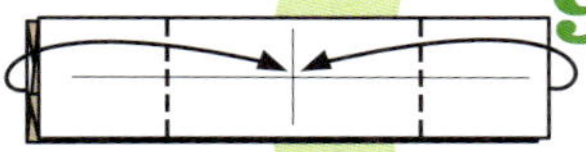

ふちを
ちゅうしんにあわせておる

10

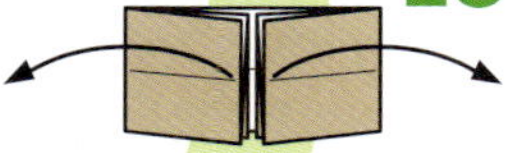

しっかりとおりすじを
つけてからもどす

かべ 1
できあがり！

11

おなじものを2つつくる

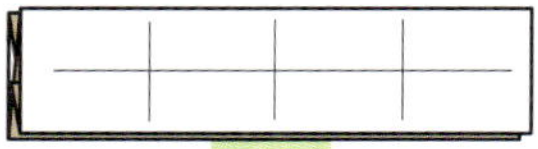

かべ２

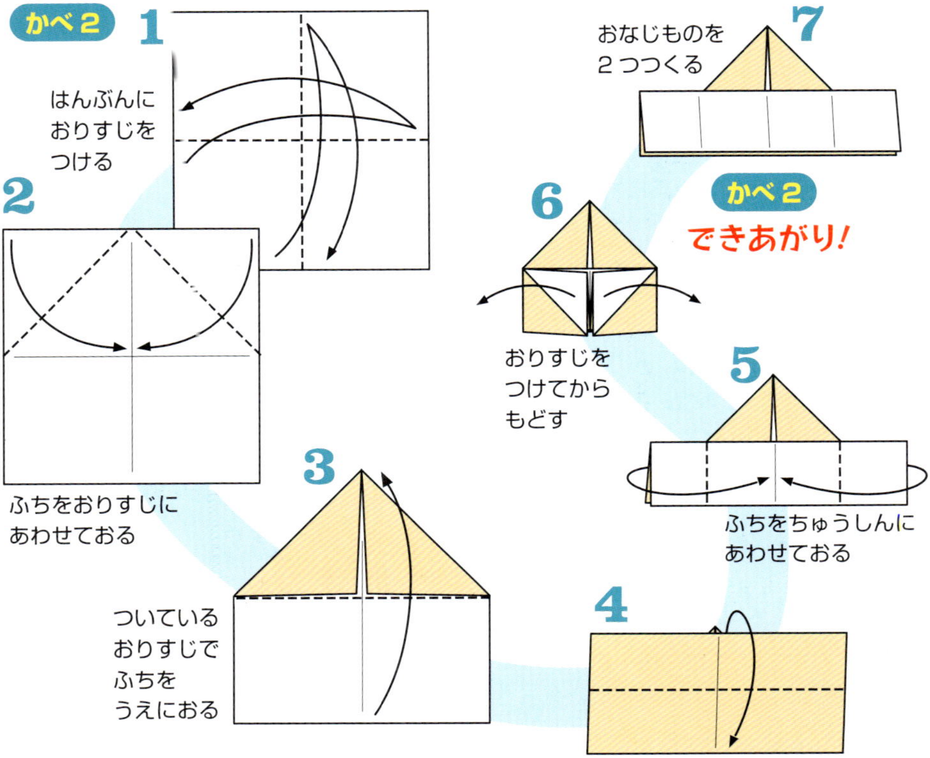
1
はんぶんに
おりすじを
つける
2
ふちをおりすじに
あわせておる
3
ついている
おりすじで
ふちを
うえにおる
4
ふちとふちを
あわせておる
5
ふちをちゅうしんに
あわせておる
6
おりすじを
つけてから
もどす
7
おなじものを
２つつくる
かべ２
できあがり！

どだい

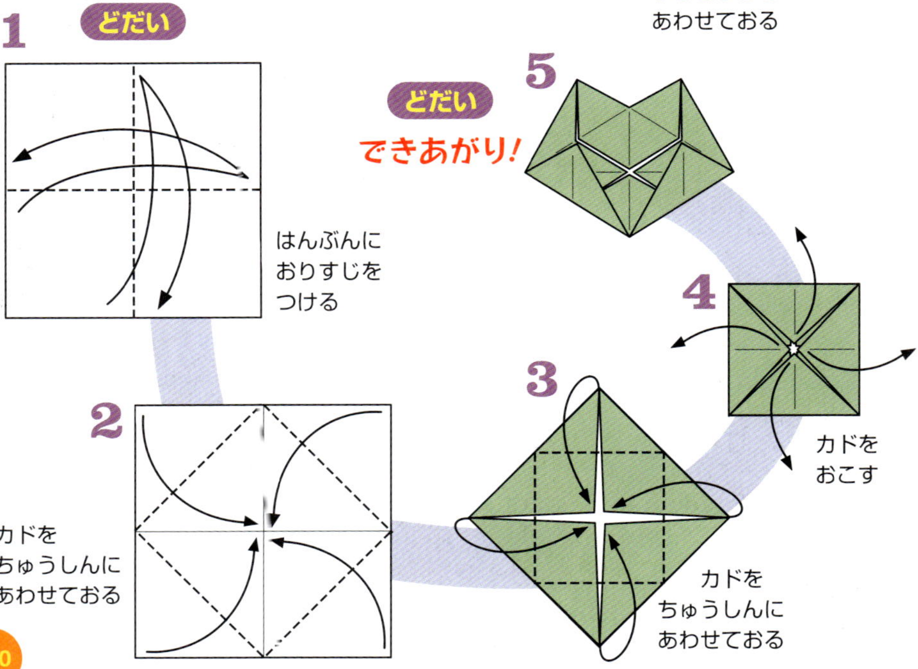
1
はんぶんに
おりすじを
つける
2
カドを
ちゅうしんに
あわせておる
3
カドを
ちゅうしんに
あわせておる
4
カドを
おこす
5
どだい
できあがり！

くみたてかた

1

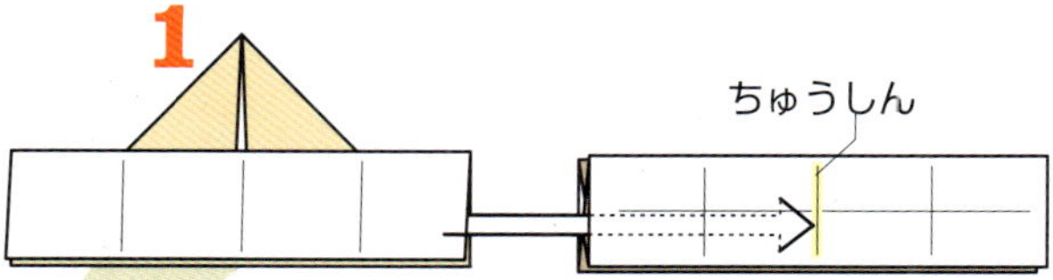

[かべ2]のふちを[かべ1]の
1ばんうえのすきまに
ちゅうしんまでさしこむ

2

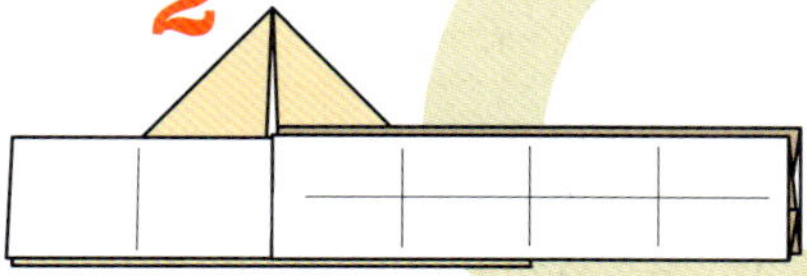

3

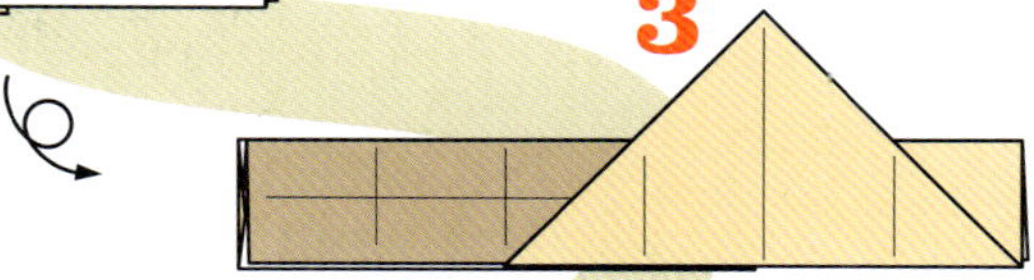

おもてからみたず

4

のこりもおなじように
さしこんでつなぐ

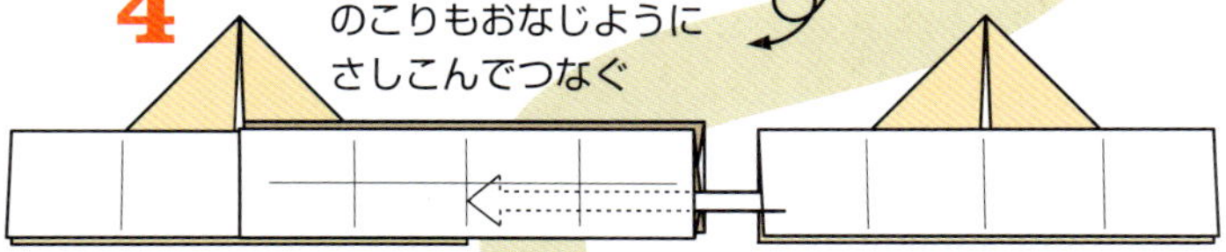

5

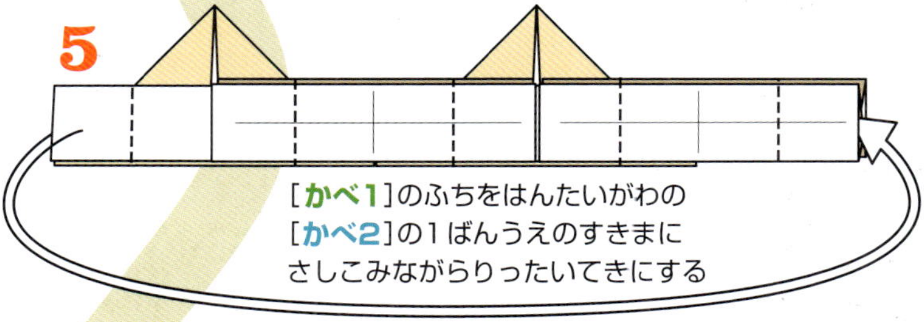

[かべ1]のふちをはんたいがわの
[かべ2]の1ばんうえのすきまに
さしこみながらりったいてきにする

6

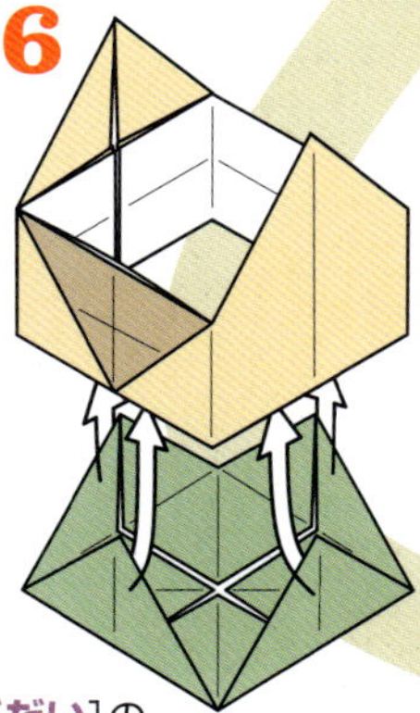

[どだい]の
カドをそれぞれ
[かべ1][かべ2]の
すきまにさしこむ

7

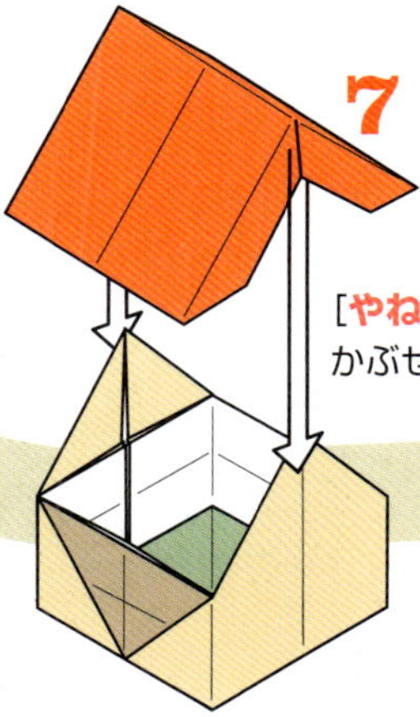

[やね]を
かぶせる

8

できあがり!

ゆびわ①

Ring 1

かんたん　**ふつう**　チャレンジ

おりがみ **2** まい

かざり

1

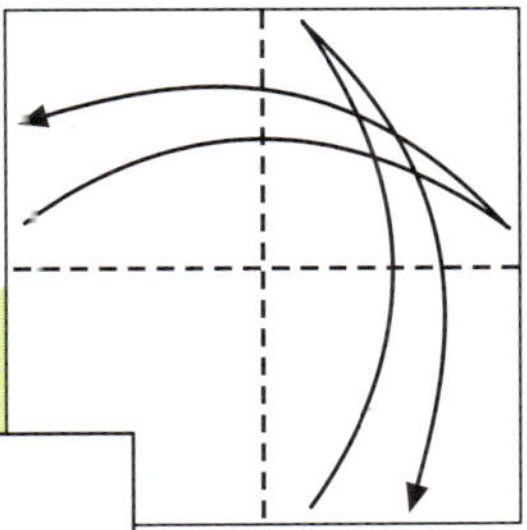

はんぶんに
おりすじを
つける

2

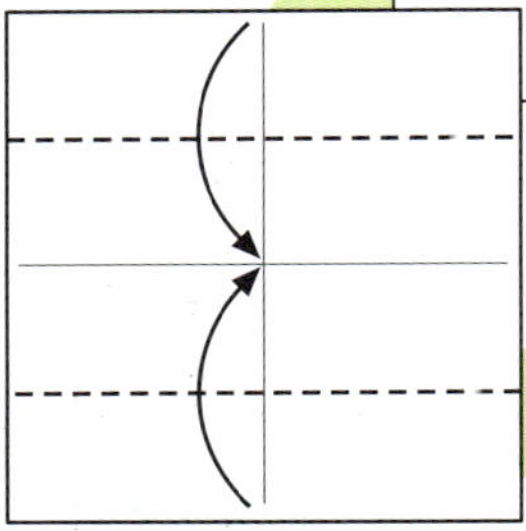

ふちをちゅうしんに
あわせておる

かみのひりつ

1まい

リングは 8×2cm
かざりは 4×4cm
くらいがいいよ

1まい

3

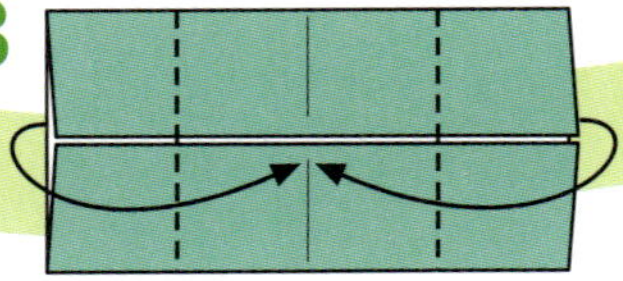

ふちをちゅうしんに
あわせておる

4

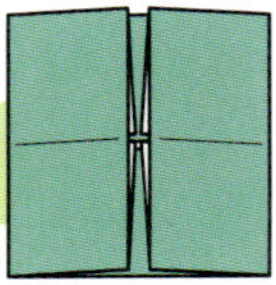

かざり
できあがり!

リング

1

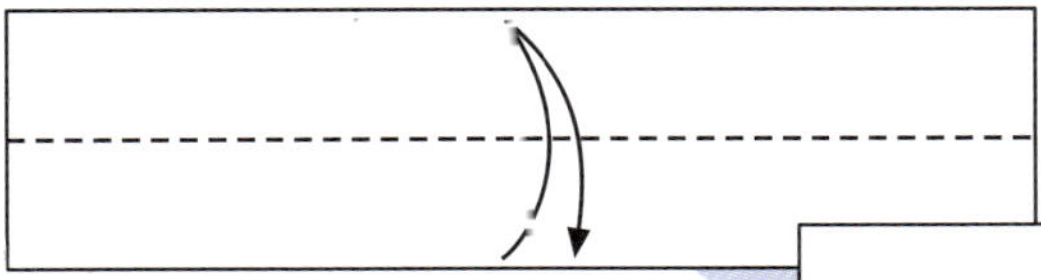

はんぶんに
おりすじをつける

2

ふちをちゅうしんに
あわせておる

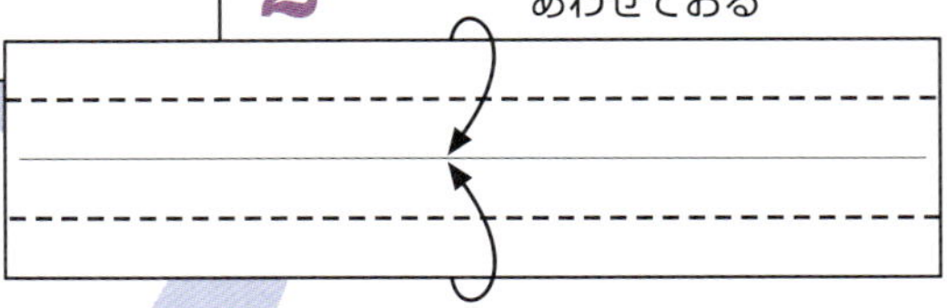

3

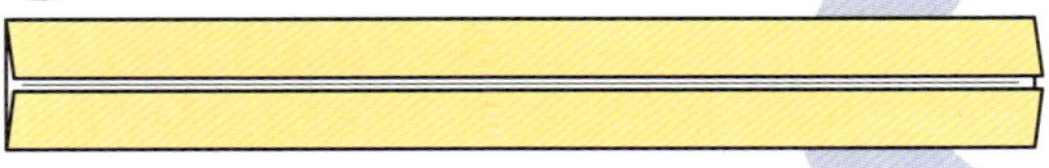

4

リング
できあがり!

くみたてかた

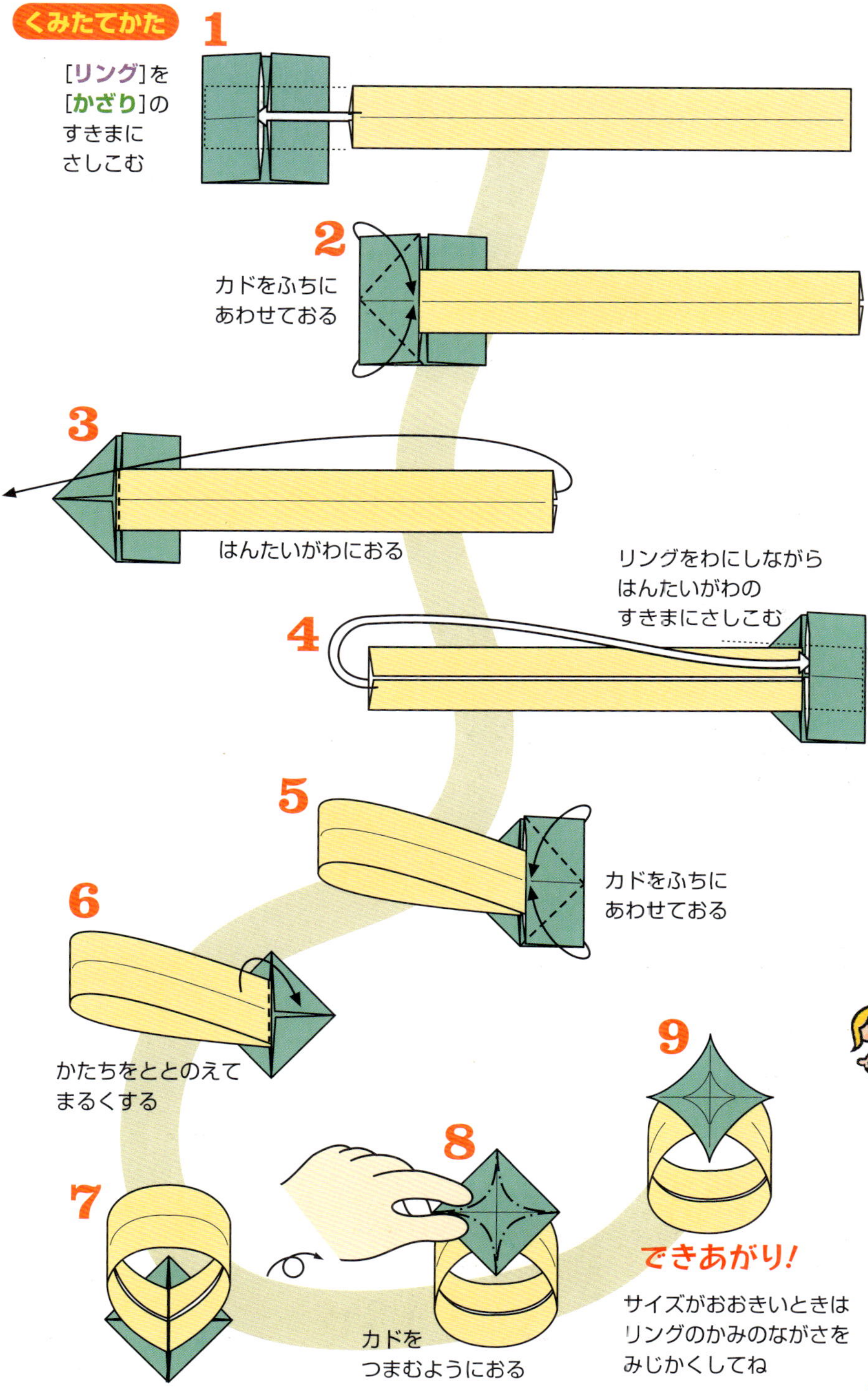

1 [リング]を[かざり]のすきまにさしこむ

2 カドをふちにあわせておる

3 はんたいがわにおる

4 リングをわにしながらはんたいがわのすきまにさしこむ

5 カドをふちにあわせておる

6 かたちをととのえてまるくする

7

8 カドをつまむようにおる

9 できあがり!

サイズがおおきいときはリングのかみのながさをみじかくしてね

ゆびわ②

Ring 2

かんたん　ふつう　**チャレンジ**

おりがみ **2** まい

かみのひりつ

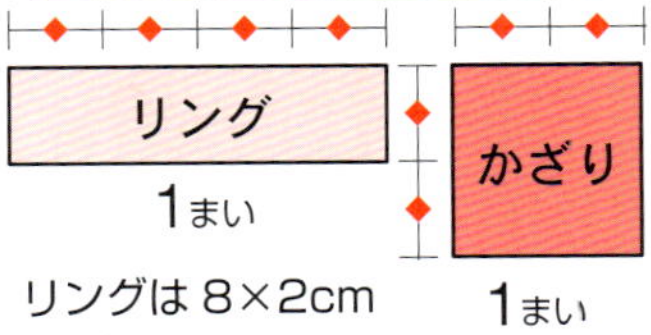

リングは 8×2cm
かざりは 4×4cm
くらいがいいよ

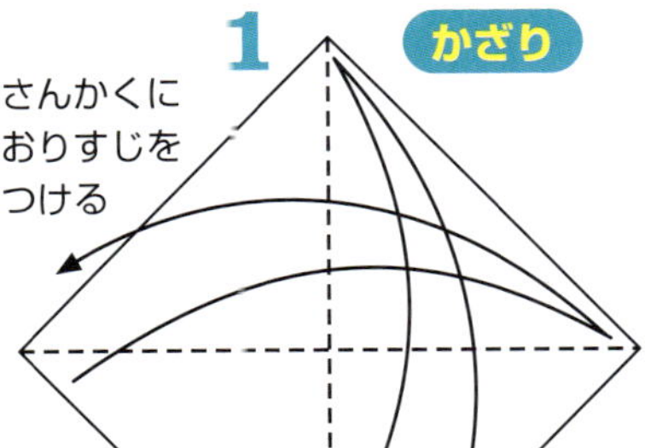

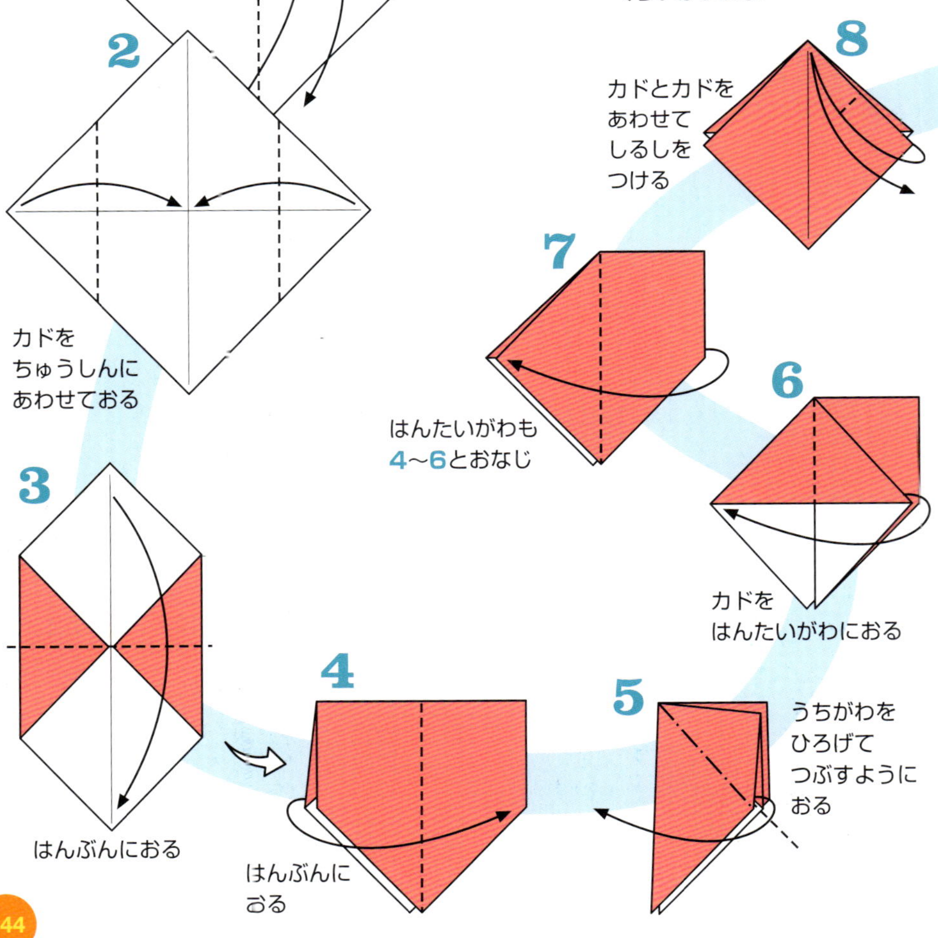

かざり

1 さんかくに おりすじを つける

2 カドを ちゅうしんに あわせておる

3 はんぶんにおる

4 はんぶんに おる

5 うちがわを ひろげて つぶすように おる

6 カドを はんたいがわにおる

7 はんたいがわも **4**～**6**とおなじ

8 カドとカドを あわせて しるしを つける

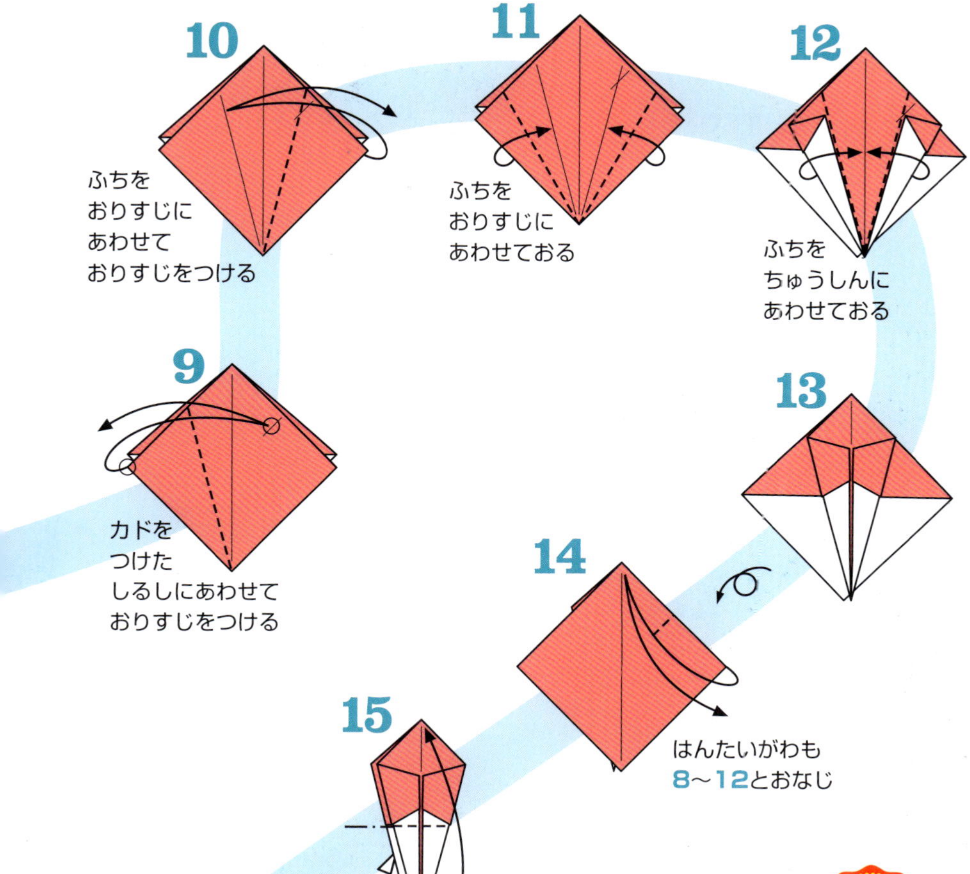

9
カドを
つけた
しるしにあわせて
おりすじをつける

10
ふちを
おりすじに
あわせて
おりすじをつける

11
ふちを
おりすじに
あわせておる

12
ふちを
ちゅうしんに
あわせておる

13

14
はんたいがわも
8〜12とおなじ

15
カドと
カドをあわせておる

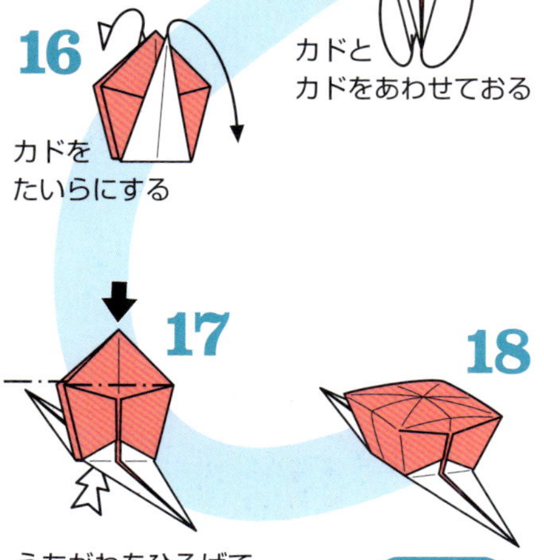

16
カドを
たいらにする

17
うちがわをひろげて
りったいにする

18
かざり
できあがり！

つくろう

●きれいにしあげよう！

うちがわをひろげるとき
えんぴつなどをつかうと
よいいよ

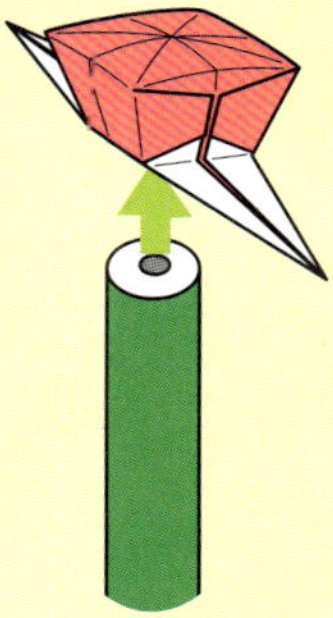

ゆびわ②

リング

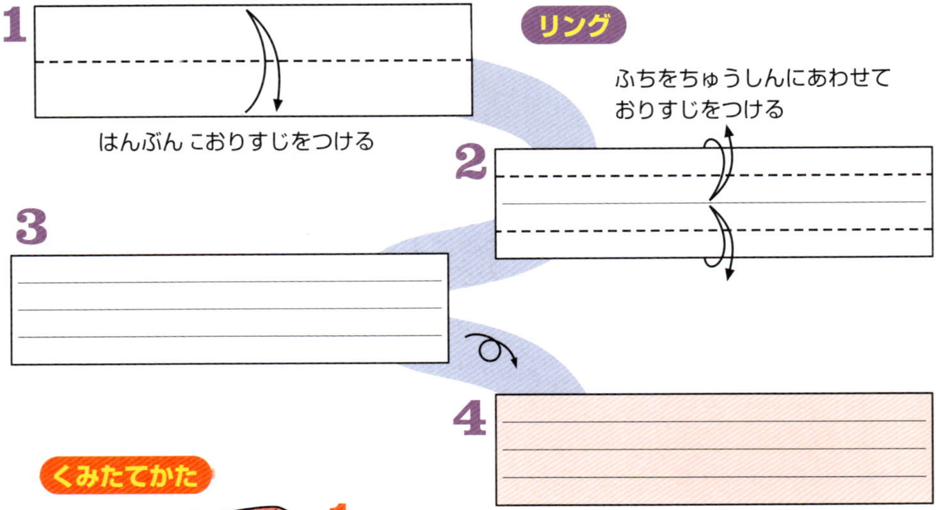

くみたてかた

[かざり]を
[リング]の
ちゅうしんに
あわせる

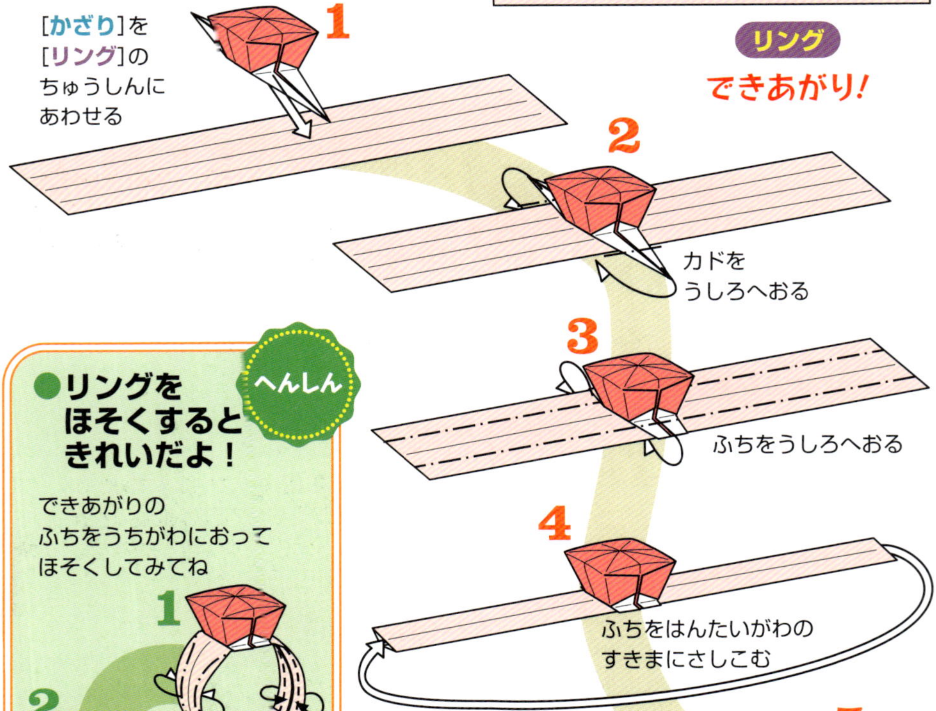

リング
できあがり!

リングのおおきさは**4**の
さしこむはばでちょうせつしてね
さしこむところがむずかしいときは
セロハンテープでとめてもいいよ

できあがり!

へんしん

●リングをほそくするときれいだよ!

できあがりの
ふちをうちがわにおって
ほそくしてみてね

ゆびわケース
Ring Case

おりがみ **3** まい

かんたん　**ふつう**　チャレンジ

〈伝承作品(ケース) *Traditional (case)*〉

ケース

1

はんぶんに
おりすじを
つける

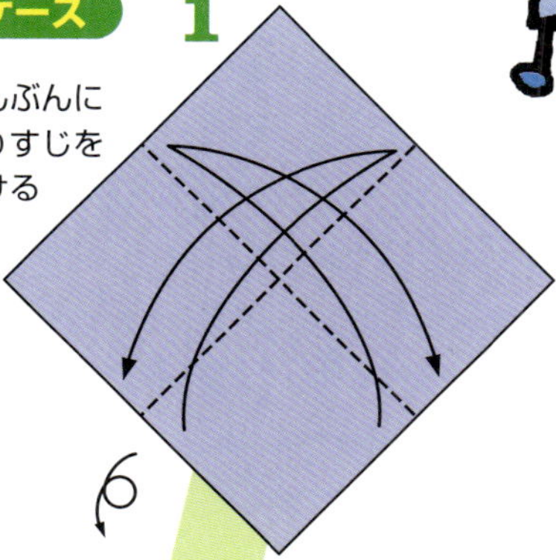

2

さんかくに
おりすじを
つける

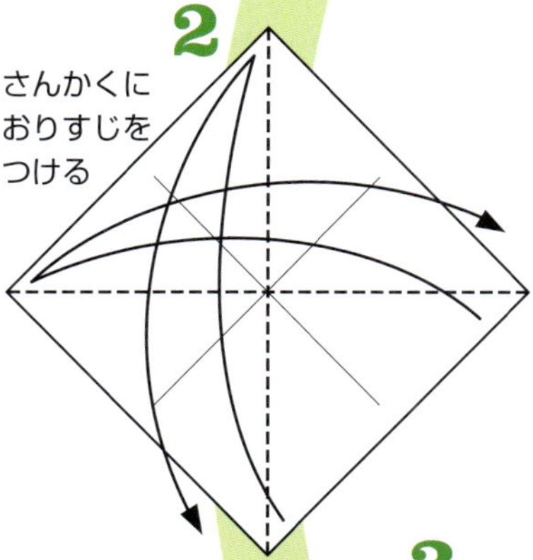

3

カドを
ちゅうしんに
あわせておる

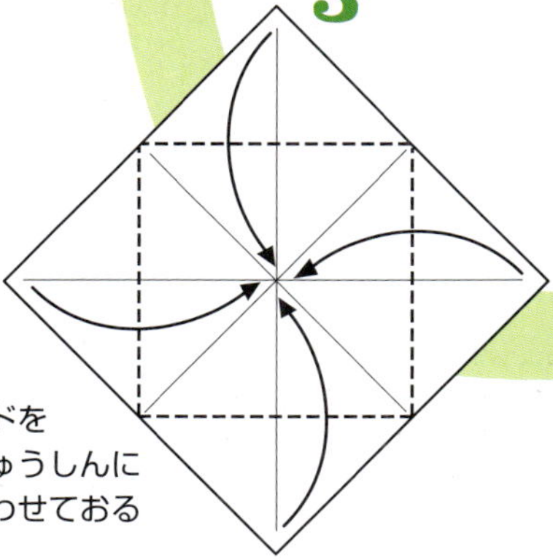

4

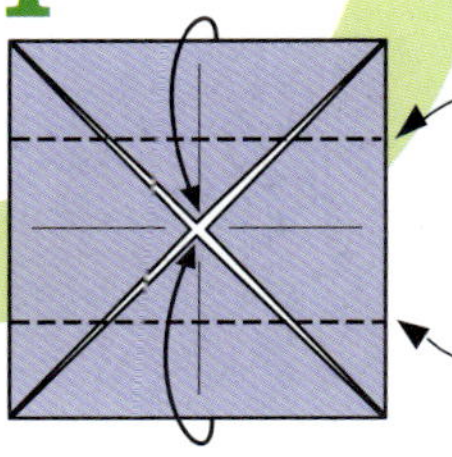

おおきさを
かえるときの
きほんのせん
(148ページ)

ふちをちゅうしんに
あわせておる

5

しっかりと
おりすじを
つけてから
もどす

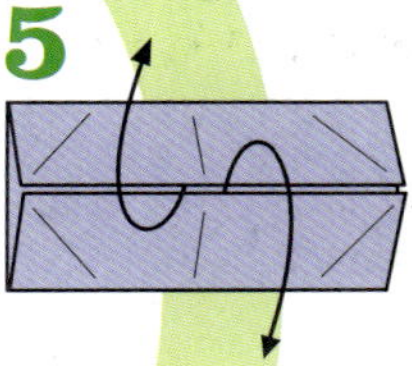

6

うえと
したの
カドを
ひろげる

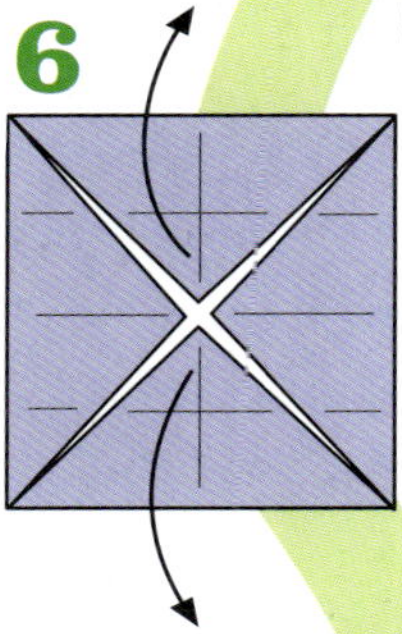

7

ふちを
ちゅうしんに
あわせておる

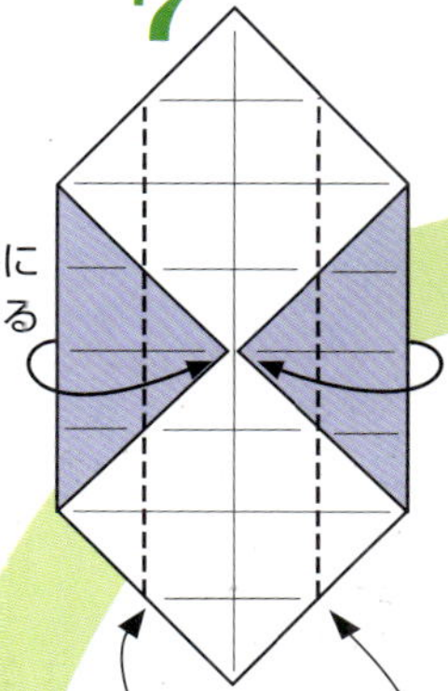

おおきさを
かえるときの
きほんのせん
(148ページ)

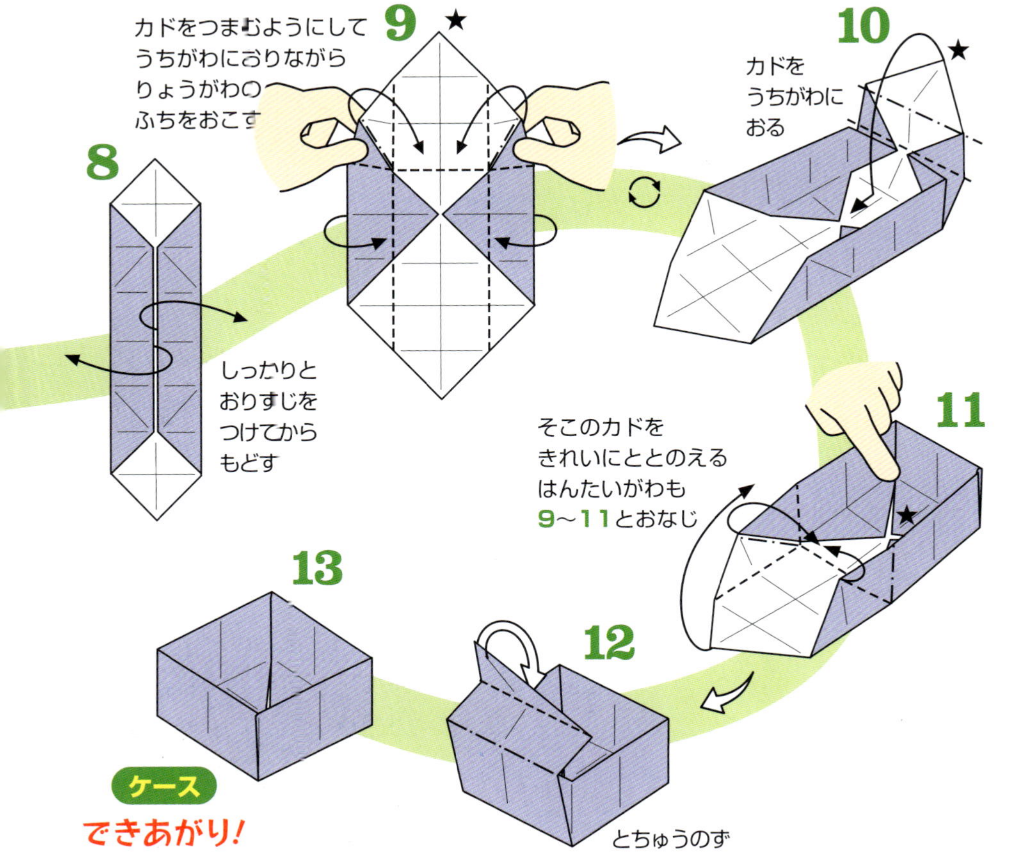

●ケースのおおきさを かえることができるよ！

つくろう

おりかたの4と7のところで
きほんのせんよりすこしずらすと
はこのおおきさがかわるよ

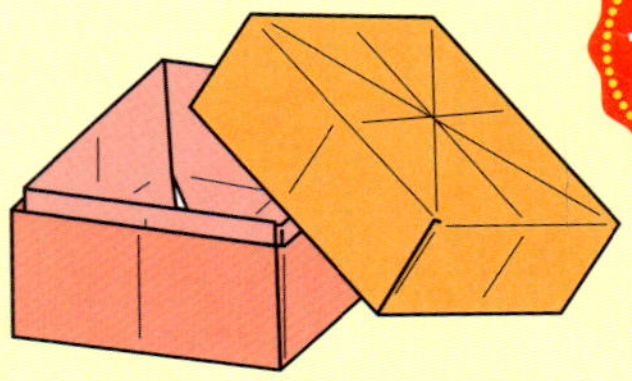

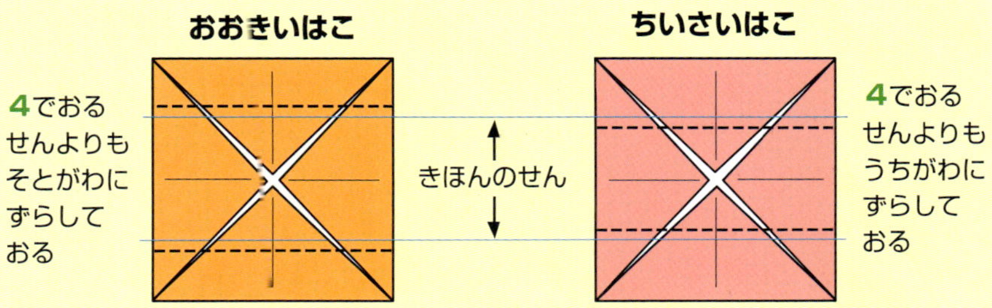

かざりだい

1

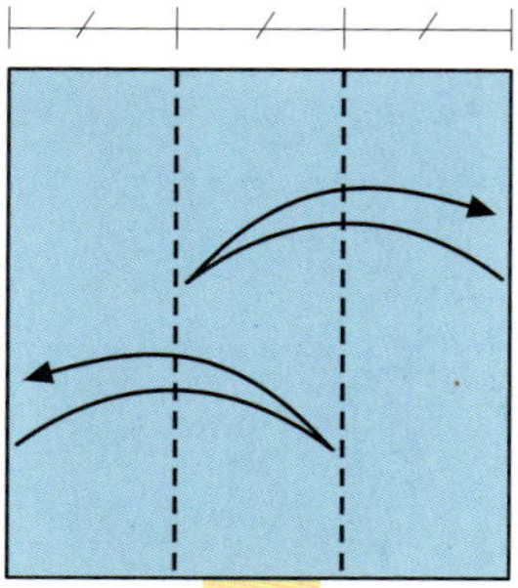

3とうぶんにおりすじをつける

2

このように
3つおりに
たたむと
よい

3

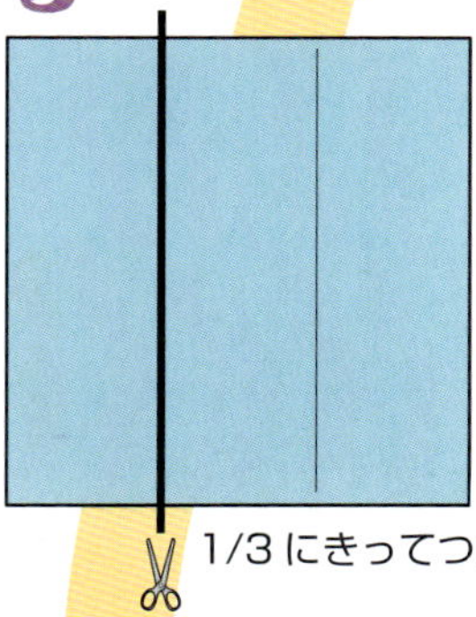

1/3 にきってつかう

4

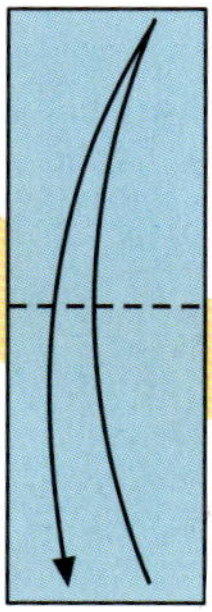

はんぶんに
おりすじを
つける

5

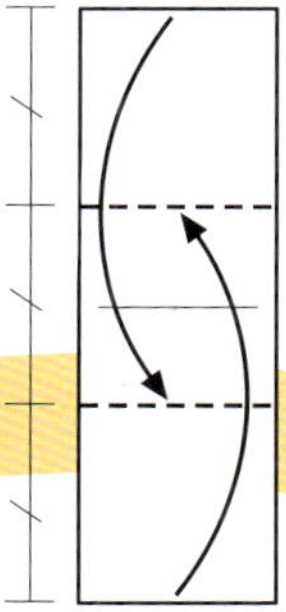

1/3 のところでおる

6

7

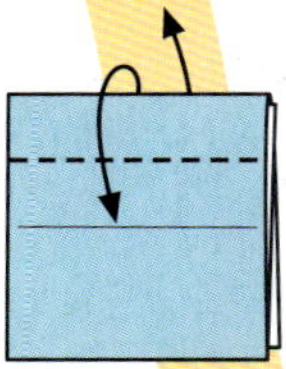

したのかみをだす
ようにしながら
ふちをおりすじに
あわせておる

8

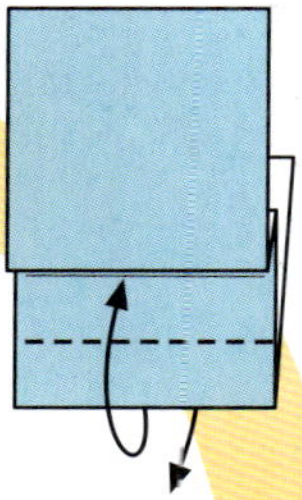

したのかみを
だすように
しながら
ふちとふちを
あわせておる

9

10

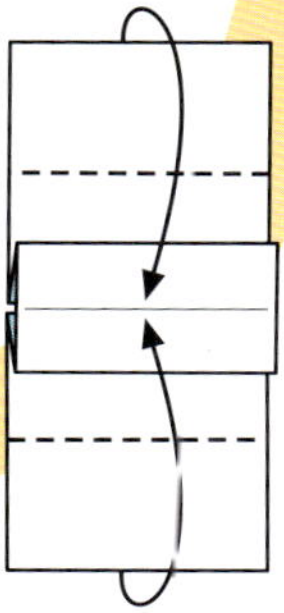

ふちを
ちゅうしんに
あわせておる

11

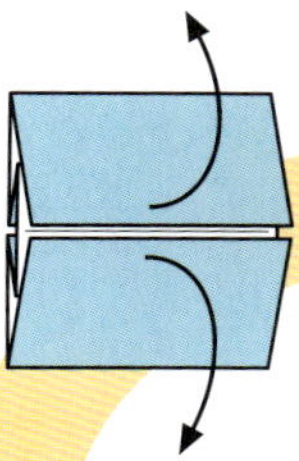

かるく
ひろげて
りったいに
する

12

13

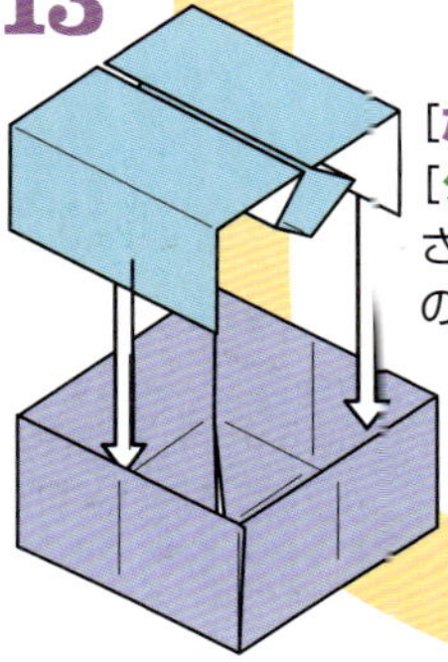

［**かざりだい**］を
［**ケース**］に
さしこんで
のりづけ

14

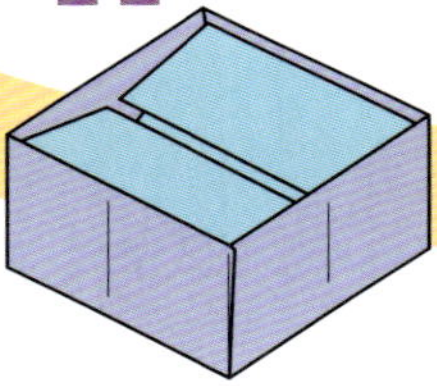

15

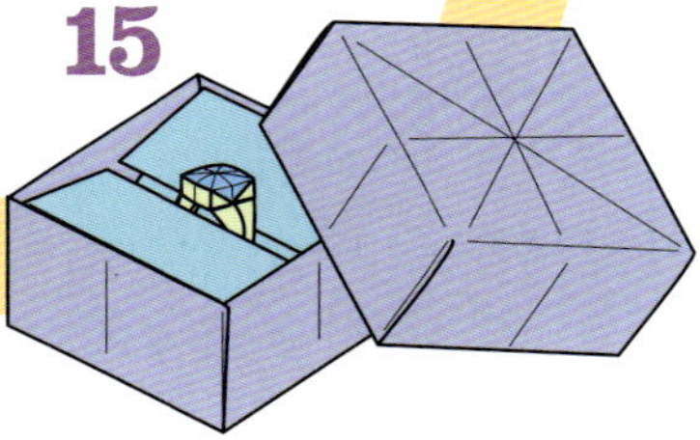

16

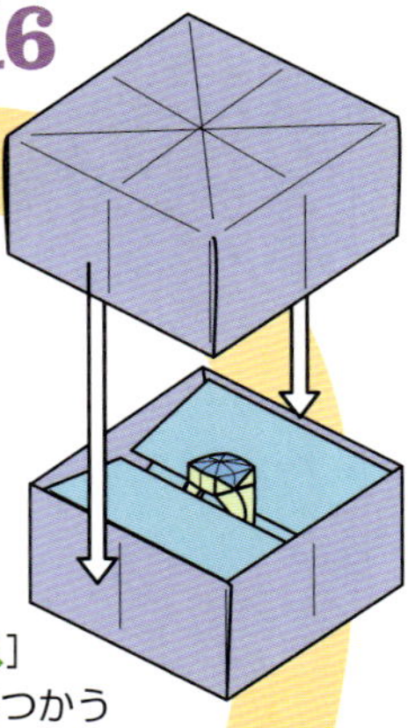

［**ふた**］はすこし
おおきめに
つくった［**ケース**］
（148 ページ）をつかう

［**ふた**］をしたところ

17

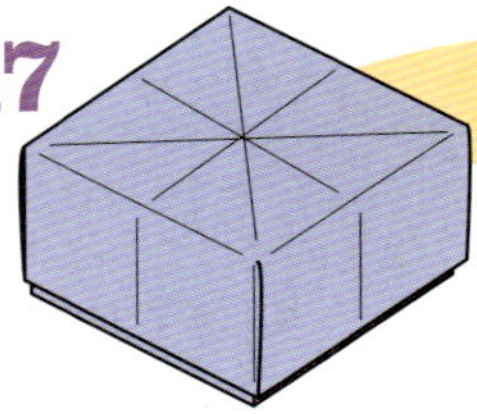

できあがり!

●かざりだいをかえてみよう!

つくろう

1/3にきったかみをつかう

1

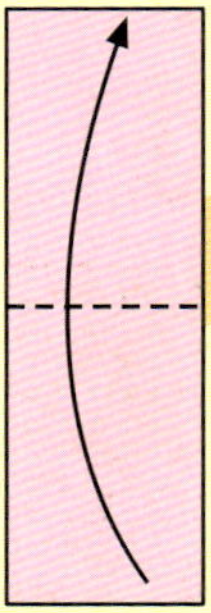

はんぶんにおる

2

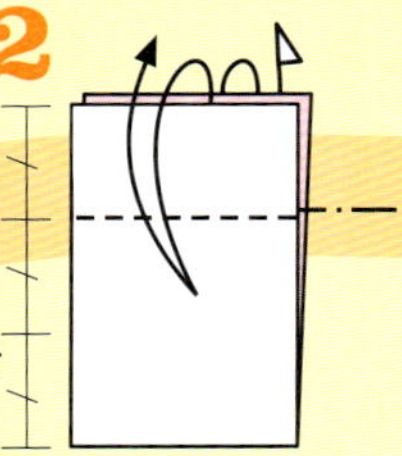

1/3の
ところで
おりすじを
つける

3

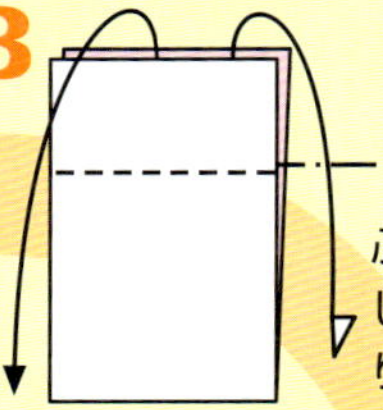

ふちを
したにまるめて
りったいにする

4

5

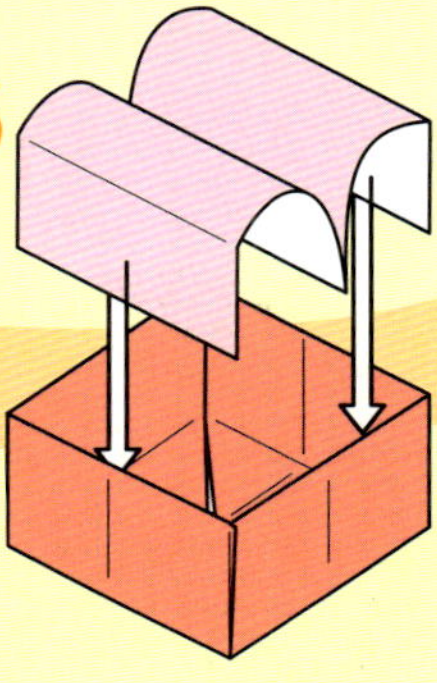

［**かざりだい**］を
［**ケース**］に
さしこんでのりづけ

6

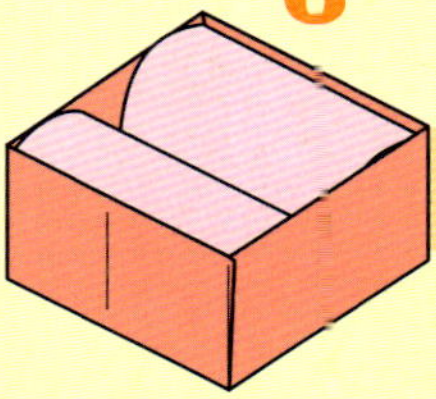

できあがり!

ユニットのはこ①

Unit Box 1

かんたん　ふつう　**チャレンジ**

おりがみ **8** まい

ふた

1

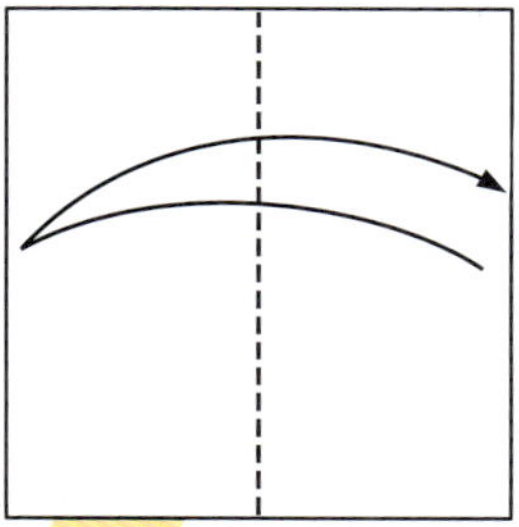

はんぶんに
おりすじを
つける

2

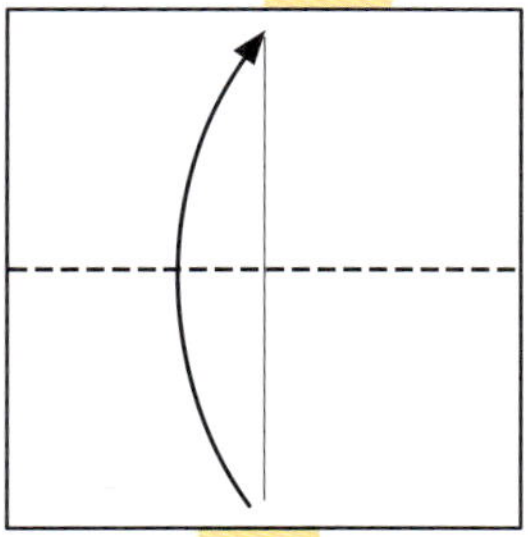

はんぶんにおる

3

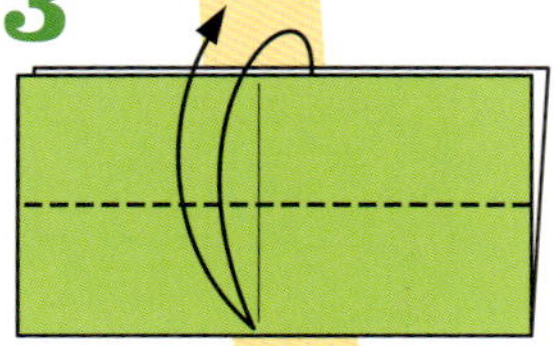

うえの１まいだけ
ふちとふちをあわせて
おりすじをつける

4

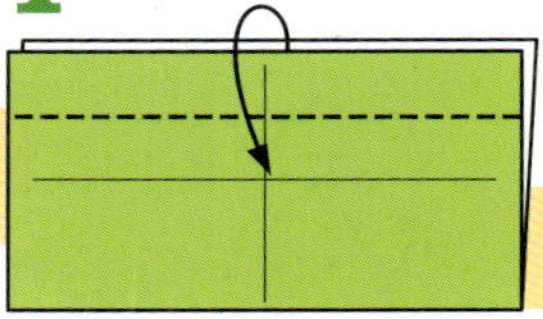

ふちをつけたおりすじに
あわせておる

5

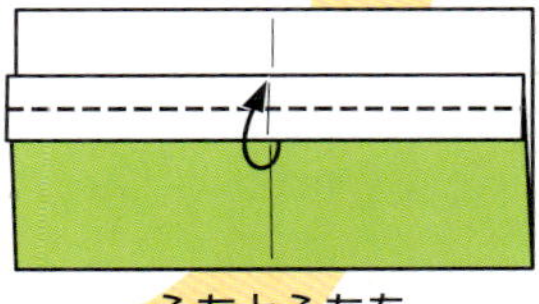

ふちとふちを
あわせておる

6

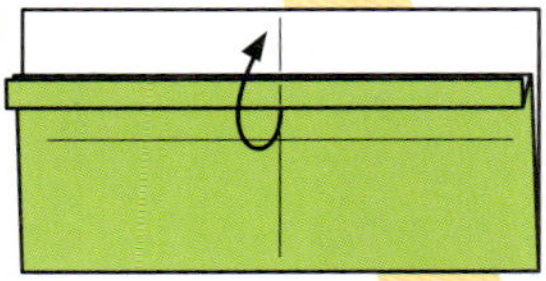

そのままふちを
うえにひらく

7

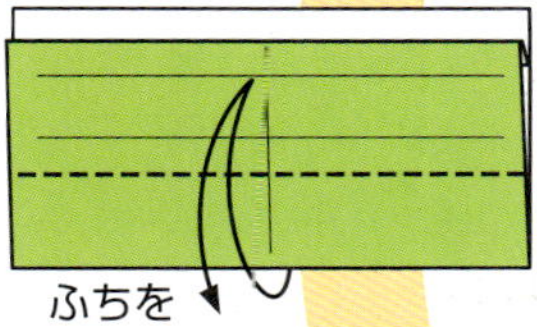

ふちを
おりすじにあわせて
おりすじをつける

8

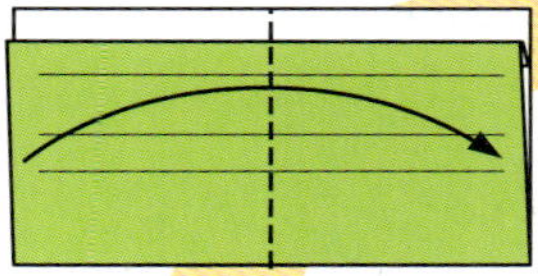

はんぶんにおる

9

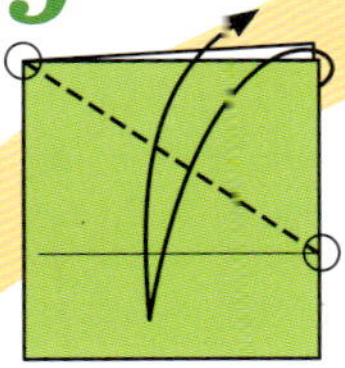

うえの1まい だけ
○をむすぶせんで
おりすじをつける

10

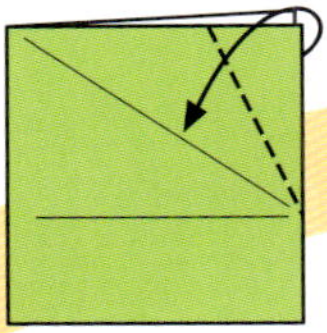

ふちをつけた
おりすじに
あわせておる

11

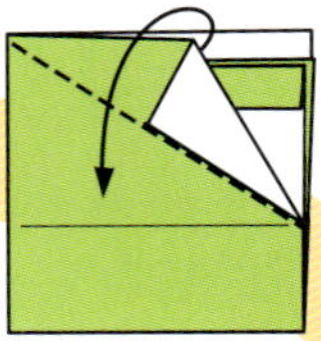

ついている
おりすじで
おる

12

14 からは
★のばしょに
ちゅういする

13

ふちをおりすじに
あわせておる

14

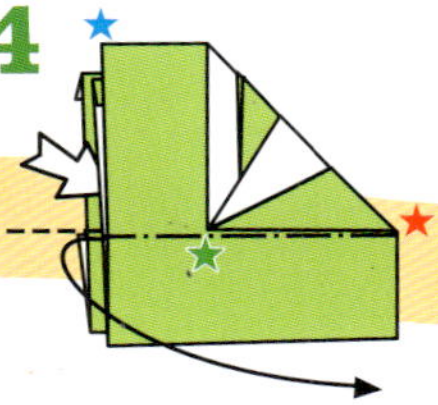

うちがわをひろげて
りったいにする

15

おなじものを
4つつくる

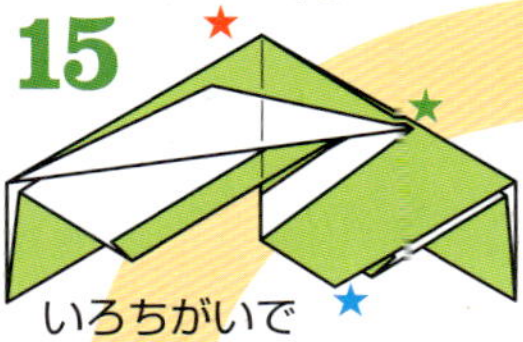

いろちがいで
2つずつつくると
きれいだよ

16

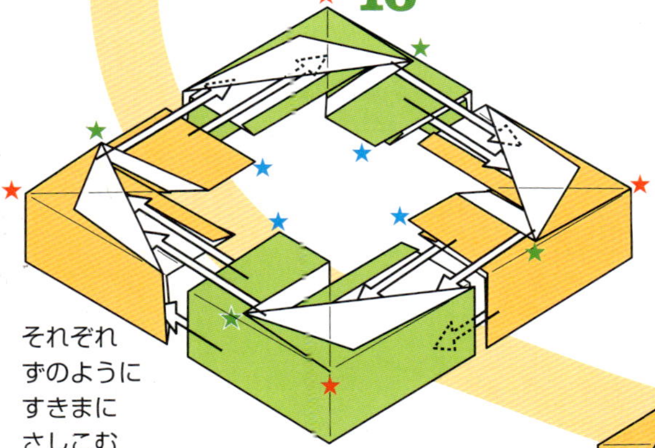

それぞれ
ずのように
すきまに
さしこむ

17

とちゅうのず

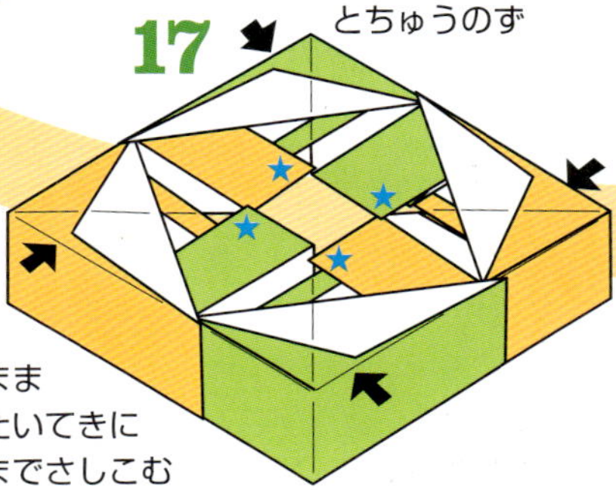

このまま
ぜんたいてきに
おくまでさしこむ

ほんたい

[ふた]とおなじ
おおきさのかみをつかう

1

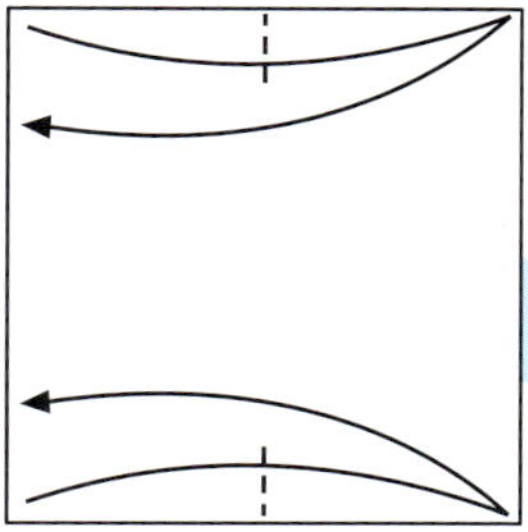

カドとカドをあわせて
しるしをつける

2

カドをつけた
しるしにあわせて
しるしをつける

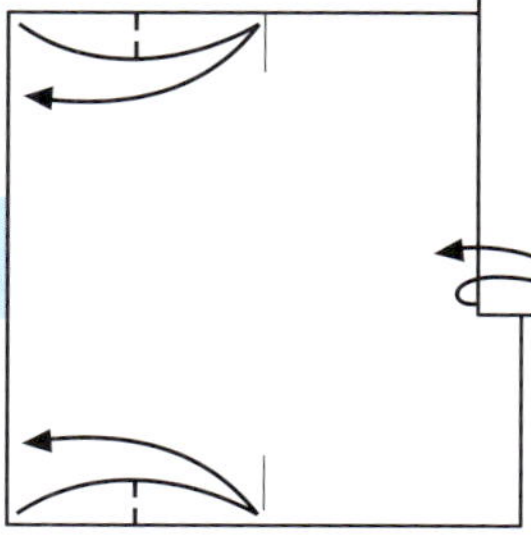

3

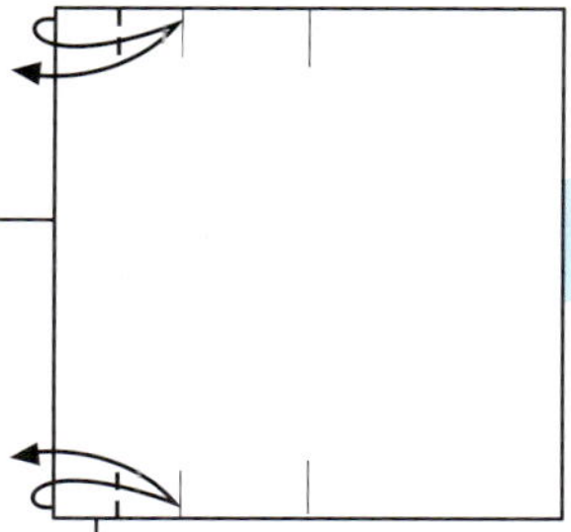

カドをつけた
しるしにあわせて
しるしをつける

22

ふた
できあがり!

21

20

のこりもおなじ
ようにおる

18

つぎはうらがえして
うちがわのしあげをする

19

うちがわから
みたところ

カドをしたのふちに
かぶせるように
うちがわにおる

4

カドをつけたしるしに
あわせておる

5

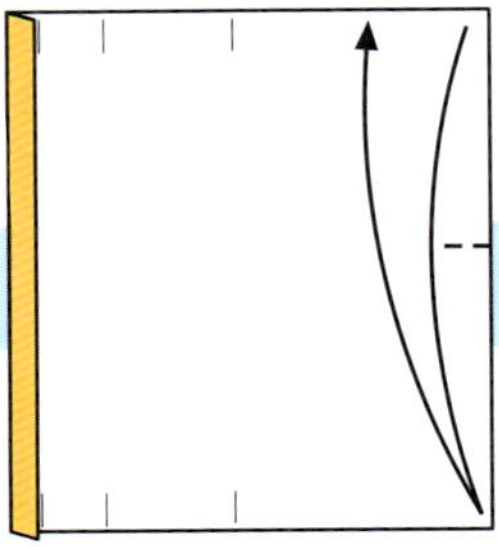

カドとカドをあわせて
しるしをつける

6

カドをつけた
しるしにあわせて
しるしをつける

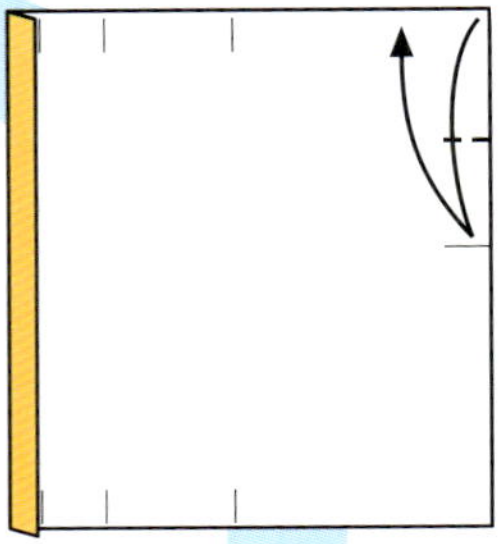

7

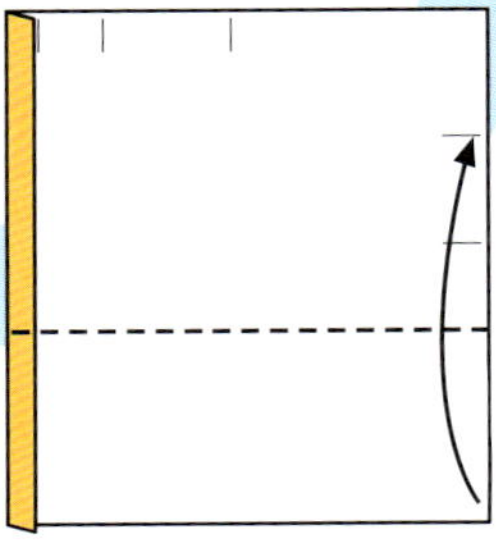

カドをつけたしるしに
あわせておる

8

ふちとふちをあわせて
おりすじをつける

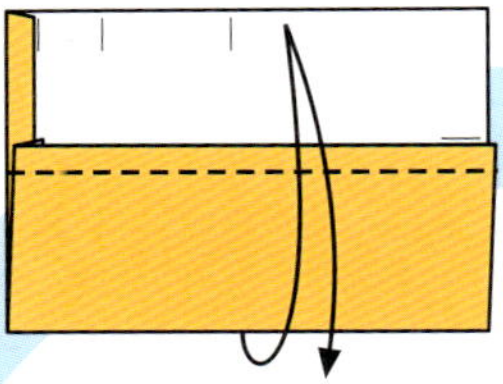

9

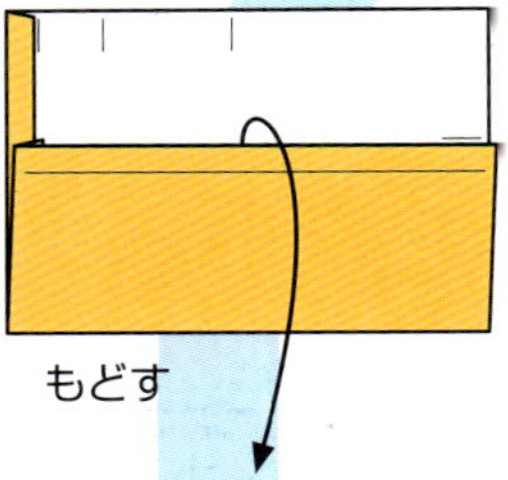

もどす

10

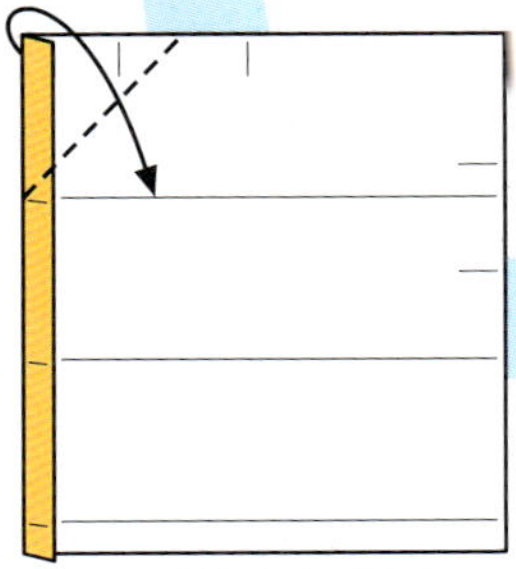

カドをおりすじに
あわせておる

11

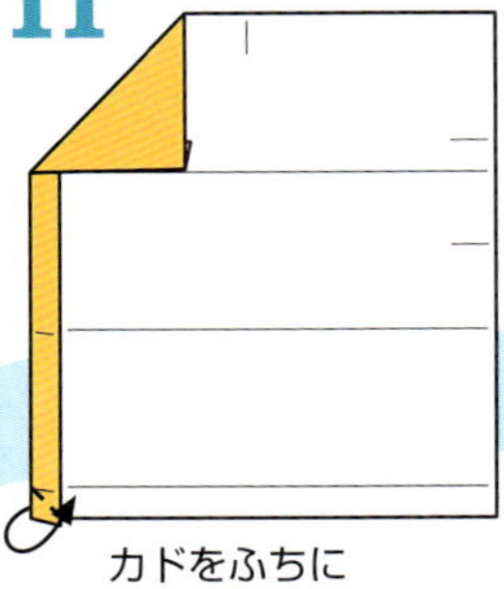

カドをふちに
あわせておる

12

ふちをついている
おりすじでおる

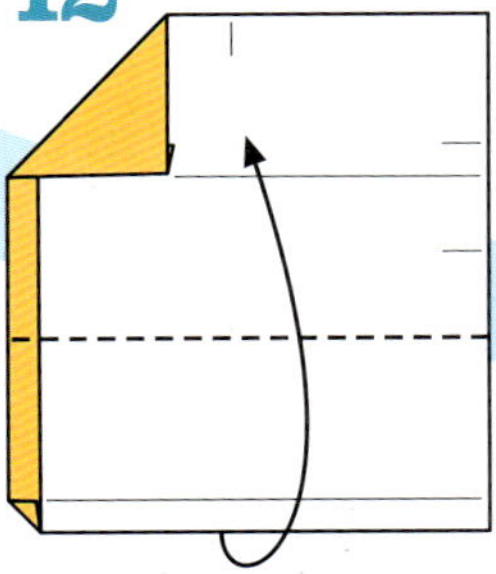

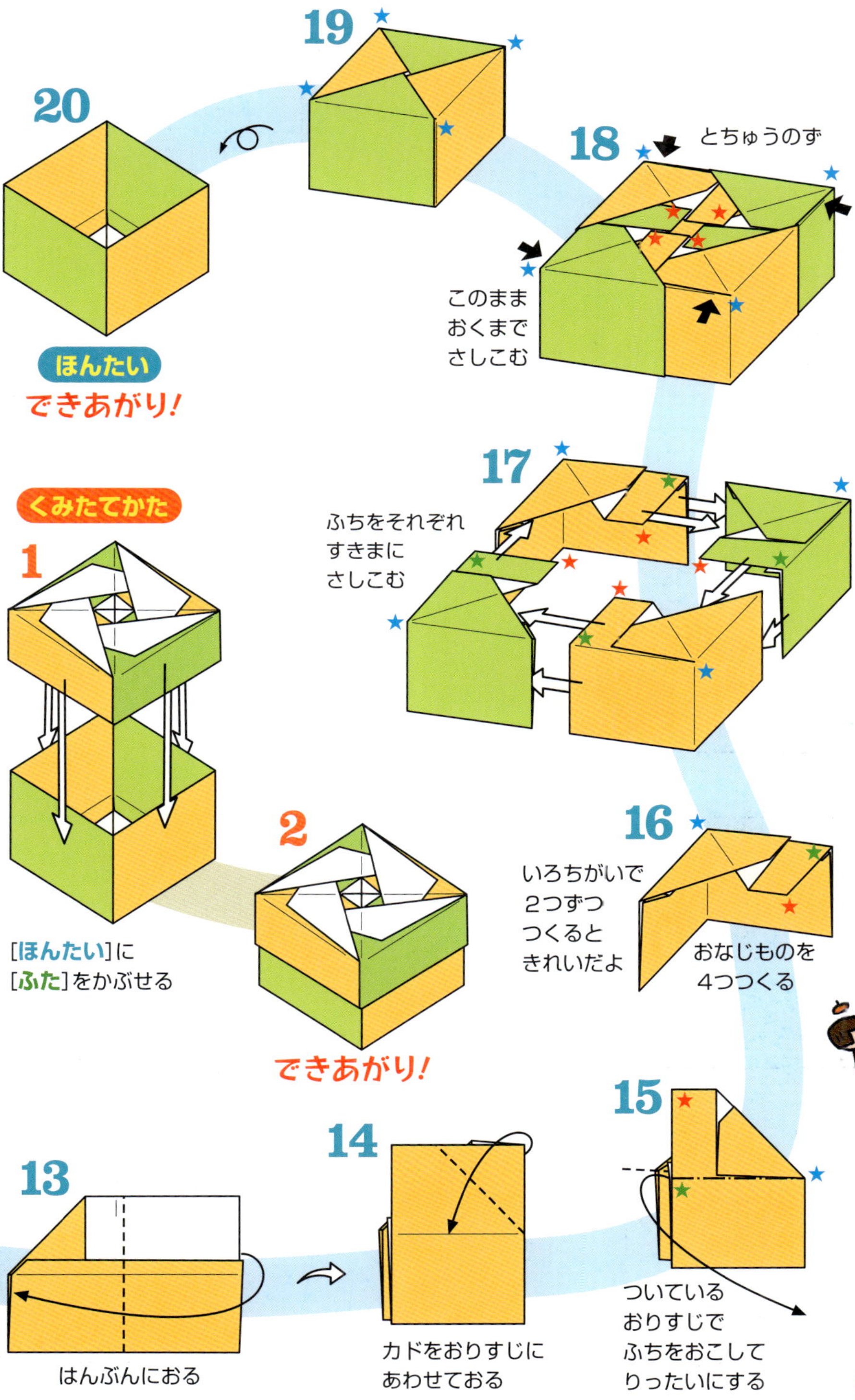
13
はんぶんにおる
14
カドをおりすじに
あわせておる
15
ついている
おりすじで
ふちをおこして
りったいにする
16
いろちがいで
2つずつ
つくると
きれいだよ
おなじものを
4つつくる
17
ふちをそれぞれ
すきまに
さしこむ
18
とちゅうのず
このまま
おくまで
さしこむ
19
20
ほんたい
できあがり！
くみたてかた
1
[ほんたい]に
[ふた]をかぶせる
2
できあがり！

ユニットのはこ②

Unit Box 2

かんたん　ふつう　**チャレンジ**

おりがみ **8** まい

ふた

1

はんぶんに
おりすじを
つける

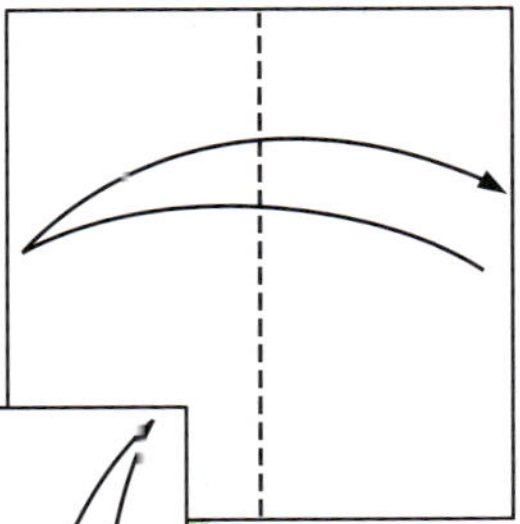

2

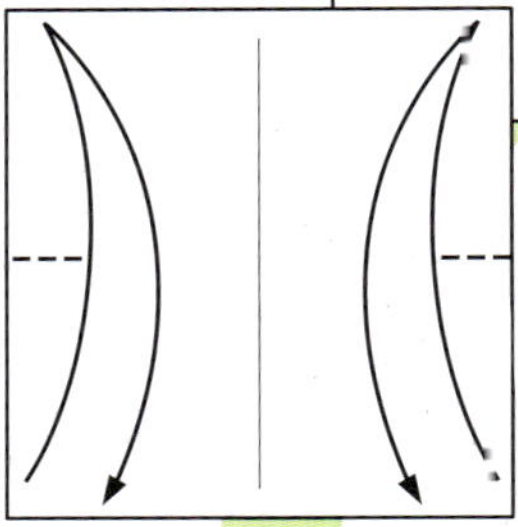

カドとカドを
あわせて
ふちにしるしを
つける

3

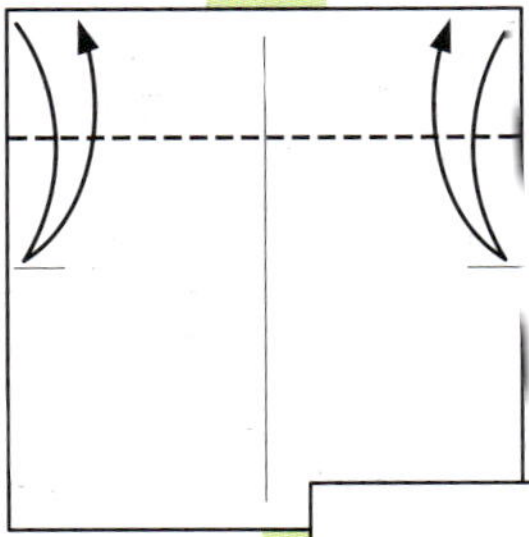

カドをつけたしるしに
あわせておりすじを
つける

4

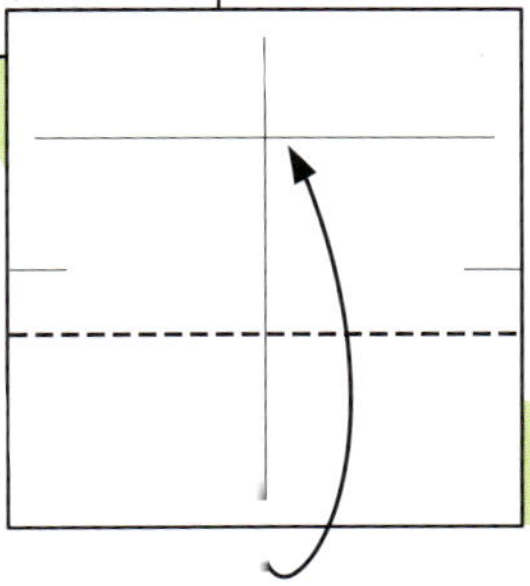

ふちをつけた
おりすじに
あわせておる

5

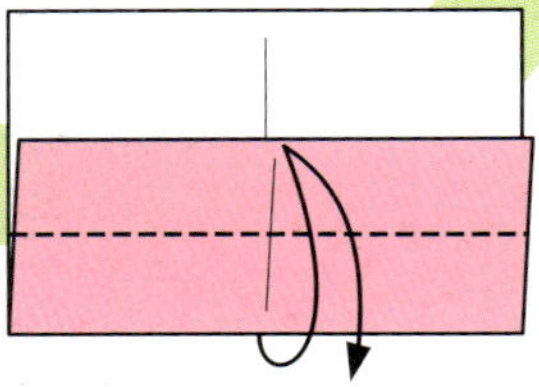

ふちとふちを
あわせて
おりすじを
つける

6

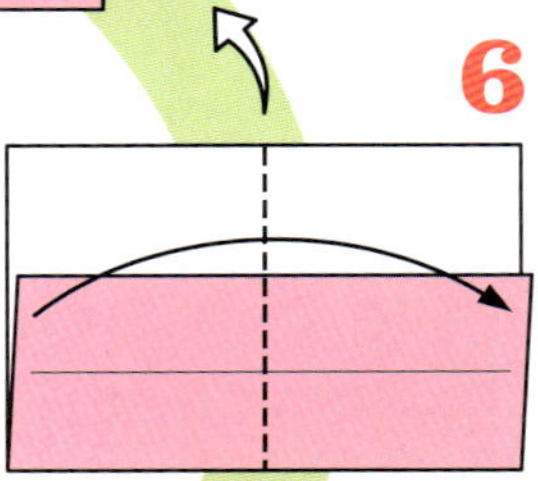

はんぶんにおる

7

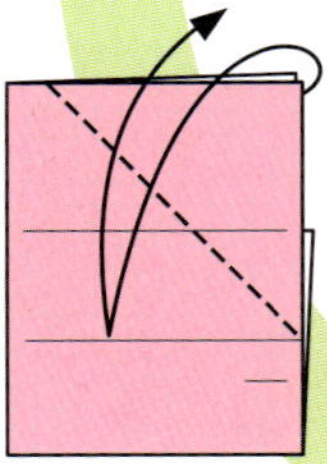

うえの１まいだけ
ふちをおりすじに
あわせて
おりすじを
つける

8

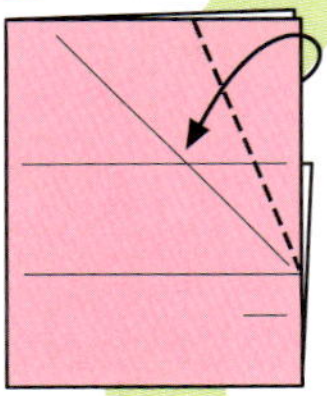

ふちをつけた
おりすじに
あわせておる

9

ついている
おりすじで
おる

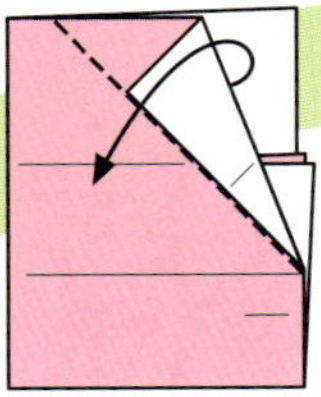

10

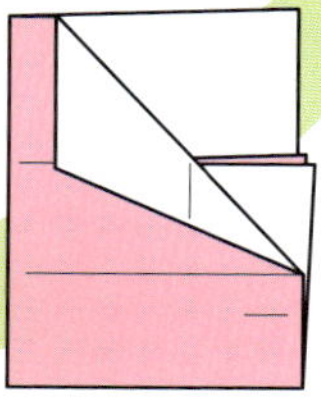

12からは
★のばしょに
ちゅういする

11

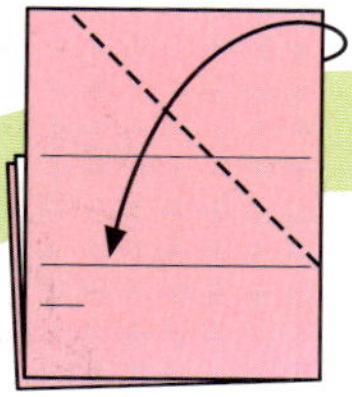

ふちをおりすじに
あわせておる

12

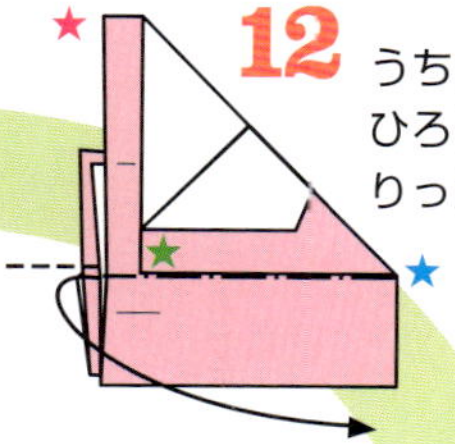

うちがわを
ひろげて
りったいにする

13

いろちがいで
2つずつ
つくると
きれいだよ

おなじものを
4つつくる

14

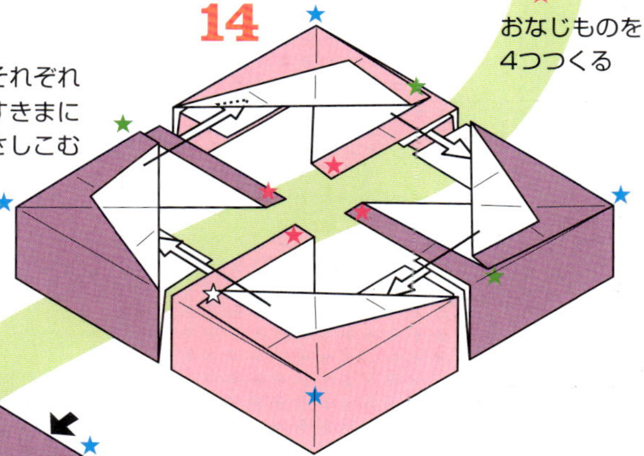

それぞれ
すきまに
さしこむ

15

とちゅうのず

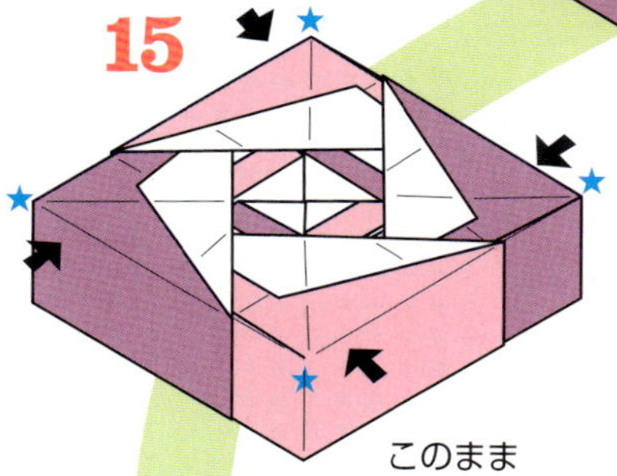

このまま
おくまでさしこむ

16

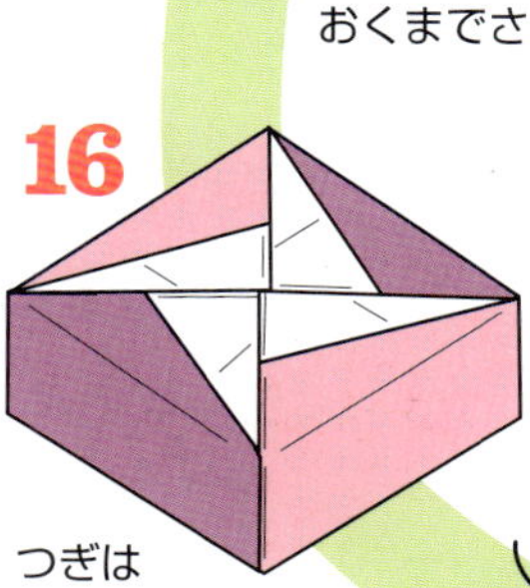

つぎは
うらがえして
うちがわの
しあげをする

17

うちがわから
みたところ

カドを
したのふちに
かぶせるように
うちがわにおる

18

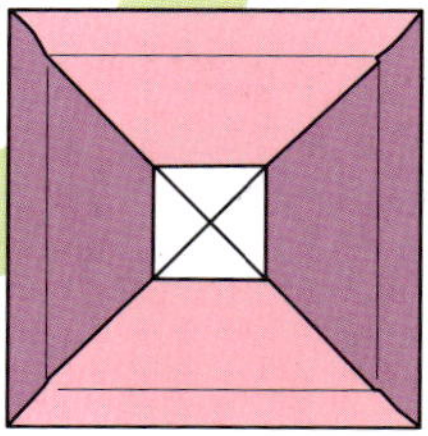

ほんたい

153ページの
[ほんたい]と
おなじものを
つくる

19

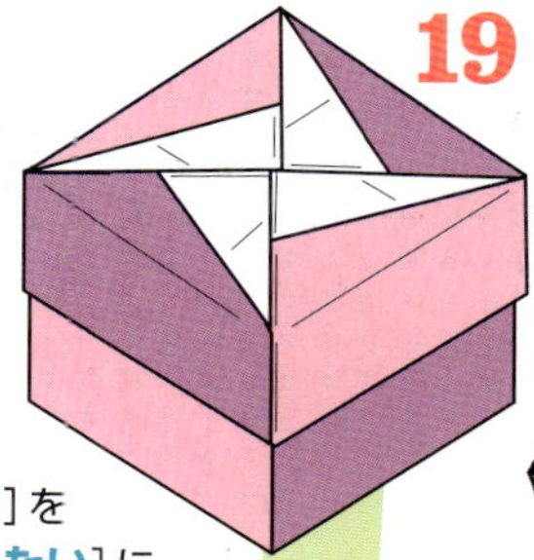

[ふた]を
[ほんたい]に
かぶせる

できあがり!

ユニットのはこ③

Unit Box 3

かんたん　ふつう　**チャレンジ**

おりがみ **8** まい

ふた

1

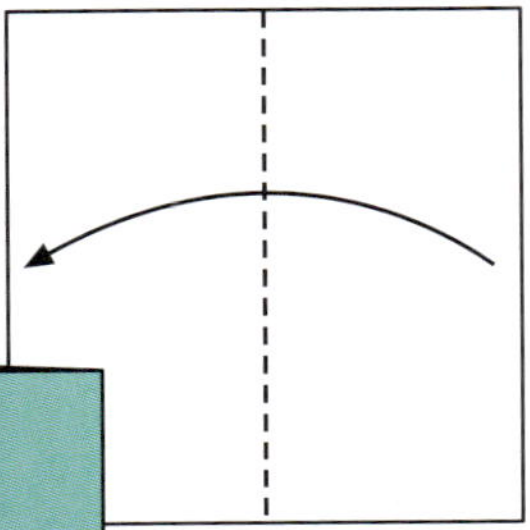

はんぶんにおる

2

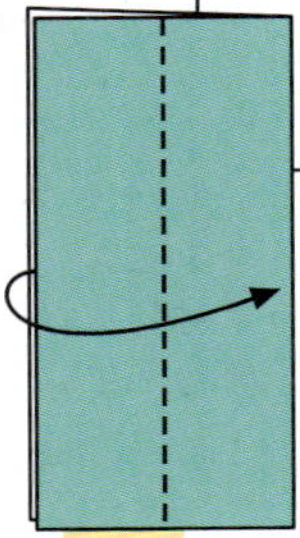

うえの１まいだけ
ふちとふちを
あわせておる

3

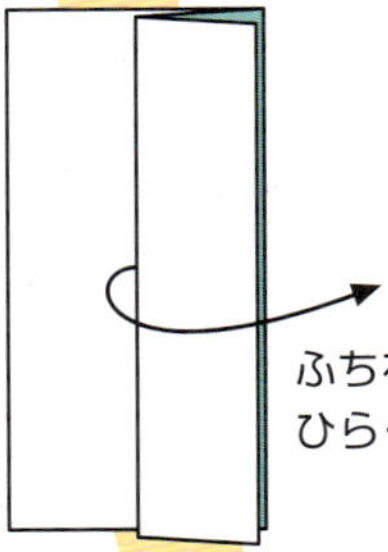

ふちを
ひらく

4

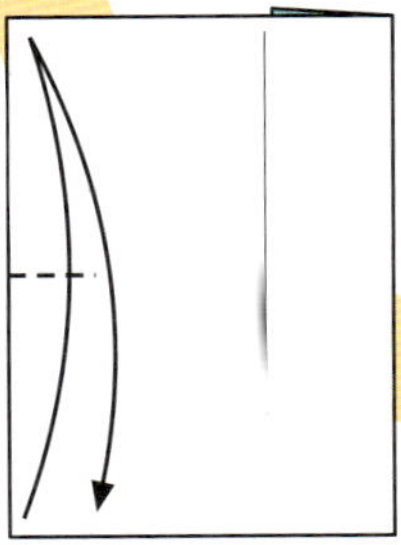

カドと
カドを
あわせて
しるしを
つける

5

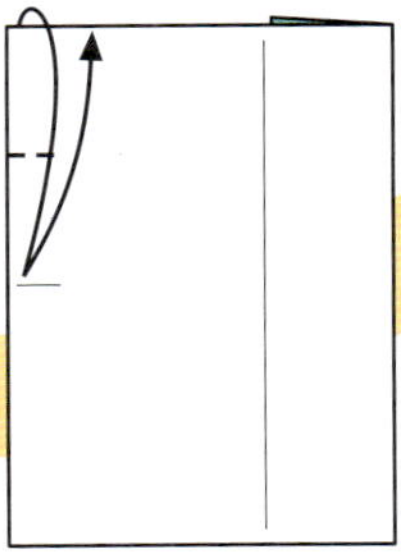

カドをつけた
しるしにあわせて
しるしをつける

6

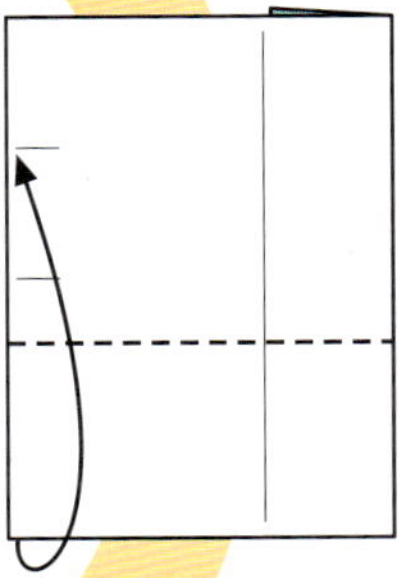

カドをつけたしるしに
あわせておる

7

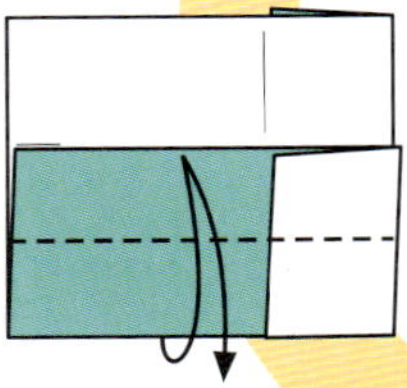

ふちとふちを
あわせて
おりすじを
つける

8

ついている
おりすじでおる

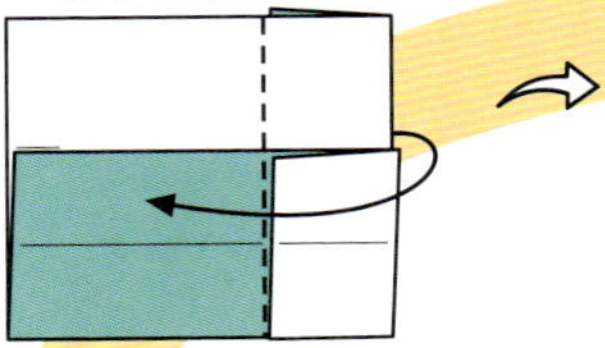

9

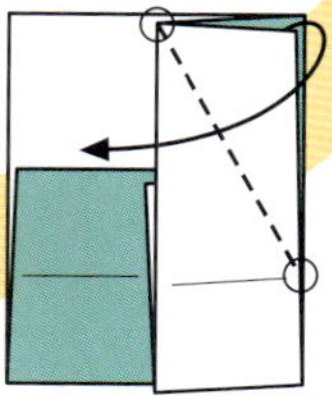

○をむすぶせんでおる

10

カドをふちのところでうしろへおる

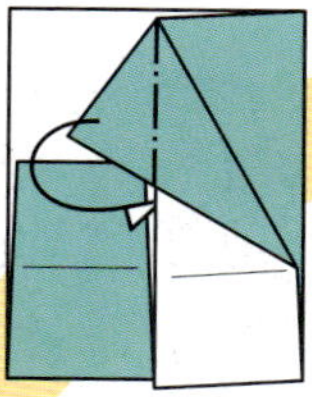

11

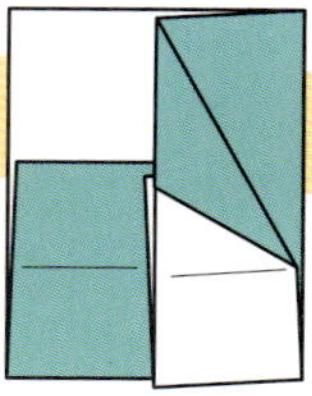

12

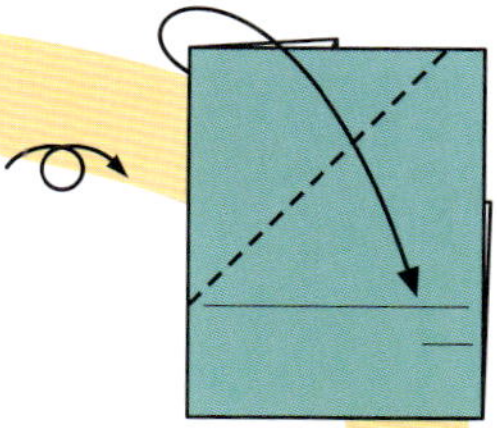

カドをおりすじにあわせておる

13

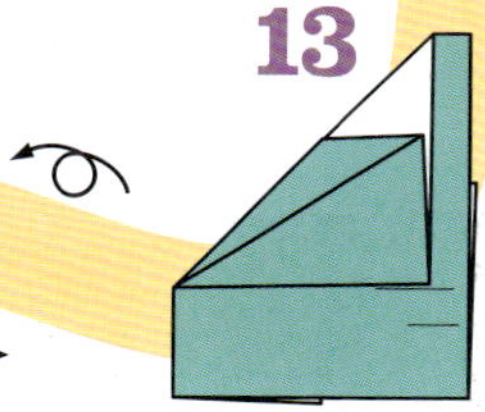

14からは★のばしょにちゅういする

14

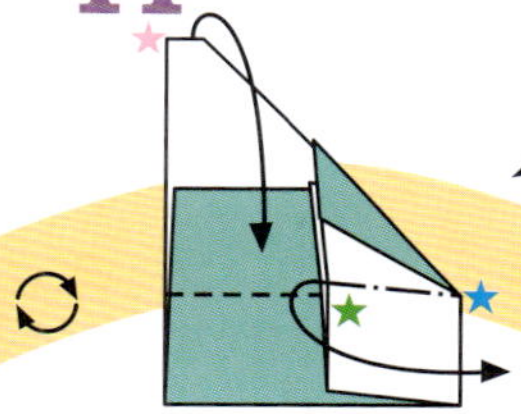

ついているおりすじでふちをおこしてりったいてきにする

15

いろちがいで2つずつつくるときれいだよ

おなじものを4つつくる

16

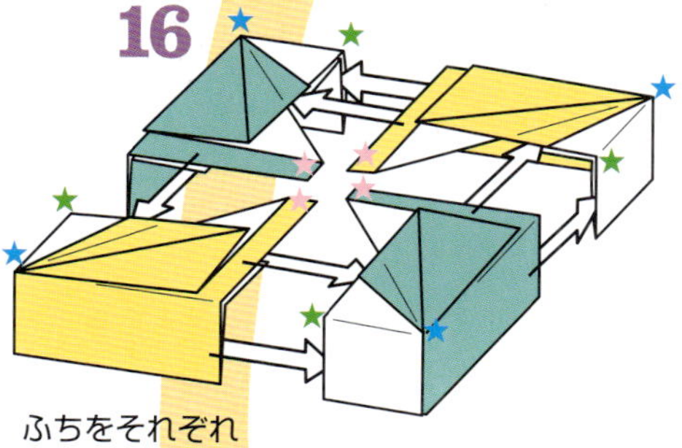

ふちをそれぞれすきまにさしこむ

17

とちゅうのず

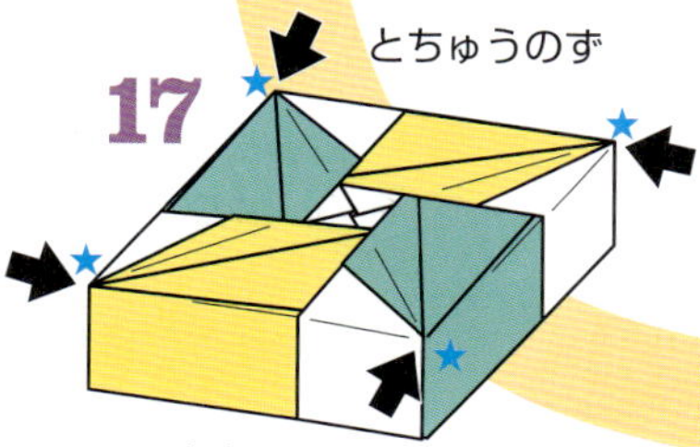

このままおくまでさしこむ

18

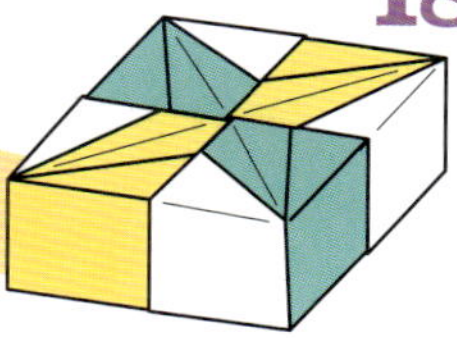

ふた
できあがり!

くみたてかた

[ふた]を[ほんたい]にかぶせる

1

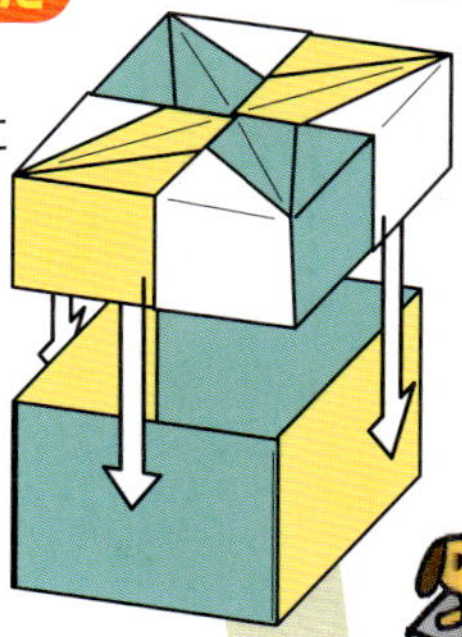

ほんたい

153ページの[ほんたい]とおなじものをつくる

2

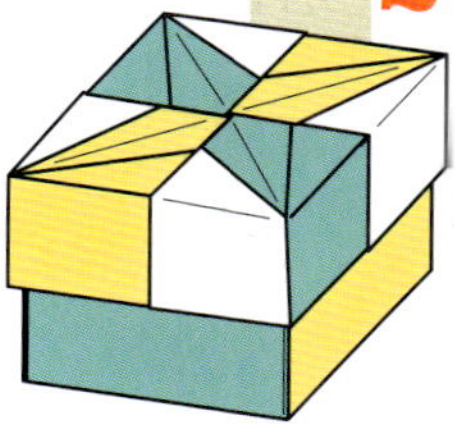

できあがり!

●著者紹介　山口　真［やまぐち　まこと］

1944年、東京生まれ。日本折紙協会事務局員を経て折紙作家として活躍。1988年には、折り紙専門の常設ギャラリー「おりがみはうす」を開設し、若手折紙作家の育成に力を注ぐ。また、海外の折紙作家、団体とも精力的な交流を持ち、その評価は高い。日本折紙学会事務局長。日本折紙協会理事。Origami USA名誉会員。British Origami Society会員。CDO（イタリア折紙協会）会員。雑誌「折紙探偵団」編集長。「たのしいおりがみ事典」「楽しい暮らしのおりがみ」「かわいい！男の子のおりがみ」など70冊を超える著書がある。

ギャラリーおりがみはうす

〒113-0001　東京都文京区白山1-33-8-216
電話（03）5684-6040
（午前10時より午後6時まで。日曜・祝日は休み。入場無料）
地下鉄・都営三田線白山駅下車　A1出口前
e-mail　info@origamihouse.jp（おりがみはうす）
URL　http://www.origamihouse.jp（おりがみはうす）
URL　http://www.origami.gr.jp（日本折紙学会）

●折り図・折り紙製作・写真撮影 — おりがみはうす（山口真、松浦英子、神谷哲史、勝田恭平）
●デザイン — 志岐デザイン事務所（佐々木容子）
●イラスト — かいち とおる　サトー・ノリコ

かわいい！女の子のおりがみ

2009年3月25日発行
●著　者 — 山口　真［やまぐち　まこと］
●発行者 — 若松　範彦
●発行所 — 株式会社西東社（せいとうしゃ）
〒113-0034　東京都文京区湯島2-3-13
営業部：TEL.（03）5800-3120　FAX.（03）5800-3128
編集部：TEL.（03）5800-3121　FAX.（03）5800-3125
URL：http://www.seitosha.co.jp/

ISBN978-4-7916-1526-1